nuevo PRISMA
Curso de español para extranjeros

LIBRO DE EJERCICIOS

NIVEL

B2

Ana Hermoso

Alicia López

nuevo PRISMA · Nivel B2, más que un libro

- Las actividades de este libro se amplían y complementan en un **espacio web de extensión al aprendizaje**.

- Para acceder a este espacio, entra en la **ELEteca** (www.edinumen.es/eleteca), introduce el código que tienes debajo y **regístrate**.

Una vez registrado, podrás utilizar, de modo absolutamente gratuito, todos los recursos de apoyo al aprendizaje creados para nuevo PRISMA · nivel B2: actividades interactivas de respuesta única y autocorregibles, actividades cooperativas a través de foros y wikis, actividades relacionadas con contenidos audiovisuales..., y recibirás información de todos los nuevos materiales que se vayan incorporando a los ya existentes.

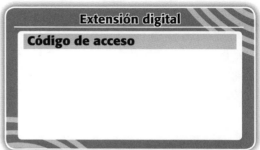

Extensión digital

Código de acceso

Nuevo Prisma. Nivel B2. Libro de ejercicios

© **Editorial Edinumen**, 2016
© **Autores:** Ana Hermoso González, Alicia López Espinosa

ISBN Libro de ejercicios: 978-84-9848-643-8
Depósito Legal: M-638-2016
Impreso en España
Printed in Spain

Fotografías:
Shutterstock.com
Pág. 28: Matt Ragen; pág. 36: joifull; pág. 37: Leonard Zhukovsky; pág. 50: catwalker;
pág. 61: DW labs Incorporated; pág. 64: Canadapanda; Annette Shaff (Siri);
pág. 67: Erik J (afilador); Artistan (pregonero).
Pág. 67: Sereno, Mundo Gráfico, número 53 de 30 de octubre de 1912,
página 6, foto bajo licencia Dominio público vía Wikimedia
(https://upload.wikimedia.org/wikipedia/commons/0/09/Sereno.png).

Coordinación pedagógica:
María José Gelabert

Coordinación editorial:
Mar Menéndez

Diseño de cubierta:
Juanjo López

Diseño y maquetación:
Ana M.ª Gil y Juanjo López

Fotografías:
Archivo Edinumen

Impresión:
Gráficas Glodami

Editorial Edinumen
José Celestino Mutis, 4. 28028 - Madrid
Teléfono: 91 308 51 42
Fax: 91 319 93 09
e-mail: edinumen@edinumen.es
www.edinumen.es

ÍNDICE

Todas las unidades incluyen un apartado denominado *Actividades por destrezas* que reproduce las pruebas del **examen DELE** (Diploma de Español como Lengua Extranjera) nivel B2 con un doble objetivo:

– trabajar los contenidos de la unidad en cada una de las destrezas principales;
– conocer y practicar estas pruebas específicas para aquel estudiante que tenga previsto presentarse al examen DELE B2.

A este respecto, se reproducen las instrucciones propias de cada prueba con el fin de que estos estudiantes se familiaricen con el examen en todos los aspectos: lenguaje, formato, etc.

VIDAS ANÓNIMAS

>| 1 | 🔊 ¿Conoces de cerca alguna actividad de voluntariado? Escucha a cuatro personas contar sus experiencias en este ámbito y relaciona cada frase con la persona correspondiente.

A José Manuel	B Miguel	C Marta	D Luis

1 ☐ Espera que esas experiencias se repitan en el futuro ya que aprende mucho de ellas.

2 ☐ Cuando el cooperante vaya a trabajar al tercer mundo, es necesario que previamente tenga formación en voluntariado y mucha información sobre su lugar de destino.

3 ☐ Le gusta ir a África para que la gente se sienta acompañada.

4 ☐ Es esencial ayudar al que lo necesita. No cree que pueda haber nada mejor.

5 ☐ Le han pedido que vaya a África como profesor de inglés, entre otras cosas.

6 ☐ Posiblemente repita la experiencia porque quiere devolver a los africanos todo lo que le han enseñado.

7 ☐ Aconseja a la gente que realice una labor de voluntariado. Puede ser en su mismo municipio, ya que siempre existe esta necesidad.

>| 2 | Fíjate ahora en los enunciados del ejercicio anterior. En todos ellos se usa el subjuntivo. ¿Sabrías decir por qué? Indica su uso y estructura a continuación. Sigue el modelo. Luego, escribe una frase con cada estructura.

1 *Esperar que* + subjuntivo: *expresa deseo.* ➜ *Espero que los exámenes terminen pronto.*
....

2 ....

3 ....

4 ....

5 ....

6 ....

7 ....

8 ....

>| 3 | ¿Has sentido alguna vez curiosidad por ser cooperante? La asociación PROYDE (Promoción y Desarrollo) te envía el siguiente correo con la información necesaria para formar parte de su equipo. Completa los espacios en blanco con los verbos del recuadro usando indicativo, subjuntivo o infinitivo, según convenga.

✕ poder	✕ *trabajar*	✕ conseguir	✕ sentirse	✕ ir	✕ formar	✕ tener
✕ saber	✕ visitar	✕ descargar	✕ ser (2)	✕ superar	✕ mandar	✕ resolver

CONTINÚA »

Querido futuro voluntario:

Hemos recibido tu correo, en el que nos cuentas que te gustaría (1) ...trabajar.... con nosotros. Como bien sabes, la asociación PROYDE es una ONG fundada en el año 1988 y su mayor deseo es que entre todos (2) ....cambiar el mundo que nos rodea a través de la cooperación al desarrollo.

Nos has pedido que te (3) .... información acerca de nuestros programas porque uno de tus sueños es que todas las personas (4) .... las mismas oportunidades. De acuerdo con tu perfil, creemos que esta asociación te (5) .... ofrecer la posibilidad de integrarte en alguno de sus proyectos en los países del sur como voluntario internacional.

Uno de los objetivos del voluntariado internacional es conocer la realidad en la que viven los países pobres, y así quizás tú (6) .... en un futuro un elemento más para transformar la realidad allá donde estés. Es necesario que (7) .... a nuestra sede en Madrid para que podamos conocerte. Pero, antes, te recomendamos que (8) .... nuestra web y te (9) .... los documentos relativos al voluntariado internacional. En el currículum que nos has mandado parece que (10) .... una persona muy entregada y con experiencia en el campo de la educación. Para nosotros es importante que el voluntario (11) .... que no va al tercer mundo a cambiar la vida de las personas, sino a acompañarlas. Por eso, debes estar preparado para el escenario que te puedas encontrar. Es normal que al principio (12) .... un poco desbordado por la situación del país, pero estamos seguros de que lo (13) .... a los pocos días.

Estaremos encantados de que (14) .... parte de nuestra familia y esperamos que te (15) .... tus dudas.

Un saludo,

Ángel Fernández. Coordinador de PROYDE.

>| **4** | Responde en tu cuaderno al correo electrónico de PROYDE. A la asociación le gustaría saber qué deseas hacer como cooperante y qué esperas encontrar en el país de destino. Recuerda practicar las estructuras con subjuntivo que has estudiado en esta unidad.

>| **5** | Completa las frases utilizando la forma correcta de los verbos entre paréntesis, en indicativo o subjuntivo, y en el tiempo adecuado.

1 No creo que Marta .... (hacer) los exámenes aún. Me lo habría dicho.

2 En el trabajo nos piden que .... (entregar) el proyecto con antelación para que .... (poder) revisarlo con tiempo.

3 Carlos dice que .... (querer) estudiar Medicina porque le parece que .... (ser) una profesión apasionante.

4 Me parece sorprendente que la organización .... (tomar) esa decisión sin haberme consultado antes.

5 La gente no piensa que reciclar .... (ser) tan necesario hasta que ve las consecuencias.

6 ● ¿Me recomiendas que .... (ir) a la exposición de pintura con Marta?

○ Creo que Marta .... (apreciar) el arte, pero no creo que tú .... (divertirse) demasiado.

7 Siento mucho que Felipe .... (decir) que el regalo no le .... (gustar).

8 Te ruego que .... (salir) de viaje a una hora prudencial porque es la operación salida de las vacaciones y seguro que .... (haber) mucho atasco.

>| **6** | En las siguientes hipótesis puede haber algunos errores. Corrígelos cuando sea necesario y señala si en las frases correctas puede haber más de una opción.

1 Según las previsiones del tiempo igual llueve esta tarde en Santander. Allí nunca se sabe.

2 Puede que Claudia manda a su hija a estudiar a Londres ya que ha mejorado su inglés.

3 Probablemente tenemos muchos cambios en este curso con la nueva ley educativa.

4 A lo mejor este año haya un cambio de gobierno, según dicen las encuestas.

5 Haciendo ejercicio, tal vez María recupere la movilidad de la rodilla.

6 Es posible que Alfonso ha hecho ya la mudanza. Lleva varios días de permiso.

7 Antonio no ha llamado aún. Lo mismo no tenga cobertura en la zona en la que está.

>| **7** | ¿Qué habrá sucedido? Relaciona las siguientes situaciones con sus hipótesis y coloca el tiempo correcto: futuro imperfecto, futuro perfecto o condicional.

Situaciones

1. El jefe quiere que vaya ahora al despacho con mi CV. . . . . *
2. Llegas a la universidad y no hay nadie en el examen. . . . . *
3. Tu amigo apareció ayer después de la representación con restos de maquillaje. . . . . *
4. Hoy tienes una reunión de trabajo pero los empresarios no aparecen. *
5. La policía entró el martes en la escuela. . . . . *
6. La secretaria se encuentra una flor encima de su mesa. . . . . *
7. Fue imposible entrar en la página web de la editorial. . . . . *
8. Alguien que no conozco me ha saludado por la calle. . *

Hipótesis

* a. Es tan simpática que . . . . (tener) un admirador secreto.
* b. Alguien la . . . . (bloquear) sin querer.
* c. . . . . (pensar) que soy otra persona.
* d. La universidad . . . . (cambiar) la fecha y yo no me he enterado.
* e. . . . . (confundirse) de día.
* f. . . . . (actuar) en la obra de teatro.
* g. . . . . (querer) incluirme en un nuevo proyecto.
* h. Los estudiantes . . . . (asistir) al taller de defensa personal.

>| **8** | Lee los siguientes diálogos y elige la opción correcta. Solo hay una posibilidad.

1 ● ¡Estoy nerviosísima! Supongo que el tribunal ha decidido ya. Ojalá . . . . el examen.
↪ Sí, mujer, ya verás como sí.
○ a. aplazan   ○ b. hayan aplazado   ○ c. aplazarán

2 ● ¿No te preocupa que todavía no . . . .?
↪ Tranquila, a lo mejor . . . . atasco en la carretera.
○ a. hayan llamado/han encontrado   ○ b. llamen/han encontrado   ○ c. llamen/hayan encontrado

3 ● ¡Es increíble que Marta aún no me . . . . la noticia!
↪ ¡Cómo eres, Carmen! No me parece que . . . . para ponerse así.
○ a. contó/ser   ○ b. cuente/es   ○ c. haya contado/sea

4 ● Me da mucha pena que Juan y yo ya no nos . . . . a ver. Se traslada a Londres.
↪ Bueno, ¡que . . . . para mejor!
○ a. volvamos/sea   ○ b. hayamos vuelto/es   ○ c. volveremos/haya sido

5 ● ¿Quieres que . . . . al cine o prefieres que . . . . con Lucía esta tarde?
↪ Ya lo siento. No creo que . . . . acompañarte a ningún sitio hoy.
○ a. vayamos/quedar/pueda   ○ b. vamos/quedemos/puedo   ○ c. vayamos/quedemos/pueda

>|9| Clasifica cada una de las siguientes expresiones con el estado de ánimo que le corresponde. Después escribe frases con ellas según las situaciones planteadas.

✕ me fastidia	✕ me saca de quicio	✕ me sorprende	✕ me da miedo
✕ me encanta	✕ me importa un pito	✕ no me importa	✕ me da asco
✕ lamento	✕ me da pavor	✕ odio	✕ no soporto
✕ me da pena	✕ me da grima	✕ me revienta	✕ me importa un pimiento
✕ me da igual	✕ me deja de piedra	✕ me chifla	✕ me aterroriza
✕ me mola	✕ me vuelve loco/a	✕ me choca	✕ me asquea
✕ me flipa	✕ me da rabia	✕ me entristece	✕ me alucina
✕ me duele	✕ me entusiasma	✕ me da lástima	✕ me asusta

Enfado	Gustos	Sorpresa	Tristeza/dolor	Indiferencia	Miedo	Asco

1 Ir a clase con el tiempo justo.

....

2 Recibir la visita inesperada de tus amigos.

....

3 Ver una película de miedo solo en casa.

....

4 Saltarte la dieta por haber conseguido un gran logro.

....

5 Trabajar solo por las tardes.

....

6 Tener que compartir cepillo con un amigo.

....

ACTIVIDADES POR DESTREZAS

PRUEBA DE COMPRENSIÓN DE LECTURA

>|10| Usted va a leer cuatro textos en los que cuatro personas hablan de sus restaurantes de carretera favoritos. Relacione las preguntas (1-10) con los textos (A, B, C o D).

A. DANIEL

Mientras se saca el carné de conducir, Daniel siempre ve pasar los kilómetros desde el asiento de copiloto. Su trabajo de comercial lo ha llevado a recorrerse España varias veces, convirtiéndolo en un avezado espectador de paisajes. ¿Y a la hora de parar? "Hay de todo, sitios extraordinarios y sitios a los que habría que ir con lanzallamas de lo mal que están. Creo que, en general, hay una tendencia a la baja. A la ida paramos en El Lagar de Milagros: restaurante, tienda y barra con mesas. Y un revuelto de champiñones que quita el hipo. Probamos un día, vimos mucho coche aparcado y pensamos: estará bien... Ahora paramos siempre. Solemos pedir huevos fritos con morcilla, picadillo, chuletas... y de postre siempre pedimos que nos pongan unas rosquillas con café y, en mi caso, una copita generosa de licor. Eso sí, el que conduce no prueba ni una gota de alcohol".

CONTINUA »

B. AURORA

A esta psicóloga le chifla conducir con el teléfono y la radio desconectados. "Me sirve para pensar, el paisaje va cambiando, vives momentos distintos". Viaja a menudo por la A-2, autovía que une Madrid con el noreste. "Paro cada 200 kilómetros, doy un paseíto, estiro las piernas; comidas copiosas, en absoluto, y menos en verano. A la ida, paro en el Mavi, en Alcolea. Es una gasolinera conocida, tiene unos bocatas de embutido deliciosos, aunque desde que no como carne todo esto se ha vuelto más difícil. A la vuelta suelo parar en el Restaurante Antonio: su dueño tiene 94 años y de vez en cuando va para supervisar que todo está perfecto, allí caen unos dulces tradicionales de la zona que están rellenos de crema y chocolate. ¡Están riquísimos, nunca me puedo resistir!".

C. MERCE

Merce va mucho a su pueblo y le encanta hacer un alto en "los sitios donde se ha parado toda la vida cuando la carretera era nacional". Siempre que tiene tiempo visita los pueblos que han quedado fuera del paso por la autovía. "Me gusta observar lo que el tiempo ha hecho con aquellos negocios que nacieron al amparo de la carretera".
Suele parar en el restaurante la Venta de Cancarix (Albacete). Platos manchegos, guisos caseros, bocadillos con pan de pueblo. En especial, le vuelve loca comer verdura fresca, los productos naturales de la huerta. Una vez, en una de estas ventas, una señora la confundió con una famosa y se le acercó para pedirle un autógrafo; se lo firmó, claro, pero detrás de la señora iban los otros cincuenta pasajeros del autobús que acababa de parar en la puerta. "Se acabaron las servilletas y yo llegué tarde a una cita que tenía", recuerda.

D. SERGIO

Cuando Sergio viaja por la A-4 a Granada para ver a la familia, o a Cádiz, donde veranea desde hace años, programa la ruta de manera que la hora del almuerzo le pille a la altura de Puerto Lápice (Ciudad Real), donde está la Venta del Quijote: "Es una antigua casa con grandes muros encalados a la que se entra por un antiguo portón para carruajes, con el suelo empedrado y un patio decorado con aperos de labranza". Un lugar muy especial porque se lo descubrió su abuelo. "Es auténtica comida manchega de pueblo, sin florituras ni moderneces, de la de siempre". Nunca deja pasar la ocasión de disfrutar de unas migas con chorizo, que ahí son impresionantes, posiblemente de las mejores que ha comido nunca.

		A Daniel	B Aurora	C Merce	D Sergio
1	¿Quién reconoce que es muy goloso?	○	○	○	○
2	¿Quién dice que le gusta visitar los restaurantes que están fuera de la carretera?	○	○	○	○
3	¿Quién dice que aprovecha los viajes para relajarse?	○	○	○	○
4	¿Para quién el restaurante tiene un significado especial?	○	○	○	○
5	¿Quién dice que la calidad de la comida de los bares de carretera es cada vez peor?	○	○	○	○
6	¿Quién tuvo un contratiempo en un viaje?	○	○	○	○
7	¿A quién le gusta la comida tradicional?	○	○	○	○
8	¿Quién declara que es vegetariano?	○	○	○	○
9	¿Quién dice que no tiene carné de conducir?	○	○	○	○
10	¿Quién dice que prefiere no comer mucho cuando está viajando por carretera?	○	○	○	○

PRUEBA DE COMPRENSIÓN AUDITIVA

>|11| 🔊 Usted va a escuchar una entrevista a la bailarina mexicana Ingrid Magrinyà. Escuchará la entrevista
|2| dos veces. Después, debe contestar a las preguntas (1-6). Seleccione la respuesta correcta (a/b/c).

1 En la entrevista, Ingrid Magrinyà dice que empezó a interesarse por la danza…
- ○ a. porque quería dedicarse de forma profesional.
- ○ b. por su tío abuelo Joan Magrinyà.
- ○ c. porque le llamó la atención la escuela de baile.

2 La entrevistada dice que en las clases ella considera muy importante…
- ○ a. la técnica corporal.
- ○ b. aprender a hacer los movimientos fluidos.
- ○ c. que sus alumnos puedan hacer todos los movimientos.

3 En la entrevista, se dice que la Escuela del Teatro de las Esquinas…
- ○ a. se financia por medio de donaciones particulares.
- ○ b. se dedica a la producción de obras de teatro.
- ○ c. cuenta con profesores multidisciplinares.

4 En la entrevista, la bailarina asegura que…
- ○ a. solo las personas más capacitadas físicamente pueden triunfar.
- ○ b. en el mundo de la danza hay mucha competitividad.
- ○ c. hay ventajas para los bailarines recién llegados.

5 Según la entrevistada, en la danza…
- ○ a. lo importante es que la bailarina sea sensible.
- ○ b. hay que demostrar todo lo que haces sobre un escenario.
- ○ c. se intenta expresar a través del movimiento.

6 Según la entrevista, hoy en día…
- ○ a. apenas hay estudiantes de danza.
- ○ b. la danza tiene poco poder de convocatoria.
- ○ c. la gente prefiere ver la danza en Internet.

PRUEBA DE EXPRESIÓN E INTERACCIÓN ESCRITAS

>|12| Usted escribe en una revista digital dedicada al cine fantástico. Lea la siguiente noticia referente a un festival que se celebrará en Madrid y redacte un artículo para informar a sus lectores, valorar el festival y dejar su opinión al respecto.

El Festival Internacional de Cine Fantástico de Madrid NOCTURNA se complace en anunciar la celebración de su segunda edición, que tendrá lugar del 25 al 31 de mayo en los cines Palafox de Madrid.

En su segunda edición, NOCTURNA reunirá a figuras como Tim Burton, para celebrar el veinticinco aniversario de *Batman* con la proyección de una copia restaurada en 4k y sonido 7.1; el legendario cineasta italiano Darío Argento, el director español Alejandro Amenábar o la actriz de *Juego de Tronos* Sibel Kekilli, además de una nutrida representación de películas a competición.

NOCTURNA volverá a presentar 40 títulos, entre los que se encuentran los estrenos de películas como *Al filo del mañana*, *Wolves* o *The raid 2*. Además, este año se hará de forma paralela una exposición homenaje a la figura de Drácula en el cine.

El festival traerá de nuevo a Madrid las novedades del cine fantástico internacional, contando una vez más con presencias destacadas de grandes personalidades de la fantasía, el terror y la ciencia ficción.

Adaptado de http://www.nocturnafilmfestival.com

Redacte un texto en el que deberá:
- • mencionar la importancia de este festival;
- • indicar por qué razones merece la pena acudir al festival;
- • valorar el programa del festival;
- • elaborar una opinión personal sobre este tipo de eventos.

Número de palabras: entre 150 y 180.

>| 1 | Lee el siguiente texto acerca de lo que esta persona busca en la gente y complétalo con los verbos en indicativo o subjuntivo, según corresponda.

Busco a gente que (1) .... (vibrar), gente que no (2) .... (haber) que decirle lo que hay que hacer, ni que lo haga.

Me gusta la gente con capacidad para medir las consecuencias de sus acciones, y en mi familia me rodeo de personas que no (3) .... (dejar) las soluciones al azar.

Busco a gente que (4) .... (ser) justa con su gente y consigo misma, pero que no (5) .... (perder) de vista que somos humanos y nos podemos equivocar.

Busco a gente que (6) .... (pensar) que el trabajo en equipo entre amigos produce más que los caóticos esfuerzos individuales.

Me gusta la gente que (7) .... (conocer) la importancia de la alegría, y paso muchos momentos con gente que (8) .... (ser) sincera y franca, capaz de oponerse con argumentos serenos y razonables a las decisiones de un jefe.

Busco a gente que no (9) .... (avergonzarse) de reconocer que no sabe algo, que se equivocó. Por eso tengo muchos amigos que (10) .... (aceptar) sus errores, y (11) .... (esforzarse) por no volver a cometerlos.

Busco a gente que (12) .... (poder) criticarme constructivamente y de frente, a estos también les llamo mis amigos.

Con gente como esta, me comprometo a lo que (13) .... (ser), ya que, con haberla tenido a mi lado, me doy por bien pagado.

Adaptado de *La gente que me gusta*, anónimo

>| 2 | Escribe un texto similar al anterior. En esta ocasión utiliza las siguientes estructuras:

✖ Por fin he encontrado a gente que…

✖ Siempre me rodeo de gente que…

✖ Sin embargo no me gusta la gente que… Y, por eso,…

✖ Nunca me relaciono con nadie que…

....
....
....
....
....
....
....
....
....
....

> | **3** | Completa las siguientes oraciones de relativo con los verbos en indicativo o subjuntivo y di si son explicativas o especificativas.

Ejemplo: *La mayoría de la gente pasa parte de su vida buscando a una persona que* <u>comparta</u> **(compartir)** *sus gustos y aficiones.* → <u>*Especificativa*</u>

1 El piso, que Marta .... (alquilar) hace muchos años, está muy bien situado. → ....

2 El piso que .... (comprar) Marta con sus ahorros tendrá que estar bien situado. → ....

3 Está comprobado que las personas que .... (saber) inglés tienen más posibilidades de encontrar trabajo. → ....

4 ¿Hay algún país en el que .... (haber) siete lenguas oficiales? → ....

5 No conozco a nadie que .... (dedicar) tantas horas al estudio como Pedro. → ....

6 Sé que Sarah, que .... (venir) a clase de español con nosotros, puede prestarnos su coche para la mudanza. → ....

7 Recomiéndame una película que .... (ser) divertida porque no estoy pasando por un buen momento. → ....

8 Pídeme una cocacola, pero que no .... (estar) muy fría si es posible. → ....

9 ¿Cómo se llama el chico que .... (conocer, tú) ayer? → ....

10 No hay nada que les .... (consolar) en este momento, su equipo ha perdido la final del campeonato. → ....

> | **4** | Utiliza los relativos y el artículo (si es necesario) en las siguientes frases. Si hay dos posibilidades, indícalo.

Ejemplo: *El grupo* <u>que</u> *llegó ayer procede de Francia.*

1 Los pasajeros .... billetes sean de primera clase, que pasen por la puerta de embarque.

2 .... tenga alguna duda, que levante la mano.

3 .... bien te quiere, te hará llorar.

4 Estas son las novelas sobre .... hablamos en clase el otro día.

5 Tira todo .... no te sirva.

6 Dame esas, ... están ahí colocadas.

7 No tenía a .... pedir ayuda con el traslado, por eso, tuvo que llamar a una empresa.

8 Te ha llamado un chico .... nombre no recuerdo.

> | **5** | Modifica las frases sustituyendo los elementos oportunos por adverbios relativos.

Ejemplo: *Vivo en la misma casa* <u>en la que</u> *vivieron mis padres.* → *Vivo en la misma casa* <u>donde</u> *vivieron mis padres.*

1 Me cuesta entender la forma en la que Pedro hace las cosas.
....

2 Quiero ir de intercambio a un lugar en el que tenga todo a mano.
....

3 ¡Qué fue de aquellos tiempos en los que nada nos detenía!
....

4 Sé que aprendo mejor español en una clase en la que hay pocos alumnos.
....

5 Las cosas que decimos y la forma en la que actuamos revela mucho de nosotros.
....

6 ¿Recuerdas esas semanas en las que tú y yo fuimos inseparables?
....

>| **6** | Une las siguientes frases con un relativo manteniendo la preposición.

Ejemplo: *La calle va a ser peatonalizada. Circulan **por** la calle muchos coches.*
La calle <u>por la que</u> circulan muchos coches va a ser peatonalizada.

1 Miguel está trabajando para una empresa. La empresa es de turismo.

....

2 La profesora dejó los exámenes en un armario. El armario no tenía cerradura.

....

3 Carlos salía con una chica. La chica era poco responsable.

....

4 Llegamos hasta el pueblo más próximo. El pueblo estaba en fiestas.

....

5 El edificio está al lado de la rotonda. Desde ese edificio veo la casa de María.

....

6 Yo me fie de un chico. El chico me traicionó a la primera de cambio.

....

7 En el juicio testificó contra el acusado. El acusado era inocente.

....

8 Estudio en una biblioteca. La biblioteca tiene vistas al mar.

....

>| **7** | (🔊) Escucha atentamente la siguiente audición sobre los estudiantes que vienen a España y sus requi-
| 3 | sitos a la hora de encontrar alojamiento. Indica si las siguientes afirmaciones son verdaderas o
falsas. Corrige las que son erróneas.

	V	F

1 Según las encuestas, unos 10 000 estudiantes extranjeros necesitaron alquilar un piso para
su estancia de trabajo en España. .... ○ .... ○

2 Cuando los estudiantes buscan alojamiento al llegar a España, encuentran pisos que son más
caros. .... ○ .... ○

3 Charles busca un piso que pueda alquilar durante un periodo largo de tiempo y que incluya
algunos servicios, como, por ejemplo, portero físico. .... ○ .... ○

4 Miriam busca un piso que no se encuentre lejos de su lugar de estudios. .... ○ .... ○

5 Las agencias que tienen un acuerdo con la universidad alquilan a un precio más asequible......... ○ .... ○

6 Julian necesita un piso donde viva gente alemana y que esté a un paso de todo. .... ○ .... ○

>| **8** | ¿Qué más crees que buscan los estudiantes extranjeros cuando llegan a España? Escribe oraciones de
relativo con la siguiente información.

Ejemplo: *Peter, 22. Busca compañero de piso español, responsable, de buen trato. Con aficiones deportivas.* ➜ *Peter, que
tiene 22 años, busca un compañero de piso que sea español, que tenga buen trato, y que comparta aficiones
deportivas.*

1 Stephanie, alemana. Busca programas tándem alemán-español. Con personas de 30.

....

2 Marco, 19, nacido en Italia. Necesita habitación, en el centro. Máximo 400 euros.

....

CONTINÚA »

3 Dimitri. Busca trabajo, media jornada. Horario flexible para estudio. Mejor hostelería.

....

4 Elodie, estudiante, 25. Busca clases de conversación en inglés y español. Máximo cinco personas. Adultos.

....

>| **9** | **Relaciona las siguientes expresiones idiomáticas sobre el carácter de las personas con su significado.**

1. Ser un trozo de pan. . . . . ✳	✳ **a.** Hábil para hablar bien, convencer y seducir.
2. Tener un agujero en cada mano. . . . . ✳	✳ **b.** Con mal carácter.
3. Ver las cosas de color de rosa. . . . . . ✳	✳ **c.** Muy inteligente y astuto/a.
4. Tener mala leche. . . . . ✳	✳ **d.** Atrevido/a y desvergonzado/a.
5. Ser un/a creído/a. . . . . ✳	✳ **e.** Que fastidia la diversión.
6. Ser más listo que el hambre. . . . . ✳	✳ **f.** Muy rico/a.
7. Tener salero. ✳	✳ **g.** Que gasta mucho y es incapaz de ahorrar.
8. Tener mucho morro. . . . . ✳	✳ **h.** Tacaño/a.
9. No tener pelos en la lengua. . . . . ✳	✳ **i.** Vago/a.
10. Ser un/a aguafiestas. . . . . ✳	✳ **j.** Muy optimista.
11. Ser un/a agarrado/a. . . . . ✳	✳ **k.** Estar loco/a.
12. Estar forrado/a. . . . . ✳	✳ **l.** Bondadoso/a.
13. No dar palo al agua. . . . . ✳	✳ **m.** Sincero/a, directo/a.
14. Estar como una regadera. . . . . ✳	✳ **n.** Muy divertido/a.
15. Tener labia. . . . . ✳	✳ **ñ.** Engreído/a.

» ACTIVIDADES POR DESTREZAS

PRUEBA DE COMPRENSIÓN DE LECTURA

>|**10**| Lea el siguiente texto, del que se han extraído seis fragmentos. A continuación lea los ocho fragmentos propuestos (A-H) y decida en qué lugar del texto (1-6) hay que colocar cada uno de ellos. Hay dos fragmentos que no tiene que elegir.

Deberes escolares, ¿sí o no?

Hace unas semanas, saltó la noticia de que en Francia se iba a realizar una huelga de quince días sin deberes escolares. En España, varias asociaciones de padres de alumnos también la estaban proponiendo. Los pedagogos y orientadores que trabajan en Educación Infantil y Primaria sí están a favor de los deberes escolares para casa, **(1)** . . . .

En la etapa de Infantil y Primaria los deberes sirven para reforzar o afianzar lo que ya se ha aprendido en la escuela, **(2)** . . . . También, en la medida de lo posible, los deberes que se hacen en casa deberían ser una aplicación a la vida cotidiana de dichos conocimientos. De esta forma, los contenidos y habilidades adquiridos se generalizan, y se hacen más funcionales y significativos.

(3) . . . ., de manera que sea una actividad más dentro de su rutina. Adquirir estos hábitos será indispensable para afrontar otras etapas del sistema educativo.

CONTINUA »

(4) .... Lo contrario sería que los deberes fueran la actividad exclusiva o la que ocupara la mayor parte del tiempo. Tienen un espacio en su horario, pero deben ser compatibles con otras cosas: jugar, disfrutar al aire libre, convivir con la familia, realizar actividades extraescolares... (5) ....

También es aconsejable que los niños hagan los deberes por sí solos, sin ayuda de un adulto. La labor de enseñar no corresponde a los padres. Los profesores deben tener muy presente esta máxima. En ocasiones, las actividades que aparecen en los libros de texto no se adaptan al nivel y estilo de aprendizaje de los niños, (6) ....

En cualquier caso, los profesores debemos revisar la cantidad de tarea: cada mañana los niños vienen con la tarea hecha, pero no sabemos el coste que ha tenido. Por eso hay que informarse y preguntar porque, si la cantidad de tarea hace que no se cumplan los anteriores criterios, hay que reducirla.

Adaptado de http://familiaycole.com/2012/04/15/tareas-si-o-no

FRAGMENTOS

A Para que esto funcione, los deberes deben constituir una actividad más de la tarde del niño o de la niña.

B Por esta razón, es muy importante que se acostumbren a hacer los deberes a la misma hora.

C de ahí que sea labor del profesor presentar los contenidos nuevos adaptándolos a las necesidades específicas de sus alumnos.

D siempre y cuando se cumplan determinados criterios y condiciones.

E Por otro lado, la dedicación de un tiempo diario "a las cosas del cole" ayuda a conformar el hábito de trabajo y de estudio

F Los padres tienen que supervisar las tareas de los niños en primer lugar.

G fomentando así la memoria comprensiva y la reflexión sobre los conocimientos adquiridos.

H Estas otras actividades fuera de los deberes son igual de importantes.

PRUEBA DE COMPRENSIÓN AUDITIVA

> **|11|** 🔊 Usted va a escuchar seis conversaciones breves. Escuchará cada una dos veces. Después debe
|4| contestar a las preguntas (1-6). Seleccione la opción correcta (a/b/c).

1 A la mujer le sorprende que Nicolás...
- a. sea muy despistado.
- b. tenga toda la ropa mojada.
- c. esté tan loco.

2 La mujer le dice al hombre que...
- a. le sorprende lo que ha pasado.
- b. ve a Lucía frecuentemente.
- c. ya se lo esperaba.

3 Sara le dice a su compañero que...
- a. no hay nadie en el apartamento de los padres de Tomás.
- b. Tomás ha conseguido un trabajo fijo.
- c. Tomás está en la playa.

4 La hija le dice a su padre que...
- a. no ha ido a trabajar durante un mes.
- b. va a cambiar de teléfono.
- c. hace dos meses que no le pagan.

5 ¿Para qué habla la mujer?
- a. Para amenazar a su amigo.
- b. Para animar a su amigo.
- c. Para dar un consejo a su amigo.

6 El hombre responde a su mujer que...
- a. está muy ocupado.
- b. los fontaneros son baratos.
- c. no se le dan bien esos trabajos.

| 14 | nuevo PRISMA • Ejercicios • Nivel B2

>|12| Usted trabaja para la revista de una universidad y tiene que hacer un artículo sobre el consumo de bienes y servicios culturales que hacen los españoles. En el artículo debe incluir y analizar la información que más le llame la atención del siguiente gráfico.

Consumo de los hogares en bienes y servicios culturales

- Tratamiento de información e Internet 31%
- Libros 20%
- Otros 14%
- Espectáculos (cines, teatros, etc.) 14%
- Equipos de imagen y sonido 9%
- Revistas 8%
- Museos y bibliotecas 4%

Redacte un texto en el que deberá:
- comentar la importancia de la cultura en una sociedad;
- comparar los porcentajes que más le llamen la atención del gráfico;
- destacar los datos más relevantes;
- expresar su opinión sobre la información que proporciona el gráfico;
- elaborar una conclusión.

Número de palabras: entre 150 y 180.

PRUEBA DE EXPRESIÓN E INTERACCIÓN ORALES

>|13| Usted debe imaginar una situación a partir de una fotografía (ver anexo *Imágenes*, pág. 138) y describirla durante unos dos minutos. A continuación conversará acerca de sus experiencias y opiniones sobre el tema de la situación. Tenga en cuenta que no hay una respuesta correcta: debe imaginar la situación a partir de las preguntas que se le proporcionan.

Estos son algunos aspectos que puede comentar:

- ¿Dónde cree que están? ¿Por qué?
- ¿Qué relación cree que hay entre estas personas? ¿Por qué?
- ¿Cómo imagina que es cada una de estas personas? ¿Por qué?

- ¿Qué cree que ha pasado? ¿Por qué?
- ¿Qué cree que están diciendo?
- ¿Qué cree que va a ocurrir después?
- ¿Cómo va a terminar la situación?

> **1** Lee el siguiente texto y complétalo con los conectores de argumentación del recuadro.

- × Habría que hablar de varios aspectos
- × A manera de introducción podemos decir que
- × Desde nuestro punto de vista
- × Otro hecho importante es que
- × Además
- × Según
- × Por un lado
- × Por otra parte
- × En conclusión

Aprender idiomas a través de la música

(1) .... el aprendizaje de un idioma puede resultar muy aburrido si no se hace uso de herramientas de enseñanza motivadoras para los estudiantes. La música es un perfecto aliado para trabajar de un modo entretenido las distintas áreas cognitivas de una lengua extranjera.

(2) .... donde la música puede influir en la adquisición de una lengua. (3) ...., estaríamos reforzando la pronunciación y la entonación, ya que sin saber qué significa, y menos aún cómo se escribe, una persona puede ser capaz de repetir de forma automática una canción en otra lengua diferente a la propia. (4) ...., la letra de un tema puede enriquecer el léxico del estudiante al aparecer contextualizado, lo que le permite un uso adecuado del mismo y, al ir asociado a un ritmo, se facilita su memorización a través del componente lúdico.

(5) .... los estudiantes también pueden trabajar con aspectos gramaticales de la lengua extranjera por medio de las canciones. El análisis morfosintáctico de las letras, los usos coloquiales y la revisión de otros registros idiomáticos utilizados en los temas musicales sirven como herramienta didáctica para repasar, de una forma más amena, la gramática. (6) ...., la música no es solo una herramienta de aprendizaje de idiomas, sino que también ayuda a utilizar todo nuestro potencial intelectual. (7) .... los expertos, las canciones activan ambas partes del cerebro, ya que la pronunciación de las palabras, la comprensión y la ejecución musical están reservados al hemisferio izquierdo, mientras que la expresión melódica, las emociones y la expresión artística son propios del hemisferio derecho.

(8) ...., ampliar vocabulario, reforzar la entonación y pronunciación, y repasar la gramática en contexto son algunos de los aspectos didácticos fundamentales que se pueden mejorar a través de los recursos musicales. (9) ...., actualmente, y gracias a las nuevas tecnologías, los aprendices de idiomas pueden acceder fácilmente a la música para aprender y practicar la lengua que estudian.

Adaptado de:http://www.consumer.es/web/es/educacion/otras_formaciones/2010/10/31/196824.php

> **2** 🔊 Escucha a cuatro estudiantes que nos hablan de otras técnicas que ellos utilizan para aprender
|5| español. Completa la información que falta.

1 Me encantan las frases hechas. Normalmente, cuando escucho una frase hecha nueva, la .... y la ....

2 Aprendo una lengua nueva a través de .... Los expertos dicen que cuantos más .... participen en el ...., más eficaz es este.

3 No me resulta muy útil, pero al final aprendo mejor las cosas cuando .... También me facilita el aprendizaje hacer .... con los contenidos nuevos que aprendo.

4 Mi familia me leía los contenidos en voz alta, así que, si estoy sola, suelo .... para aprender.

>| 3 | De todas los estilos de aprendizaje que ofrecen los estudiantes en el audio anterior, escoge uno y argumenta en tu cuaderno por qué, para ti, es el más útil a la hora de aprender una lengua. Puedes añadir otros. No olvides usar las estructuras de opinión.

>| 4 | Completa los huecos con la forma correcta de los verbos en pasado.

1 Ayer .... (llamar) a mi madre porque .... (necesitar) que me hiciera un favor pero no .... (estar) en casa.

2 Mientras Juan .... (hacer) la tarea, Marcos .... (ordenar) su cuarto tal y como su madre les .... (mandar).

3 ● ¿Qué .... (hacer, tú) finalmente este verano?
○ Pues, ... (estar) con mi familia en Argentina y lo .... (pasar, nosotros) genial.

4 Cuando Almudena .... (llegar) a casa, Alfonso ya .... (salir) de viaje, así que no .... (ella, poder) despedirse.

5 Cuando .... (ser) pequeño, Carlos .... (vivir) en el campo. Hace poco .... (trasladarse, él) a la ciudad por motivos laborales.

6 ● El lunes pasado me .... (encontrar) con Pedro y .... (parecer) muy contento.
○ ¿Ah sí? Yo le .... (ver) el domingo. Me .... (decir, él) que .... (estar) con su novia en Canadá. Será por eso.

7 Fernando es un encanto. Nunca antes me .... (sentir) así de bien con alguien.

>| 5 | Relaciona las siguientes frases con su explicación correspondiente.

1. Cuando era pequeña, iba a Granada de vacaciones. .... ✳	✳ **a.** Se presenta una acción pasada dentro de un periodo de tiempo presente.
2. Cuando tenía 15 años, ya había ido a Granada de vacaciones. .... ✳	✳ **b.** Se presenta la acción como un hábito o costumbre del pasado.
3. Cuando era pequeña, fui muchas veces a Granada de vacaciones. ...... ✳	✳ **c.** Se presenta una acción repetida en el pasado durante un periodo cerrado de tiempo.
4. Este verano he ido de vacaciones a Granada. .... ✳	✳ **d.** Se presenta la acción como anterior a un hecho del pasado.
5. Me prometí que iría de vacaciones a Granada en cuanto pudiera. .... ✳	✳ **e.** Se presenta una acción puntual que interrumpe a otra en el pasado.
6. Estaba de vacaciones en Granada, cuando me llamaron para una urgencia. .... ✳	✳ **f.** Se presenta una acción futura respecto a otra del pasado. La acción futura puede seguir siéndolo en el presente, o haber sucedido ya.

>| 6 | Ahora usa tu imaginación y di, ¿por qué no has realizado estas acciones?

Ejemplo: Hablar con la profesora ➜ Fui a hablar con la profesora pero ya se había ido del centro.

1 Sacar la basura. ....

2 Mandar el CV a la empresa. ....

3 Escribir un wasap. ....

4 Visitar a un amigo a Londres. ....

5 Comprar el regalo. ....

> | **7** | Al siguiente cuento le falta información. Complétalo con la forma correcta de los verbos en pasado que aparecen en el cuadro. ¿Cuál es la moraleja del cuento? ¿Estás de acuerdo con ella?

✖ haber	✖ dar	✖ salir	✖ estar
✖ ver	✖ enamorarse	✖ observar	✖ tener
✖ transformarse	✖ hacer	✖ ser	

(1) .... una vez un campesino que (2) .... gordo y feo, y que (¡cómo no!) (3) ....

de una princesa. Esta princesa (4) .... el pelo rubio como el oro, y siempre (5) .... contenta. Todas las mañanas, mientras ella (6) .... sus cosas, él la (7) .... desde su escondite. ¡Nunca antes él (8) .... algo tan hermoso!

Un día, la princesa (vete a saber por qué), (9) .... de su casa y le (10) .... un beso al gordo y feo campesino. Mágicamente, este (11) .... en un esbelto y apuesto príncipe. (Por lo menos, así lo veía ella). (Por lo menos, así se sentía él).

Adaptado de Jorge Bucay

La moraleja del cuento es… ....
....
....
....

Mi opinión… ....
....
....
....

> | **8** | Completa el crucigrama con las palabras relacionadas con la música que puedes encontrar a lo largo de la unidad y descubre el nombre de un famoso cantante español. Ayúdate de las definiciones.

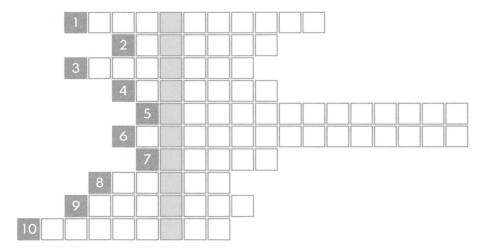

1. Empresa o asociación de personas que se dedican a la producción cinematográfica o discográfica.
2. Canción de ritmo lento y de carácter popular, cuyo asunto es generalmente amoroso.
3. Personas que escuchan los programas de radio.
4. Canto en el que predominan los sentimientos y emociones del autor.
5. Empleo de la música con fines terapéuticos, por lo general psicológicos.
6. Espectáculo de música, generalmente interpretado por conjuntos músico-vocales modernos, al que acude una enorme multitud de personas.
7. Forma de sucederse y alternar una serie de sonidos que se repiten periódicamente en un determinado intervalo de tiempo.
8. El texto de una canción.
9. Que ejecuta un solo en una obra instrumental o vocal.
10. Crear obras musicales.

>| 9 |
Separa las siguientes oraciones según las pausas que se puedan hacer en la entonación.

1 El amigo de Mercedes es un hombre muy agradable.

2 Tienes que decirme dónde has comprado esa ropa tan bonita.

3 ¡No sabíamos que vivías tan cerca!

4 La música de violines me pone siempre muy triste.

5 Habría que distinguir varios puntos dentro de tu razonamiento.

» ACTIVIDADES POR DESTREZAS

PRUEBA DE COMPRENSIÓN DE LECTURA

>|10| Usted va a leer un texto sobre la importancia de realizar actividad física. Después, debe contestar a las preguntas (1-6). Selecciona la respuesta correcta (a / b / c).

Realizar 30 minutos de actividad física al día alarga la esperanza de vida cinco años

Un estudio realizado a personas mayores por investigadores del Instituto Universitario CEMIC (Buenos Aires, Argentina) ha demostrado que, al menos, el 78% de las que practicaban un mínimo de media hora de ejercicio al día habían alargado su esperanza de vida en, por lo menos, cinco años.

Los autores de la investigación recomiendan, tras analizar los resultados, realizar 30 minutos de actividad física al día, cinco veces a la semana, y proponen como actividades: nadar, caminar, hacer gimnasia acuática, bailar o montar en bicicleta.

"Cuando nos hacemos mayores y vamos cumpliendo años, nos volvemos más sedentarios, favoreciéndose el deterioro del aparato locomotor. Además, se pierde masa muscular, por lo que el mecanismo de regulación de la glucosa se ve disminuido, las arterias pierden elasticidad, y se altera el metabolismo de las grasas, lo que favorece la aparición de diabetes, hipertensión, obesidad e hipercolesterolemia", destaca la doctora Araceli Boraita, miembro de la Fundación Española del Corazón (FEC). "En cambio, si nos mantenemos físicamente activos a lo largo de nuestra vida y seguimos así una vez entrados en la vejez, además de mejorar nuestra elasticidad, coordinación y musculación, disminuiremos la probabilidad de padecer estas enfermedades", prosigue.

El estudio, que incluyó a 337 personas mayores de 80 años, demostró que el 78% de las personas que realizan actividad física de forma regular alargan la vida al menos cinco años, frente al 46% de supervivencia en el caso de las personas sedentarias.

Las actividades o deportes más recomendables para la población mayor "son las que, además de mejorar la forma física, favorecen la musculación y la coordinación", afirma Boraita, quien, para fomentar la práctica de ejercicio físico entre las personas mayores, recomienda que se realice en grupos de edad parecida y que, en la medida de lo posible, sea supervisado por un monitor que controle sus progresos.

"Es importante, también, que nuestros mayores se enganchen al ejercicio físico, y no deben sentirse frustrados o agobiados si inicialmente se ven limitados. Si no se pueden realizar 30 minutos de actividad seguida, se puede fraccionar en intervalos de 10 a 15 minutos, ya que el efecto es acumulativo", propone la especialista.

CONTINÚA »

La FEC realiza estas recomendaciones con motivo de la conmemoración del Día Mundial de la Salud, el próximo 7 de abril, para el que este año la Organización Mundial de la Salud (OMS) ha escogido el lema *La buena salud añade vida a los años*, con el que se pretende mostrar que, si nos cuidamos desde jóvenes, tendremos en la vejez una vida plena y productiva, desempeñando un papel activo en nuestras familias y en la sociedad.

La FEC se suma a este lema y aprovecha para reivindicar el Día Mundial de la Actividad Física que se celebra el 6 de abril. "La población española es una de las más longevas y es necesario que nos concienciemos sobre la necesidad de llegar a una edad madura estando física e intelectualmente activos", concluye Boraita.

Adaptado de http://www.europapress.es/salud/salud-bienestar-00667/noticia-realizar-30-minutos -actividad-fisica- dia-alarga-esperanza-vida-cinco-anos-20120404114248.html

1 Según el estudio publicado por el Instituto CEMIC, se ha demostrado que…
- ○ a. más de la mitad de las personas hacen media hora de ejercicio al día.
- ○ b. si haces ejercicio alargas la vida cinco años más.
- ○ c. es positivo realizar ejercicio varios días a la semana.

2 La doctora Araceli Boraita señala que…
- ○ a. a medida que envejecemos nuestra actividad mental disminuye.
- ○ b. cuando cumplimos años, aumenta el riesgo de padecer enfermedades.
- ○ c. el riesgo de padecer enfermedades es más bajo si hacemos deporte en nuestra juventud.

3 Según el estudio realizado,…
- ○ a. la mayoría de las personas mayores que hacen deporte aumentan su esperanza de vida.
- ○ b. se recomienda que los mayores hagan deporte en grupos de diferentes edades.
- ○ c. la actividad física siempre debe estar controlada por un profesional.

4 De acuerdo con la especialista…
- ○ a. los mayores tienen límites a la hora de hacer deporte.
- ○ b. a veces no es posible realizar media hora sin parar.
- ○ c. deben hacer 30 minutos y parar de 10 a 15 minutos.

5 Según el artículo,…
- ○ a. la FEC conmemora el Día Mundial de la Salud el 7 de abril.
- ○ b. el Día Mundial de la Salud está dedicado a que los mayores hagan deporte.
- ○ c. la Organización Mundial de la Salud recomienda cuidarse desde jóvenes.

6 Según el texto,…
- ○ a. el 6 de abril se celebra la longevidad de la población española.
- ○ b. la FEC quiere potenciar la actividad física entre la población.
- ○ c. la población española es la más longeva de Europa.

>|**11** | Lea el texto y rellene los huecos (1-14) con la opción correcta (a / b / c).

Amuletos del antiguo Egipto

Es extraordinario, si repasamos el panteón de creencias del antiguo Egipto, comprobar que prácticamente había un amuleto para (1) .... petición.

Porque el pueblo egipcio (2) .... muy supersticioso, y ello se derivaba de la relación tan directa que (3) .... con sus dioses y con sus demonios. No en vano tenían la posibilidad de convivir con un dios encarnado, como era el (4) .... faraón. (5) .... el amuleto sea fundamental para entender el conjunto de creencias y, sobre todo, comprender el conjunto de miedos que aquejaban a los integrantes de esta civilización.

CONTINÚA >>

A lo largo de su vida, el amuleto los acompañaba, bien en forma de un pequeño abalorio que se colgaban del cuello, bien como una joya algo más elaborada, o bien como un tatuaje que (6) .... representaba. Pero es que, (7) .... morir, (8) .... facilitar el tránsito a un más allá que concebían como una nueva vida, entre los vendajes los embalsamadores introducían todo tipo de objetos. Años más tarde, esos objetos fueron los que provocaron que los ladrones de tumbas (9) .... las momias buscándolos.

Era habitual que el amuleto también (10) .... pintado en los enseres del hogar, o sobre un papiro que se colocaba en determinadas zonas de la casa una vez que el mago lo había revestido del poder que debía tener. Tan importantes eran que (11) .... en papiros como el McGregor o el Leyden, no solo se incluye una lista con 75 modelos diferentes, (12) .... que, además, se ofrecen fórmulas "mágicas" para que estos se recargaran correctamente y se (13) .... hacer uso de su poder.

Concretamente, el primero de los papiros, que forma parte del conocido *Libro de los Muertos*, además especificaba que el material (14) .... debían hacerse era el oro, ya que no se estropearía y, de este modo, protegería al difunto en su viaje a la eternidad.

Adaptado de la revista *Enigmas* n.º 225

	a.	b.	c.
1	a. cualquier	b. una	c. cualquiera
2	a. estaba	b. era	c. parecía
3	a. mantenía	b. llevaba	c. formaba
4	a. único	b. mismo	c. propio
5	a. Entonces	b. De ahí que	c. Por eso
6	a. lo	b. la	c. se
7	a. cuando	b. después de que	c. al
8	a. a fin de que	b. para	c. por
9	a. destrozaban	b. destrozasen	c. destrozaron
10	a. estuviera	b. sería	c. fuese
11	a. incluso	b. además	c. también
12	a. si no	b. pero	c. sino
13	a. podía	b. pudiera	c. podría
14	a. con el que	b. con lo cual	c. con lo que

PRUEBA DE COMPRENSIÓN AUDITIVA

>|12| 🔊 Usted va a escuchar una conversación entre dos amigos, Nacho y Bárbara. Indique si los enunciados (1-6) se refieren a Nacho, a Bárbara o a ninguno de los dos. Escuchará la conversación dos veces.

	Nacho	Bárbara	Ninguno de los dos
1 Está intentando perder peso en la actualidad.	○	○	○
2 Ha reservado un viaje de oferta.	○	○	○
3 Va a devolver un traje.	○	○	○
4 No tiene fuerza de voluntad.	○	○	○
5 Ha tenido un accidente.	○	○	○
6 Se arrepiente de celebrar su boda.	○	○	○

4 CUÍDATE

>| 1 | 🔊 Escucha a cuatro deportistas que nos dan varios consejos en cada una de sus especialidades.
171 Intenta averiguar a qué deporte se dedica cada uno de ellos, y elige la opción correcta.

1 Deporte: ....
- ○ **a.** Es recomendable que visualices la competición con antelación.
- ○ **b.** Te sugiero que veas la prueba cuando acabe la competición.
- ○ **c.** Debes estar relajado durante la competición.

2 Deporte: ....
- ○ **a.** Debes tener el mismo equipamiento tanto en invierno como en verano.
- ○ **b.** Lo fundamental es que te dejes asesorar.
- ○ **c.** Es aconsejable que prestes atención al equipamiento y lo elijas según la época del año en la que vayas a realizar este deporte.

3 Deporte: ....
- ○ **a.** Si yo fuera tú, me concentraría exclusivamente en ganar la competición.
- ○ **b.** Te aconsejo que observes al rival y que te aproveches de sus errores.
- ○ **c.** Debes olvidar todos los combates que pierdas y empezar de cero.

4 Deporte: ....
- ○ **a.** Oculta tu mal estado de ánimo a tu rival para no darle pistas.
- ○ **b.** Muestra una mala actitud a tu rival para que se desconcentre.
- ○ **c.** Tienes que mostrar tu buen estado de ánimo al rival para que no se confíe.

>| 2 | Identifica en el ejercicio anterior todas las estructuras utilizadas para dar consejos. Usa esas estructuras en las siguientes situaciones.

Ejemplo: *Tu profesor te ha pedido que entregues el trabajo, pero te has dejado la mochila en el autobús.* ➜ *Te sugiero que llames a la compañía de autobuses de inmediato para recuperarla.*

1 Es vuestro aniversario y quieres sorprender a tu pareja. Es una persona muy práctica.
....
....

2 Quieres hacer un viaje especial y diferente, pero no dispones de mucho dinero.
....
....

3 Te ofrecen la posibilidad de ir a trabajar al extranjero, pero no conoces el idioma.
....
....

4 Tus amigos y tú habéis reservado en una casa rural. Cuando llegáis después de un largo viaje, no funciona la electricidad.
....
....

5 Cuando vuelves a casa te encuentras todo desordenado y te falta el ordenador, que es donde tienes todo tu trabajo y no has hecho copia de seguridad.
....
....

>| 3 |

Completa las frases siguientes con el imperfecto de subjuntivo de los verbos del recuadro. Indica, además, si expresan presente de cortesía (C), pasado (P) o futuro con respecto a otra acción (F).

Ejemplo: A Carlos le sorprendió que <u>tuviera</u> tanto tiempo libre en mi trabajo. | P |

| x salir | x traer | x hacer | x estar | x ser |
| x quedar | x decir | x acompañar | x hablar | x viajar |

1 Me encantaría que nos .... al concierto, si es de tu agrado. .... ☐

2 Mi madre no creía que mi antiguo novio .... tan simpático. .... ☐

3 El profesor sugirió que los alumnos .... la tarea al día siguiente si querían aprobar. .... ☐

4 Todo el mundo nos recomendó que .... a China de luna de miel. .... ☐

5 Queríamos que todos vosotros .... presentes en nuestra graduación. .... ☐

6 Marta lamentó que las cosas no .... como ella esperaba. .... ☐

7 El vecino me dijo que .... más bajo porque estaba intentando dormir. .... ☐

8 Carlos, de niño, odiaba que su madre le .... lo que tenía que hacer. .... ☐

9 El médico me pidió que .... algo de ejercicio para fortalecer la rodilla. .... ☐

10 Por favor, me gustaría que te .... a probar la tarta. .... ☐

>| 4 |

Utiliza las estructuras de petición en las siguientes situaciones, primero en un registro informal y, después, formal.

Ejemplo: Hace muchísimo frío y en la habitación está el aire acondicionado en marcha. ¿Qué pides?
informal → Apaga el aire, por favor.
formal → ¿Le importaría que apagásemos el aire?

1 Estás comiendo en casa de tus padres. Tu padre ha preparado la comida, está buena pero bastante sosa. ¿Qué pides?

informal → ....

formal → ....

2 Estás en el pasillo de la universidad y has salido de la biblioteca cargado/a de libros. ¿Qué pides?

informal → ....

formal → ....

3 Te da mucha vergüenza hablar con ese/a chico/a que tanto te gusta, pero quieres quedar con él/ella. Pasa cerca un amigo. ¿Qué le pides?

informal → ....

formal → ....

4 Estás intentado escuchar las noticias por la televisión, pero es imposible porque tu compañero/a no deja de hablar. ¿Qué puedes pedirle?

informal → ....

formal → ....

5 Después de ir varias veces al ayuntamiento, consigues hablar con el alcalde de tu pueblo. ¿Qué le pides?

informal → ....

formal → ....

> | **5** | Completa las frases con el tiempo correcto del subjuntivo del verbo entre paréntesis. Fíjate bien en el verbo de la oración principal.

1 No creía que Pedro .... (dedicar) tanto tiempo al trabajo. ¡Qué obsesión!

2 Le pediré que .... (casarse) conmigo este fin de semana. ¡Estoy como un flan!

3 Por favor, dile a tu compañera de piso que .... (ordenar) su cuarto.

4 Sería un alivio que .... (posponer) el examen una semana.

5 Me ha encantado que .... (venir) esta tarde a merendar conmigo.

6 Me gustaría que .... (superar) esta crisis entre todos cuanto antes.

7 Cuando vuelva a Cádiz, le recomendaré que .... (visitar) el museo fenicio.

8 Te aconsejé que no le .... (decir) nada a mamá de los resultados de la prueba.

9 En la televisión insisten en que .... (beber) mucha agua en verano.

10 Con el atasco que hay, no creo que .... (llegar, él) todavía a casa.

> | **6** | Lee atentamente la opinión de un paciente que escribe en un foro acerca de la sanidad pública y privada. Completa con la forma correcta del verbo en indicativo o subjuntivo.

Foro. ¿Sanidad pública o sanidad privada?

¿Sanidad pública o sanidad privada?

Es verdad que en España siempre (1) .... (funcionar) la sanidad pública. Por otra parte, la mejora del nivel de vida del español medio ha propiciado el crecimiento de la sanidad privada. Entonces, ¿por qué elegir una opción u otra?

En primer lugar, es lógico que los medios de cada una (2) .... (ser) diferentes y adquiridos con diferentes propósitos. La sanidad privada utiliza sus medios con el fin de facilitar la vida del paciente, de manera que, ante un ingreso hospitalario (como en el caso de un parto), dispondremos de habitación individual, cama supletoria para un acompañante, etc.

En la sanidad pública, es normal que (3) .... (nosotros, pasar) esa misma estancia compartiendo habitación con otro paciente. En mi caso, me pareció increíble que nos (4) .... (cambiar) tres veces de habitación en dos días y que (5) .... (yo, tener) que dormir sentado en una silla rígida al lado de la cama de mi mujer. Sin embargo, en el caso de la aparición de complicaciones serias o tratamientos de enfermedades de larga duración, la sanidad privada suele derivar a sus pacientes al servicio público.

Otro aspecto diferencial es el coste. Es evidente que la sanidad pública no (6) .... (ser) un gasto opcional en España, sino que religiosamente todos los meses salen unos euros de nuestras nóminas para sufragar el servicio sanitario. En cambio, sería imposible que la sanidad privada (7) .... (contar) con alguna gratuidad y, por ello, tiene un coste medio de unos 50€ por persona, salvo excepciones.

Es cierto que siempre (8) .... (existir) diferencias en el servicio. En la sanidad pública te encuentras, con frecuencia, con enormes listas de espera. Sería genial que la gente no (9) .... (esperar) tanto en recibir los resultados de unas pruebas médicas. En la sanidad privada uno escoge directamente el médico especialista, no es común encontrarse con listas de espera, es evidente que (10) .... (cuidarse) la atención al paciente.

Con estos argumentos, cada uno puede tomar la decisión que más le convenza. En mi caso, he de decir que no tengo seguro privado, puesto que la única utilidad que le he visto es que me atiendan más rápido cuando tengo un catarro.

Adaptado de http://www.papaenapuros.com/sanidad-publica-vs-privada/

> | **7** | Escribe en tu cuaderno unas líneas acerca de cuál de las dos opciones elegirías y por qué. No olvides utilizar alguna de las estructuras impersonales para emitir juicios de valor o constatar una realidad.

PRUEBA DE COMPRENSIÓN DE LECTURA

> **8** Usted va a leer un texto sobre el peligro de la basura espacial. Después, debe contestar a las preguntas (1-6). Seleccione la respuesta correcta (a / b / c).

El peligro de la basura espacial

Aunque la basura espacial no representa todavía un grave peligro para nuestro planeta, sí lo es para aquellos seres humanos que viajan al espacio exterior y para los artefactos y naves que salen al espacio exterior. A medida que pasa el tiempo, ese riesgo va en aumento de forma exponencial. La chatarra espacial son los desechos de todas las misiones espaciales que han salido de la Tierra hacia otros planetas y, también, aquellos restos de satélites de experimentos o de explosiones que permanecen en órbita alrededor de la Tierra. La basura espacial contiene de todo: tuercas, tornillos, 70 000 gotas radiactivas procedentes de combustible nuclear de misiones soviéticas, el guante del astronauta Edward White, perdido en 1965… Todo esto y mucho más viajando a una velocidad de 28 000 km/h.

El satélite Vanguard I, operativo hasta 1964, lleva medio siglo sin control y lo convierte en el objeto artificial inactivo más antiguo alrededor de nuestro planeta. Seguirá dando vueltas durante al menos 200 años.

En algunas ocasiones se han destruido satélites mediante impacto de misiles, como ocurrió en 2007, cuando el ejército de China lanzó uno de ellos al satélite meteorológico Fengyun-1C, lo que desperdigó por el espacio 150 000 fragmentos de chatarra de más de un centímetro.

Se ha calculado que orbitan nuestro planeta más de 700 000 objetos de entre 1 y 10 cm de diámetro que podrían ser de poca importancia debido a su escaso tamaño, aunque el problema no es el tamaño, sino la velocidad a la que se desplazan y que es de decenas de miles de kilómetros por hora.

La basura espacial cuesta a los operadores europeos unos 200 millones de euros al año, por daños en los satélites o por los desvíos que estas naves deben hacer para no encontrarse con estos escombros. Ello conlleva un gasto de combustible adicional, y la vida útil de los mismos disminuye al agotarse antes el combustible y no poder hacer las maniobras correctas para estabilizarse en una determinada órbita. La preocupación de las agencias espaciales por el aumento de la basura espacial crece. Tengamos en cuenta que, al incrementarse esta, la posibilidad de colisión entre los escombros espaciales también aumenta.

No se conoce en la actualidad ningún método eficaz y económico para poder limpiar la basura espacial. Aquellos desechos que están más bajos de los 500 km de altura podrían deshacerse en su entrada a la atmósfera cuando rozaran con las capas más altas. Pero una limpieza natural de este tipo en las órbitas contaminadas más bajas podría llevar cientos de años. Otra posibilidad es detectar la basura con radares y enviar una nave, tipo camión basura, para recogerla, pero el coste sería enorme.

Otra solución estaría en el uso del láser. La EOS Space Systems asegura tener un sistema de este tipo en un estado muy avanzado de desarrollo, por lo que podría ser funcional en poco tiempo. Se trata de un sistema que permitiría mover los escombros espaciales haciendo uso de un láser de poco potencial para alejarlos de la llamada "zona de peligro", que no es más que aquella zona de la órbita donde transitan la mayoría de satélites de nuestro planeta y, claro está, la Estación Espacial Internacional.

En menor medida, la basura espacial también puede causar problemas en la Tierra. En estos 55 años de exploración en el espacio, se calcula que han llegado a la Tierra hasta 5400 toneladas de basura espacial. Ocasionalmente, se han encontrado fragmentos enteros de satélites o cohetes en varias zonas despobladas del planeta. Si esos fragmentos hubieran impactado en una ciudad, seguramente habría habido algunos heridos o muertos.

Texto adaptado de http://www.abc.es/ciencia/20141127/abci-guante-tornillos-gotas-radiactivas-201411271618.html y de http://hipertextual.com/2012/12/basura-espacial-peligro-cielo-tierra

1 En el texto se dice que la basura espacial...
- ○ **a.** es una gran amenaza para nuestro planeta.
- ○ **b.** es un riesgo a largo plazo.
- ○ **c.** la componen varios tipos de objetos.

2 Según el texto,...
- ○ **a.** el satélite Vanguard I lleva más de 50 años inoperativo.
- ○ **b.** se han usado misiles para destruir la basura espacial.
- ○ **c.** la velocidad a la que viaja la basura espacial es moderada.

3 El texto dice que...
- ○ **a.** el precio de la basura espacial es elevado.
- ○ **b.** la basura espacial es un problema para las misiones espaciales.
- ○ **c.** la basura espacial puede chocar entre sí y desaparecer.

4 Según el texto,...
- ○ **a.** algunos desechos desaparecen al entrar en la atmósfera.
- ○ **b.** ya se han probado soluciones para limpiar la basura espacial.
- ○ **c.** existen naves especiales para recoger la basura espacial.

5 La solución del rayo láser...
- ○ **a.** destruye la basura espacial.
- ○ **b.** está siendo muy útil y funciona según lo previsto.
- ○ **c.** protegería a los satélites que orbitan la Tierra.

6 La basura espacial...
- ○ **a.** frecuentemente llega a la superficie terrestre.
- ○ **b.** ha causado muertos cuando ha caído en ciudades.
- ○ **c.** afortunadamente ha caído en lugares deshabitados.

PRUEBA DE COMPRENSIÓN AUDITIVA

>|9| 🔊 Usted va a escuchar a un hombre que habla del *crossfit*, el nuevo entrenamiento de moda. Escuchará la audición dos veces. Después debe contestar a las preguntas (1-6). Seleccione la respuesta correcta (a / b / c).

1 En la audición, el entrenador Lucas Caruso cuenta que...
- ○ **a.** el *crossfit* incluye varias disciplinas.
- ○ **b.** para hacer *crossfit* se necesita estar en buena forma.
- ○ **c.** el *crossfit* es un entrenamiento convencional basado en la fuerza.

2 Lucas Caruso dice que el *crossfit*...
- ○ **a.** es una tendencia de actualidad y se ha puesto de moda.
- ○ **b.** produce efectos a corto plazo.
- ○ **c.** consiste exclusivamente en un entrenamiento fuerte.

3 Según la audición...
- ○ **a.** en Argentina existen más de cincuenta centros afiliados al *crossfit*.
- ○ **b.** las clases están divididas en varias secciones.
- ○ **c.** el *crossfit* lo practican principalmente los hombres.

4 Según Lucas Caruso...
- ○ **a.** el *crossfit* no tiene como objetivo la pérdida de peso.
- ○ **b.** lo importante en la práctica del *crossfit* es la frecuencia del entrenamiento.
- ○ **c.** repetir un ejercicio una y otra vez es la clave del éxito del *crossfit*.

5 En la audición, se dice que en el caso de las mujeres...
- ○ **a.** siempre aumentan su masa corporal.
- ○ **b.** cuando corren, mejoran su rendimiento.
- ○ **c.** lo ideal es que desarrollen cuerpos vigorosos.

6 Lucas Caruso dice que el objetivo final del *crossfit*...
- ○ **a.** es hacer ejercicios sistemáticos.
- ○ **b.** es trabajar el cuerpo de forma integral.
- ○ **c.** es hacer muchos tipos de ejercicios diferentes.

PRUEBA DE EXPRESIÓN E INTERACCIÓN ESCRITAS

>|10| Usted tiene un amigo que no se encuentra demasiado bien. Lleva una vida muy sedentaria y, además, está bastante deprimido. Escríbale un correo electrónico aconsejándole que cambie de vida: que haga deporte, que salga con amigos, etc.

En el correo deberá:

- saludarle y explicarle el motivo de su correo;
- valorar su situación y mostrar su preocupación;
- darle consejos para salir de la situación en la que se encuentra;
- ofrecerle su ayuda, en caso de necesitarla;
- despedirse.

Número de palabras: entre 150 y 180.

PRUEBA DE EXPRESIÓN E INTERACCIÓN ORALES

>|11| Tendrá que hablar durante dos o tres minutos sobre las ventajas e inconvenientes de una serie de soluciones propuestas para una situación determinada. A continuación, conversará con el entrevistador sobre el tema.

SITUACIÓN

Hoy en día, cada vez abusamos más de los medicamentos que nos proporcionan un alivio rápido y eficaz, sin prestar mucha atención a los posibles efectos secundarios que conlleva la química del medicamento.

Lea los siguientes comentarios y, durante dos minutos, explique sus ventajas e inconvenientes; tenga en cuenta que debe hablar, como mínimo, de cuatro de ellos. Luego, charlará con el entrevistador sobre el tema durante 3 o 4 minutos.

Para preparar su intervención, al analizar cada comentario, debe plantearse por qué le parece una buena solución y qué inconvenientes tiene, a quién beneficia y a quién perjudica, si puede generar problemas, si habría que matizar algo, etc.

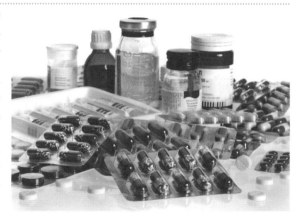

Se debería hacer un control exhaustivo a las nuevas medicinas alternativas, hay muchos engaños.

Yo haría una campaña sobre las consecuencias negativas de la automedicación.

El farmacéutico podría recetar medicamentos en caso de enfermedades menos importantes, por ejemplo, un resfriado.

No debería hacer falta tener que ir al médico para conseguir un medicamento, se debería poder comprar libremente.

Una solución podría ser cobrar un suplemento a los medicamentos comprados sin receta.

No se debería hacer tanto caso a los médicos; se debería prestar más atención al propio cuerpo.

>| 1 | Lee atentamente el siguiente fragmento de las memorias de una profesora que habla en su blog sobre los cambios que ha vivido en la educación. Busca todas las perífrasis verbales que hay y clasifícalas según su función.

Foro. ¡Cómo ha cambiado la escuela!

¡Cómo ha cambiado la escuela!

Recuerdo que pisé por primera vez un colegio hace más de cuarenta años, y una universidad hace más de un cuarto de siglo. Claro que todo ha cambiado. Eran los tiempos de la pizarra y la tiza. Nosotros **teníamos que apuntar** en nuestro cuaderno lo que se escribía en la pizarra y, luego, lo debíamos memorizar para, finalmente, dejarlo escrito en un examen. El principal oficio de los profesores era "dar" información que nosotros les "volvíamos a entregar" en los exámenes. Para esto utilizaban todos los recursos disponibles en el momento... la pizarra.

Los profesores de Geografía e Historia contaban con enormes mapas que transportaban desplegados desde la biblioteca hasta la clase. Los de Ciencias tenían que llevar a clase sapos que nunca terminaban bien, obviamente. La investigación se limitaba a lo que podíamos localizar en las enciclopedias que nuestros padres habían comprado por fascículos. En las clases de Sociales o Literatura había que leer y contar cuentos. A nuestro anciano profesor de Historia le creíamos todo lo que nos contaba del Imperio romano, pues nos parecía que él "acababa de estar allí". Lo cierto era que algunos de ellos realmente sí habían estado en la Europa de la posguerra.

Adelantamos rápidamente la película al siglo XXI. Bienvenidos al mundo de la tecnología en donde no hay nada que no se pueda encontrar en Google. Estamos en la generación educativa del "corta-pega", en donde seguimos creyendo que encontrar y capturar la información es equivalente a "aprender". Si antes se tenía una educación basada en acumular datos en la memoria para luego "vomitarlos" en un examen, hoy en día ni siquiera hay que pasarlos por la memoria. En nuestra época, nos aprendíamos las capitales de África para repetirlas en un examen. Hoy, con tres consultas, se puede obtener un mapa detallado de los ríos de Asia, incorporarlo al PowerPoint y realizar una presentación multimedia espectacular. Nos enseñaron a calcular con papel y lápiz una raíz cuadrada, lo que ahora podemos hacer con oprimir una tecla.

En principio, creo que todo este progreso debe de ser bueno. En teoría, podemos decir que, por fin, tenemos la libertad para utilizar el cerebro en actividades verdaderamente humanas y dejar de calcular o memorizar cosas. La pregunta que surge es: ¿en qué vamos a usar el cerebro? Ponerse a pensar es una buena opción. Imaginar, también. Comenzar a idear, crear, analizar...

Sin embargo, cabe preguntarse si tanto profesores como estudiantes estamos aprovechando esta nueva libertad que nos proporciona la tecnología.

Texto adaptado de http://www.profevirtual.com/index.php?option=com_content&task=view&id=14&Itemid=1#.Vf5xYEqbtdg

Obligación (modal)	Posibilidad/ Hipótesis/Capacidad	Acción futura	Acción en desarrollo	Acción acabada	Acción repetida
Teníamos que apuntar					

>| **2** | Reescribe las siguientes oraciones usando las perífrasis modales de obligación (*deber/tener que/hay que* + infinitivo), y posibilidad o hipótesis (*deber de/poder* + infinitivo).

Ejemplo: *Carlos, tu tobillo se está hinchando por momentos. Es indispensable que vayas a urgencias.* → *Carlos, tu tobillo se está hinchando por momentos, tienes que ir a urgencias.*

1 En los hospitales es necesario estar callado para no molestar a los pacientes que duermen.

....

2 Existe la posibilidad de que Marcos tenga nuestra edad. Dice que acabó la carrera el mismo año que nosotros.

....

3 Yo creo que este alumno tiene la necesidad de relacionarse más con sus compañeros de clase. Lo veo muy aislado.

....

4 Es indispensable que entrene más horas si quiero que me seleccionen para la competición.

....

5 Quizá está enfadada. Esta mañana no me ha hablado y está de muy mal humor.

....

>| **3** | 🔊 Escucha los diálogos en los que tres profesionales nos cuentan cómo comenzaron en el mundo
|9| laboral. Resume el contenido destacando las ideas principales. Ten en cuenta la intención comunicativa (expresar enfado, sorpresa, etc.).

Ejemplo: *Pedro se sentía muy triste en su primer trabajo porque veía a muchos niños sufrir en el hospital, así que finalmente se trasladó a un centro de salud.*

1 Marta ....
....
....

2 Marisol ....
....
....

3 Alfonso ....
....
....

>| **4** | Completa las frases con las perífrasis aspectuales de infinitivo que aparecen en el recuadro.

| ✕ volver a | ✕ acabar de (x2) | ✕ ir a | ✕ estar a punto de |
| ✕ empezar a | ✕ echarse a | ✕ dejar de | |

1 .... (yo) dejar el libro en la biblioteca. Me caduca hoy.

2 No .... entender por qué el ejercicio está mal. Necesito que me lo expliquen de nuevo.

3 Cuando Javier comenzó la universidad, ... tocar la guitarra, porque decía que no tenía tiempo.

CONTINÚA »

4 Para conseguir el trabajo, mi hermano .... estudiar de nuevo todo el inglés que había aprendido en el instituto.

5 Cuando Andrea se enteró de la noticia, ... llorar amargamente.

6 La niña .... leer cuando solo tenía cinco años. Siempre ha sido muy adelantada para su edad.

7 Carlos .... salir ahora de la oficina. Llegará en cualquier momento.

8 Date prisa, que no llegamos… El supermercado .... cerrar.

>| **5** | Completa las siguientes oraciones con una perífrasis de gerundio o participio.

Ejemplo: Desde que terminó la carrera, Almudena sigue opositando para un puesto de funcionaria.

1 .... (ver) tres universidades hasta ahora y todavía no me he decidido por ninguna.

2 La gente .... (decir) por ahí que Laura y Juan han roto. ¡Con lo bien que se llevaban!

3 Ese alumno era tan responsable que siempre .... (hacer) toda la tarea con antelación.

4 La pobreza en el mundo .... (ser) todavía un gran problema que tenemos que solucionar.

5 La víspera de Reyes .... (nosotros, poner) el agua para los camellos y tres vasos de leche para los reyes.

6 Mi compañero finalmente .... (reconocer) su error, aunque le costó mucho.

7 El equipo .... (ganar) dos partidos, pero todavía le queda mucho para la final.

>| **6** | Elige la opción con el verbo de cambio necesario.

1 Pedro .... cirujano jefe, siempre le gustó estudiar y superarse.
○ a. se volvió   ○ b. llegó a ser   ○ c. se puso

2 Después del accidente de moto, Carla .... coja de la pierna derecha.
○ a. se quedó   ○ b. se hizo   ○ c. se volvió

3 Cada vez que habla en público, Marcos .... rojo como un tomate.
○ a. se vuelve   ○ b. se pone   ○ c. llega a ser

4 Con el paso de los años .... muy desconfiado.
○ a. se ha vuelto   ○ b. se ha puesto   ○ c. se ha convertido en

5 Tras ver el documental y después de mucho pensarlo, Santi .... vegetariano.
○ a. ponerse   ○ b. llegar a ser   ○ c. se hizo

6 La rana .... una Harley Davidson cuando la princesa la besó.
○ a. se convirtió en   ○ b. se hizo   ○ c. se puso

7 Con tantas preocupaciones, Julio .... calvo muy joven.
○ a. se volvió   ○ b. se hizo   ○ c. se quedó

8 Nunca se lo había propuesto y, de la noche a la mañana, ... una estrella de la televisión.
○ a. llegó a ser   ○ b. se hizo   ○ c. se convirtió en

9 Salimos corriendo con el aviso de los bomberos y la puerta .... abierta toda la tarde.
○ a. se puso   ○ b. acabó   ○ c. se quedó

10 No te lo vas a creer, pero papá .... socio del Real Madrid.
○ a. se ha hecho   ○ b. se ha convertido   ○ c. se ha vuelto

PRUEBA DE COMPRENSIÓN DE LECTURA

>|**7**| Usted va a leer cuatro textos en los que cuatro personas hablan de sus mascotas. Relacione las preguntas (1-10) con los textos (A, B, C y D).

A. CAROL

Nunca había tenido una mascota antes y ni siquiera me parecía una buena idea, pero mi hijo insistió y al final acabamos comprando a Pipo. Nos dijeron que era un tipo de hámster muy tranquilo, que se pasaba el día durmiendo. ¡Y es verdad! Pero por la noche es horroroso; el primer día no pude pegar ojo porque se dedicó a correr por la rueda todo el tiempo. Desde entonces, lo ponemos en el baño por las noches, para que no nos moleste; allí puede hacer todo el ruido que quiera. Por lo demás, es bastante vago, solo come y duerme, no entiendo cómo mi hijo le puede tener tanto cariño a un animal peludo tan aburrido. Mi hijo quiere otro, pero ya le he dicho que se olvide del tema, ni hablar.

B. JUAN

Es alucinante lo bien que me conoce mi perro. Siempre me espera en la puerta cuando llego a casa, me recibe alegre y su amor es verdadero. Mi familia me critica porque le doy todo lo que quiere, pero, como vivo solo y tengo un buen trabajo, me apetece gastarme el dinero en lo que quiero, en este caso es en mi perro Conan. La única pega que le puedo poner es el pelo que suelta, tengo la casa y la ropa llenas de pelos. Para mí no es un gran inconveniente, pero cuando vienen las visitas no saben dónde sentarse. Desde luego, es mi mejor compañero; a veces, de broma, les digo a mis amigos que es mi pareja, ya que no encuentro a mi media naranja. Ya tengo pensada mi próxima compra para Conan: un traje de marinero para el verano, para cuando vayamos a pasear por la playa.

C. ROBERTO

Mis hijos me convencieron para que adoptásemos a Lilo. Yo he tenido perros antes, pero ellos no, y sé muy bien el trabajo que dan: tienes que sacarlos a pasear, limpiarlos, llevarlos al veterinario… Me sorprendió lo rápido que se adaptó a nosotros; lo cierto es que es el rey de la casa. Parece mentira que sea tan bueno sabiendo la vida que ha tenido antes. El único que le da mimos soy yo, porque mis hijos se han hecho mayores y han acabado pasando de él. La verdad es que me he sorprendido a mí mismo. Me encanta sacarlo a pasear, ¡incluso he mejorado mis problemas de espalda gracias a estos paseos! Cuando era pequeño, vivía en el campo y teníamos muchos perros, pero no les podíamos llamar mascotas, se les trataba de otra manera y no teníamos tantos miramientos con ellos. ¡Cómo ha cambiado todo!

D. MARINA

No hay nada más relajante que pasar el tiempo mirando a los peces nadar. Son mi pasión y, cuando puedo, me escapo para practicar submarinismo y verlos en su hábitat natural. Si tuviera espacio en mi casa, probablemente tendría un acuario, aunque supongo que me daría mucha pena verlos encerrados en una caja de cristal. Sobre todo, los peces tropicales y especies más raras. Te sorprendería la cantidad de ferias y revistas especializadas que hay sobre el tema, es realmente apasionante. De momento, yo me seguiré conformando con verlos nadando en mar abierto. Cuando era pequeña, tuve una tortuga que se llamaba Rigoberta, creo que ahí se despertó mi amor por los animales del mar. Parece que estaba en el destino: ¡llevo el mar hasta en mi nombre!

A Carol **B** Juan **C** Roberto **D** Marina

1 ¿Quién no tiene mascota? .... ○ .... ○ .... ○ .... ○

2 ¿Quién ha tenido algún problema con su mascota? .... ○ .... ○ .... ○ .... ○

3 ¿Quién dice que no quería tener mascotas? .... ○ .... ○ .... ○ .... ○

4 ¿Quién dice que su mascota fue abandonada? .... ○ .... ○ .... ○ .... ○

5 ¿Quién tiene su mascota en una jaula? .... ○ .... ○ .... ○ .... ○

6 ¿Quién dice que no tiene novio/a? .... ○ .... ○ .... ○ .... ○

7 ¿Quién no quiere tener más mascotas? .... ○ .... ○ .... ○ .... ○

8 ¿A quién le gusta ver animales en libertad? .... ○ .... ○ .... ○ .... ○

9 ¿Quién da todos los caprichos a su mascota? .... ○ .... ○ .... ○ .... ○

10 ¿Quién había tenido animales antes? .... ○ .... ○ .... ○ .... ○

>| **8** | Lea el texto y rellene los huecos (1-14) con la opción correcta (a / b / c).

Las escuelas limitan el balón en el recreo para intentar que los alumnos recuperen otros juegos

El fútbol también ha invadido los patios de las escuelas. El gran deporte de masas en España se adueña del juego en horario lectivo y deja fuera otras actividades, señalan los maestros. Siempre (1) .... el juego estrella, pero la tendencia aumenta; tanto es así, que varios centros educativos han decidido limitar la presencia del balón en el patio.

Los jueves no se puede jugar con pelota en la escuela Thau de Barcelona. "Lo llamamos el día sin pelota, pero, en realidad, (2) .... tener el nombre de día sin fútbol". El fútbol ocupaba el espacio central del patio hasta hace no mucho, desplazando a los niños a (3) .... no les gustaba este deporte y, sobre todo, a las niñas, que aún son minoría en su práctica. Los niños y las pocas niñas que juegan con el balón se hacen con el espacio del recreo. "En consecuencia, las actividades del resto de los chavales (4) .... invisibles y quedan excluidos".

Entre competiciones nacionales e internacionales, hay fútbol los martes, los miércoles, los sábados y los domingos, eso (5) .... no juegue la selección. La tele, la radio, los diarios... hablan cada día de fútbol; los hijos ven los partidos con sus padres en casa, muchos practican fútbol como actividad extraescolar. Por eso, no es de extrañar que este deporte (6) .... con fuerza en el patio, su influencia social es enorme.

(7) .... la indudable influencia social, hay algo más que contribuye a la preeminencia de este deporte en el recreo. El fútbol es, en realidad, un juego sencillo para los principiantes "No se requiere demasiada técnica para jugar al fútbol, (8) .... niño sabe dar una patada al balón, mejor o peor, tus errores quedan compensados con otros compañeros y, además, permite que muchas personas

CONTINÚA »

(9) .... en el juego; todas estas características (10) .... convierten en un deporte atractivo y fácil". Este profesor reconoce que (11) .... retirar la pelota los jueves, los alumnos protestaron, pero no tardaron mucho en acostumbrarse.

(12) .... este curso hayan iniciado un proyecto educativo (13) .... al juego. Han recuperado actividades y juegos tradicionales con la ayuda de tutores y profesores con la (14) .... trabajar otros aspectos lúdicos con los alumnos.

1 ○ a. era   ○ b. ha estado   ○ c. ha sido
2 ○ a. debería   ○ b. debería de   ○ c. se debe
3 ○ a. los quienes   ○ b. cuales   ○ c. los que
4 ○ a. se convierten   ○ b. se vuelven   ○ c. se ponen
5 ○ a. siempre que   ○ b. si   ○ c. con que
6 ○ a. pega   ○ b. pegue   ○ c. pegaría
7 ○ a. Asimismo   ○ b. Además   ○ c. Aparte de
8 ○ a. cualquier   ○ b. cualquiera   ○ c. algún
9 ○ a. participen   ○ b. participan   ○ c. participarán
10 ○ a. los   ○ b. lo   ○ c. le
11 ○ a. cuando   ○ b. nada más   ○ c. a medida que
12 ○ a. Por eso   ○ b. Así que   ○ c. De ahí que
13 ○ a. alrededor   ○ b. en torno   ○ c. cerca
14 ○ a. finalidad   ○ b. para   ○ c. intención de

PRUEBA DE COMPRENSIÓN AUDITIVA

>| 9 | 🔊 Usted va a escuchar a seis personas hablando sobre las redes sociales. Escuchará a cada persona
| 10 | dos veces. Seleccione el enunciado (A-J) que corresponde al tema del que habla cada persona (1-6).
            Hay diez enunciados. Seleccione solamente seis. Debe escribir la letra del enunciado en la casilla
            correspondiente.

ENUNCIADOS

A Las redes te pueden perjudicar en el mundo laboral.

B Ya existe gente enganchada a las redes y totalmente dependiente del móvil.

C Una mayor exposición en las redes sociales tiene implicaciones negativas.

D Todos nos preocupamos de nuestra privacidad en las redes.

E En las redes sociales hay mucha información superflua.

F La imagen carece de importancia si el contenido que publicas es bueno.

G Las redes te exigen una atención continua.

H Se acostumbra a falsear el contenido que se publica en las redes sociales.

I Deberíamos pensar más en la repercusión que la información que damos puede tener antes de publicarla.

J Las redes sociales facilitan a los más jóvenes su proceso de socialización.

Persona	Enunciado
1 Persona 1	
2 Persona 2	
3 Persona 3	
4 Persona 4	
5 Persona 5	
6 Persona 6	

6 IMAGINARTE

CONTINÚA »

> **| 1 |** Estos son algunos de los usos principales de *ser/estar* que aparecen en tu libro. Clasifícalos en su lugar correspondiente.

1 Indicar que algo o alguien está preparado para realizar una acción.

2 Hablar de origen, nacionalidad o procedencia.

3 Expresar el estado en el que se encuentra una persona o una cosa en un determinado momento.

4 Localizar en el espacio.

5 Indicar el lugar de un suceso o acontecimiento.

6 Describir o valorar personas o cosas de manera objetiva.

7 Expresar que la acción no se ha realizado todavía o plantea una duda.

8 Describir o valorar a personas o cosas de manera subjetiva.

9 Identificar o definir.

10 Hablar de una actividad temporal.

11 Informar sobre la profesión.

12 Valorar un hecho de manera objetiva.

Usos del verbo *ser*	Usos del verbo *estar*

> **| 2 |** Ahora, completa las frases con los verbos *ser* o *estar* y di a qué uso de los anteriores se corresponde cada una. Recuerda que en algunos casos tendrás que añadir una preposición.

Uso

1 Borja ha cambiado bastante. Creo que .... un poco más gordito ahora. .... ☐

2 El verbo .... la clase de palabra con la que se expresan acciones, procesos, estados o existencia que afectan a las personas o las cosas. .... ☐

3 No encuentro la oficina de correos por ningún lado. Me han dicho que .... en el número 12 de esta calle. .... ☐

4 .... increíble que todavía no haya encontrado trabajo. ¡Pero si tiene dos carreras! .... ☐

5 Carlos .... pintor. Ha expuesto en los mejores museos de arte contemporáneo del mundo. ..... ☐

6 Marta no tiene suerte… Ahora .... camarera porque no encuentra nada de lo suyo. .... ☐

7 Si no te das prisa, no le vas a ver… .... marcharse. .... ☐

8 La chica que conocí el otro día .... guapísima. Tenía mucha gracia y además .... encantadora. .... ☐

9 No sé qué hacer… .... irme y volver más tarde. .... ☐

10 Los niños .... muy enfermos. De hecho, ... hospitalizados durante tres días. ..... ☐

11 Mi abuela ha vivido toda su vida en España, pero .... de Cuba. .... ☐

12 La exposición fotográfica .... pasado mañana, en la plaza del ayuntamiento. .... ☐

> **| 3 |** Elige la opción correcta entre *ser* o *estar*. ¿Hay algún caso en el que las dos opciones sean posibles?

1 La comida que prepara mi madre siempre **es/está** buenísima.

2 Carlos **está/es** muy estresado estos días. Creo que necesita un descanso.

3 Elena **es/está** muy guapa desde que ha dado a luz.

4 El té que sirven en esa cafetería **está/es** muy amargo.

5 Hacer mucho ejercicio **es/está** bueno para reducir el colesterol.

6 Marta **está/es** muy alegre. Así da gusto.

7 Creo que esa corbata que se ha comprado Juan no **está/es** mal.

8 ¡Qué malo **está/es** el hijo de Carmen! Todo el día está metido en problemas.

>| **4** | Completa las siguientes oraciones con *ser* o *estar* en el tiempo adecuado y los adjetivos que aparecen en el cuadro. Recuerda que los adjetivos pueden estar en plural.

✕ negro/a	✕ callado/a	✕ atento/a	✕ maduro/a	✕ interesado/a	✕ abierto/a
✕ orgulloso/a	✕ listo/a	✕ aburrido/a	✕ católico/a	✕ rico/a	
✕ pesado/a	✕ molesto/a	✕ grave	✕ despierto/a	✕ verde	

Ejemplo: *La profesora está negra porque tiene que interrumpir la explicación para mandar callar.*

1 Ese hombre había hecho una gran fortuna, pero también .... por la herencia de su abuelo.

2 Esa chica es la mejor en ciencias pero aún .... muy .... en letras.

3 El asunto ...., así que tendrán que llevarlo al Tribunal de Justicia.

4 No conozco a un chico que .... tan .... como Tomás. Siempre sabe aprovechar todas las oportunidades.

5 Siempre que salimos con los niños tenemos que .... para que no rompan nada.

6 Los conductores ya .... esta mañana para salir a la carretera porque habían preparado todo con antelación.

7 Creo que en la adolescencia las chicas .... más .... que los chicos. Tienen unos hábitos más cercanos a los adultos.

8 Mañana la oficina .... de 8:00 a 14:00 para hacer cualquier reclamación.

9 Desde que vino de vacaciones, Luis no .... muy .... Le duele mucho la cabeza y se le ve muy pálido.

10 Carmen .... desde pequeña. Le ha costado mucho hablar en público y socializar con los demás.

11 Mi padre .... tan .... que nunca aceptará un error por su parte.

12 No creo que los chicos .... en ver esa exposición. Ya sabes que la pintura no es lo suyo y prefieren hacer algo más práctico.

13 Últimamente Mario .... bastante .... con el tema de los ordenadores. Parece que no sabe hablar de otra cosa.

14 .... decir a la gente lo que tiene que hacer. Cada uno es responsable de su trabajo en esta empresa.

15 Los alumnos .... de escuchar todos los días el mismo sermón.

>| **5** | Relaciona las siguientes expresiones con *ser/estar* con su significado.

1. ser un/a hortera .... ✳   ✳ **a.** Experiencia divertida o que produce placer.

2. estar cachas .... ✳   ✳ **b.** Persona que pasa horas estudiando.

3. estar colgado/a .... ✳   ✳ **c.** Persona que tiene un cuerpo musculoso.

4. estar en el quinto pino .. ✳   ✳ **d.** Persona con poco gusto en el vestir.

5. ser un/a manitas .... ✳   ✳ **e.** Atontado o loco.

6. ser un empollón/ona .... ✳   ✳ **f.** Hábil.

7. ser una gozada .... ✳   ✳ **g.** Muy lejos.

> | 6 | 🔊 Escucha a tres persona que hablan de arte urbano. Identifica quién dice cada frase: Raúl, Eva o Inés.

| | | | |

	Raúl	Eva	Inés
1 Está desconectado/a del arte urbano, pero reconoce que hay que ser muy creativo para hacer algo así.	○	○	○
2 El arte urbano es increíble, sobre todo por su capacidad de denuncia social.	○	○	○
3 No comprende ese tipo de arte, así que le parece que es tremendamente aburrido.	○	○	○
4 Si quieres expresarte artísticamente, hay lugares más adecuados que las calles.	○	○	○
5 Desconoce otro tipo de arte más serio, pero está muy puesto/a en el arte de los grafiti.	○	○	○
6 Estuvo a punto de denunciar lo que para él/ella era un acto de vandalismo.	○	○	○

> | 7 | 🔊 Vuelve a escuchar, e identifica las expresiones con los verbos *ser* y *estar* que hagan referencia a las siguientes definiciones.

| | | |

Ejemplo: *Indica la falta de relación con un grupo de personas o con una materia concreta.* ➜ *Estoy desconectado de...*

1 Expresión que indica el inicio inminente de una acción: ....

2 Señala que una persona está informada o sabe mucho sobre cierta materia: ....

3 Persona o hecho muy aburrido o carente de interés: ....

4 Cosa o acción poco común, que superan el límite de lo normal: ....

> | 8 | Estos son algunos titulares que han aparecido hoy en el periódico. Reescríbelos, transformándolos a voz pasiva, sin que cambie su significado.

Ejemplo: *Un partido de izquierdas ganó las elecciones.* ➜ *Las elecciones fueron ganadas por un partido de izquierdas.*

NOTICIAS

1 En los próximos meses el Gobierno convocará elecciones generales.

2 Los vecinos han visto a los atracadores cerca del polideportivo.

3 Un chico de 15 años resolvió el problema matemático más difícil del mundo.

4 El consejo académico tendrá en cuenta la propuesta del Sr. Bolaños.

5 Numerosos científicos de todo mundo han probado el experimento.

6 Los hospitales públicos atenderán a todos los pacientes en lista de espera en menos de un mes.

1 ....

2 ....

3 ....

4 ....

5 ....

6 ....

> | **9** | Lee el siguiente texto sobre los grafitis y completa las pasivas con *ser* o *estar*, según convenga.

¿Qué sabes de los grafitis?

Entendida como una de las expresiones de arte urbano más populares y características de la actualidad, el grafiti **(1)** .... creado hace muchos años por algunos jóvenes y **(2)** .... destinado a la denuncia social. Esas pintadas **(3)** .... realizadas por jóvenes en las paredes y muros de la calle. Hasta hace poco tiempo, los grafitis nunca **(4)** ....expuestos por sus creadores dentro de los círculos artísticos convencionales, sino que siempre se habían mostrado públicamente para que todos los vieran y su mensaje llegara a todo el mundo.

Hoy en día, en muchos países, el grafiti **(5)** .... considerado un acto vandálico. Sin embargo, en otras zonas, los grafitis ya **(6)** .... integrados en el tejido urbano y es un arte que **(7)** .... apreciado por la mayoría de la población, que lo considera una forma de expresión cultural y popular.

Adaptado de http://www.definicionabc.com/general/grafiti.php

> | **10** | Elige alguna de las expresiones artísticas que has visto en la unidad y escribe un texto similar al anterior en el que expliques brevemente en qué consiste ese arte, quiénes fueron sus artífices, cómo fue recibido al principio y cómo está considerado en la actualidad.

....
....
....
....

> | **11** | Transforma las siguientes oraciones pasivas en pasivas reflejas.

Ejemplo: *Los pisos son alquilados* ➜ *Se alquilan los pisos.*

1 Los asuntos de Estado son tratados en el parlamento. ....

2 La obra de ese pintor es conocida en todo Perú. ....

3 La sentencia fue finalmente aprobada. ....

4 Las leyes educativas serán rectificadas. ....

» ACTIVIDADES POR DESTREZAS

PRUEBA DE COMPRENSIÓN DE LECTURA

> | **12** | Lea el siguiente texto, del que se han extraído seis fragmentos. A continuación lea los ocho fragmentos propuestos (A-H) y decida en qué lugar del texto (1-6) hay que colocar cada uno de ellos. Hay dos fragmentos que no tiene que elegir.

La primera vez

Siete de julio de 1960. Jueves. Siete de la mañana. **(1)** .... El sol empuja ya la fría brisa y a las gentes, y mi corazón. Esta vez sí. Esta vez lo lograré.

San Fermín. Siete y media. Apenas un murmullo. Cientos de mozos más inexpertos esperan. Observo sus caras. Miran y no miran. **(2)** ....

CONTINÚA »

Salto las vallas y mi corazón, muerto de miedo, se queda atrás. ¡Estoy sudando! Y al mezclarme con el blanco y rojo mis piernas tiemblan. Busco refugio al pie del entablado, me escondo entre la multitud. (3) ....
....

Siete y cuarenta y cinco. Las puertas del callejón se abren. Y un rumor resbala desde la plaza, poniendo en alerta a corredores y sentimientos. Los pájaros huyen, los mozos enrollan los periódicos y aprietan los dientes haciendo retroceder el miedo. Mi corazón me ha encontrado y avisa golpeando el tambor del pecho. Y, de pronto, por un lado, una multitud roja, blanca y compacta se mueve y va hacia la arena, por otro, (4) ....

Ocho horas. (5) ...., de ahí que el corazón lata aún más fuerte. La masa acelera. Los veteranos saltan o se suben a las vallas, tratando de adivinar el negro vaivén de la muerte entre los corredores. Gritos. La masa de gente adelgaza súbitamente. Y los mozos —ahora sí— vuelan hacia el temible embudo en blanco y negro del callejón. Y me voy con ellos...

Respiraciones que no respiran. Empujones. No quiero mirar atrás. Oscuridad. Polvo. Alguien ha caído. Saltos. La luz. Ya veo la luz. Más gritos. ¿Dónde está mi corazón? ¡Qué extraño sonido el de la muerte golpeando en las paredes! La arena...

(6) ...., ¡oh, Dios!... Y la muerte me pasa por las axilas. Y el recuerdo se hace azul cielo, frío de astas y olor acre. Gritos que no escucho. Y el azul y el frío acre se desvanecen. Y mi corazón rueda por la arena.

Pero lo he logrado. He vencido al miedo.

Texto adaptado de *La primera vez*, de J. J. Benítez

FRAGMENTOS

A En cambio, los veteranos, inmersos en la liturgia del momento repasan el diario, consultan el reloj y eligen el silencio.

B Poco después algunos mozos caen y son golpeados por la masa incontrolable

C los veteranos aguardan, dejando pasar a los que no saben o no quieren medirse con la muerte.

D Y al fin el griterío termina. Dos sombras negras resoplantes, veloces e interminables me adelantan por la izquierda

E Último repaso al atuendo. Estoy temblando solo de pensar en lo que se avecina.

F Estoy tan nervioso que mis pulmones no dejan pasar el aire

G Si alguien se da cuenta de que tengo catorce años, adiós a mis sueños.

H Un lejano chupinazo avisa de que el encierro va a empezar y se desata la adrenalina

PRUEBA DE COMPRENSIÓN AUDITIVA

> **|13|** 🔊 Usted va a escuchar parte de una entrevista al alpinista Alberto Iñurrategi. Escuchará la entrevista
|12| dos veces. Después debe contestar a las preguntas (1-6). Seleccione la respuesta correcta (a / b / c).

1 Alberto empezó en el alpinismo...
- ○ a. aunque su familia no quería.
- ○ b. por los clubes de montaña que hay en el País Vasco.
- ○ c. por influencia de su hermano Félix.

2 Sobre su primera experiencia en el Himalaya, el alpinista afirma que...
- ○ a. fueron imprudentes en varias ocasiones.
- ○ b. se les pasó el tiempo muy rápido.
- ○ c. habían viajado mucho antes de esa experiencia.

CONTINÚA »

3 Para el alpinista Alberto Iñurrategi,...

○ **a.** el avance más significativo ha sido el desarrollo del equipamiento.

○ **b.** lo más importante es poder conocer de antemano la climatología.

○ **c.** en los 20 últimos años no se han producido muchos cambios.

4 Sobre su experiencia en el Paiju Peak dice que...

○ **a.** casi no tenían información previa.

○ **b.** una ventaja es la curiosidad ante lo desconocido.

○ **c.** el ascenso a la montaña fue muy difícil por el clima.

5 Sobre el alpinismo comercial, Alberto opina que...

○ **a.** es un fenómeno que da a conocer los valores del alpinismo.

○ **b.** cree que tiene aspectos negativos poco éticos.

○ **c.** fomentan la ayuda entre montañeros.

6 El alpinista Alberto Iñurrategi...

○ **a.** trata de ayudar a su hermano accidentado.

○ **b.** colabora con diferentes organizaciones para ayudar a la gente desfavorecida.

○ **c.** ha creado varios proyectos para mejorar los recursos de diferentes zonas.

PRUEBA DE EXPRESIÓN E INTERACCIÓN ESCRITAS

>|**14**| Usted ha escuchado en la radio una noticia en la que hablan de la instalación de unas antenas de
|13| telefonía móvil en su ciudad, muy cerca de su casa. Escriba una carta al ayuntamiento de su ciudad opinando sobre la noticia que ha escuchado. En la carta deberá:

- presentarse;
- explicar los motivos de su carta;
- expresar su oposición a la instalación de las antenas;
- ofrecer argumentos que justifiquen su respuesta;
- sugerir una solución.

Número de palabras: entre 150 y 180.

PRUEBA DE EXPRESIÓN E INTERACCIÓN ORALES

>|**15**| Usted debe imaginar una situación a partir de una fotografía (ver anexo *Imágenes*, pág. 138) y describirla durante unos dos minutos. A continuación conversará acerca de sus experiencias y opiniones sobre el tema de la situación. Tenga en cuenta que no hay una respuesta correcta: debe imaginar la situación a partir de las preguntas que se le proporcionan.

Estos son algunos aspectos que puede comentar:

- ¿Dónde cree que está? ¿Por qué?
- ¿Cómo imagina que es esta persona? ¿Cómo se siente? ¿Por qué?
- ¿Qué cree que ha pasado? ¿Por qué?
- ¿Qué cree que está pensando?
- ¿Qué cree que va a ocurrir después?
- ¿Cómo va a terminar la situación?

¡NI PUNTO DE COMPARACIÓN!

>| 1 | 🔊 Escucha atentamente la conversación entre Paloma y Óscar acerca del nuevo piso que se ha comprado su amigo Daniel. Di si las siguientes afirmaciones son verdaderas (V) o Falsas (F).

		V	F
1	Óscar no ha ido aún al piso de Daniel pero le parece aceptable.	○	○
2	El piso nuevo de Daniel se parece al piso que tenía cerca de la playa.	○	○
3	El estilo del piso a Paloma le parece que aporta luminosidad.	○	○
4	A Óscar le parece un piso acogedor y amplio.	○	○
5	La nueva localización del piso de Daniel parece que es una gran oportunidad.	○	○

>| 2 | Ahora subraya las estructuras que encuentres en el ejercicio anterior con el verbo *parecer(se)* e indica a qué uso hacen referencia.

Ejemplo: *Le parece aceptable* ➔ *le + parece + adjetivo: estructura para dar opinión.*

1 ....
2 ....
3 ....
4 ....

>| 3 | Reescribe las siguientes frases utilizando *parecer(se)* sin que cambie su significado.

Ejemplo: *Veo necesario hacer ejercicio* ➔ *Me parece necesario hacer ejercicio.*

1 Carlos es muy similar a su hermano Jesús, pero no son gemelos.
   Carlos ....

2 ● ¿Qué tal la novela que te recomendé?
   ¿Qué ....?
   ○ Creo que es muy divertida, pero podría tener un poco más de trama.
   Me ....

3 Hay mucha gente con problemas para pagar la hipoteca. A Javier le resulta increíble.
   A Javier ....

4 Andrea tiene toda la pinta de estar muy cansada. No creo que deba trabajar tanto.
   Andrea ....

5 Dicen que soy clavada a mi madre. Creo que con el paso del tiempo aún más.
   Dicen ....

6 Vivir en el campo no tiene nada que ver con vivir en la ciudad.
   Vivir en el campo ....

>| 4 | Elabora frases comparativas con los elementos que te presentamos. Deberán ser comparativas de superioridad (+), de igualdad (=) o de inferioridad (–).

Ejemplo: *Juan/dinero/ganar/su hermano (=)* ➔ *Juan gana tanto dinero como su hermano.*

1 Perros/cariñosos/gatos (+)
....

CONTINÚA »

2 Películas/versión original/demandadas/subtituladas (–)

....

3 Finlandia/idiomas/Portugal (=)

....

4 Mac/últimamente/costar/PC (+)

....

5 Cocina tradicional/buena/nueva cocina (+)

....

6 A nosotros/gustar/salir/fiesta /a ti (=)

....

7 Hacer/mal/tiempo/Galicia/Andalucía (–)

....

8 El inquilino/todos los meses/500 euros/ingresar/cuenta/propietario (+)

....

>| **5** | ¿Crees que hombres y mujeres buscan cosas distintas a la hora de comprar una vivienda? La respuesta está en el siguiente texto. Léelo y completa los huecos con las estructuras comparativas, según el contexto.

ECONOMÍA

Lo que diferencia a hombres y mujeres a la hora de comprar piso

A la hora de comprar una vivienda, el sexo marca la diferencia. Según un estudio realizado por el portal inmobiliario *pisos.com*, las mujeres meditan (1) .... la compra (2) .... los hombres, por lo que tienen más ahorros disponibles para invertir en su nuevo hogar. Ellas prefieren comprar un piso nuevo, de entre 100 000 y 150 000 euros, con una superficie de unos 80 a 100 m², con tres habitaciones y dos baños. Además, lo más vital para ellas es la luz natural y lo más prescindible es la existencia de un salón social en la urbanización.

A los hombres, por su parte, les importa (3) .... (4) .... a las mujeres si el piso es nuevo o usado, y tienen un presupuesto que en muchos casos no es (5) .... de 100 000 euros. Más de esa cantidad es, para muchos de ellos, excesivo. En cuanto al espacio, la mayoría de los hombres se decanta por una vivienda de entre 60 y 80 m², con dos o tres habitaciones y dos baños. Para ellos, es imprescindible el ascensor, y el equipamiento que menos les importa es el gimnasio.

Los hombres prefieren la vivienda nueva (6) .... como las mujeres, pero esta tiene (7) .... peso entre ellos (19,53%) (8) .... entre ellas (29,05%), mientras que la usada triunfa (9) .... en el sector masculino (18,34%) (10) .... en el femenino (14,53%). Respecto a la tipología de la vivienda, los hombres prefieren el piso en altura igual (11) .... las mujeres, pero con una proporción un poco (12) .... en ellos (51,48%) (13) .... en ellas (49,72%). El segundo en la lista es el chalé unifamiliar, seguido del ático y el *loft*.

Adaptado de http://www.abc.es/economia/20140228/abci-sexo-vivienda-eleccion-201402272157.html

>| **6** | Lee el siguiente informe y elabora en tu cuaderno un texto similar al de la actividad 5 comparando los datos.

Con motivo del Día Internacional de la Mujer, que se celebra el próximo 8 de marzo, y en el marco del lema que el Parlamento Europeo ha lanzado este año para celebrar esta efemérides: "El empoderamiento de las mujeres y las niñas a través de la educación", el Parlamento Europeo recupera los últimos datos recogidos por la Agencia Eurostat con los índices universitarios de los estados miembros de la Unión Europea.

CONTINÚA »

Según estos datos, del total de alumnos universitarios de grados del ámbito de la Formación y la Educación, el 79,1% son mujeres. Un porcentaje muy similar resulta si se analiza la población universitaria en el área de Salud y Bienestar, que es del 76% de mujeres frente al 24% de hombres. La cifra está más igualada entre los estudiantes de grados de Ciencias, Matemáticas o Informática, que es del 59,2% de hombres frente al 40,8% de mujeres.

Respecto al número de estudiantes, salvo Grecia (con 96,6 mujeres por cada 100 hombres), la media de la UE28 se sitúa en 121,6 mujeres por cada 100 hombres. España se sitúa ligeramente por debajo, con 115,6 mujeres que cursan estudios superiores por cada 100 hombres.

Además, los estudios indican que el índice de éxito en la finalización de los estudios superiores ha ido variando a favor de la mujer y, a día de hoy, las universitarias culminan sus estudios un 27% por encima de los universitarios.

La inversión de esta tendencia llega, sin embargo, al analizar el plano laboral en estos 28 países de la UE: según los índices de Eurostat, es de una tasa de empleo del 69,9% para los hombres y del 58,5% para las mujeres. Si analizamos el tipo de contrato, el 31,9% de las mujeres de la UE28 tiene un trabajo a tiempo parcial, porcentaje que se reduce a solo el 8,4% entre la población trabajadora masculina.

Toda una serie de datos que muestran, en resumen, que Europa continúa la tendencia creciente de una mayor presencia de mujeres en las aulas pero, sin embargo, la desigualdad en los trabajos sigue sin freno.

Adaptado de http://www.europarl.es/es/sala_de_prensa/communicados_de_prensa/pr-2015/pr-2015-march/universitarias.html

>| 7 | Completa con las dos estructuras de comparativo o superlativo.

1 Víctor tiene 23 años, Alfonso tiene 21 y Pablo 19.

Pablo es menor que Víctor. Alfonso es .... Pablo. Víctor es .... todos.

2 Carlos tiene 100 euros. Marta tiene 100 euros también. Yo tengo solo 50.

Marta tiene .... dinero .... Carlos. Yo tengo .... ellos.

3 Raúl ha contestado a tres llamadas esta semana. Andrea también ha contestado a tres. Luis ha contestado a doce.

Raúl ha contestado a .... llamadas .... Andrea, pero Luis ha contestado .... nadie.

>| 8 | Transforma la siguientes frases sin variar su significando usando el superlativo. Hay varias respuestas posibles.

Ejemplo: *De todos los profesionales que he conocido, Andrés destaca con diferencia por su habilidad.* → *Andrés es el profesional más habilidoso que he conocido.*

1 Entre todas estas viviendas, la casa rural destaca por su amplitud.

....

2 ¡Qué clase tan participativa que te ha tocado este año!

La clase que te ha tocado este año es ....

3 El nuevo alcalde que tenemos en la ciudad es exigente como ningún otro antes.

.... que hemos tenido.

4 Ay, hija, el otro día me probé en Zara unos pantalones ¡tan monos!

Ay, hija, el otro día me probé en Zara unos pantalones la ....

5 Si tuviésemos que despedir a uno de nuestros trabajadores, escogería a Pedro por su poca preparación con respecto al resto.

.... de todos.

6 Me encanta venir todos los años a la fiesta del pueblo, ¡es tan divertida!

Me encanta venir todos los años a la fiesta del pueblo, ...

7 De todos los apartamentos en los que he vivido, este destaca por su comodidad.

.... de todos en los que he vivido.

8 Estuve de luna de miel en la India y me pareció muy pobre en comparación con el resto de los países donde había estado.

Estuve de luna de miel en la India y me pareció ....

> **9** Completa el ejercicio con las partículas *ni que, como* o *como si* conjugando adecuadamente los verbos del recuadro.

× ser (2)   × decir   × poder   × conocer   × estar   × probar   × ver

1 Ese chico se acercó a nosotros .... nos .... de toda la vida.

2 Estoy cansada de resolver todos los problemas, así que esta vez que lo solucionen ....

3 Este sabor me es muy familiar. Es .... ya lo ....

4 Madre mía, estás palidísimo, ¡..................... .... un fantasma!

5 Come .... le .... a quitar la comida.

6 Pedro habla del nuevo piso de María .... allí antes.

7 Estoy harta de que Daniel me diga lo que tengo que hacer ¡..................... .... perfecto!

8 Siempre organizamos el viaje .... Raúl. No sé por qué hay que hacerle caso.

» ACTIVIDADES POR DESTREZAS

PRUEBA DE COMPRENSIÓN DE LECTURA

> **10** Usted va a leer un texto sobre un nuevo invento español. Después, debe contestar a las preguntas (1-6). Seleccione la respuesta correcta (a / b / c).

Un grupo de asturianos comercializa un arnés para evitar las caídas de los jinetes

Rodrigo Rodríguez y Sergio Muñiz son dos de los socios de la empresa Pulliter, que comercializa un arnés de seguridad para que los jinetes de hípica no se caigan del caballo. La idea, inédita en el mercado y con varias patentes registradas a nivel nacional y supranacional, comenzó a desarrollarse en la mente del ingeniero y jinete Rodrigo Rodríguez hace cinco años.

El sistema mantiene al jinete sujeto a su montura, a la vez que le permite la libertad de movimiento necesaria para la práctica de la equitación de una forma correcta y natural, sin restricciones, liberando al jinete de forma instantánea en caso de caída del caballo, garantizando así que el jinete no esté sujeto al caballo si este se cae, haciendo de esta manera la práctica de la equitación mucho más segura.

Hoy por hoy, en equitación solamente existían soluciones de seguridad analógicas, pensadas para amortiguar los golpes, como el casco, los chalecos o el *airbag*. De mo-

mento, la *startup*, bautizada como Pulliter, como el propio invento, ha probado el sistema durante más de 3000 horas y, después de la producción agotada de una primera serie de 100 unidades, se preparan para una segunda remesa de 1000 dispositivos.

"Tardé cinco años en desarrollar la idea", explica Rodríguez, funcionario en excedencia y aficionado a la hípica. Toda la producción la tienen subcontratada con empresas españolas, que se la hacen "a medida", y la integración final se realiza en Asturias. La empresa no tiene en la

actualidad empleados. ¿El precio? Lo marcarán los distribuidores, aunque podría rondar los 900 euros. La distribución se hará a través de representantes en los clubes. No se venderá en tiendas.

Por cercanía, han establecido contacto con una serie de distribuidores españoles. Sin embargo, son conscientes de que la expansión del proyecto pasa por la internacionalización del producto, tal como han empezado a hacer. Tras participar en la última edición de la feria Equitana en Alemania, una revista especializada les ha emplazado a organizar un test real. Asimismo, ya han encontrado un distribuidor en Bélgica, el principal mercado europeo del sector junto con Alemania, Holanda y Francia.

El sistema de autoapertura del arnés detecta los movimientos del caballo con sensores similares a los que se utilizan en la Wii. Esta apertura "instantánea" en caso de caída es clave para la autorización de su uso por la Federa-

CONTINÚA »

ción Española de Hípica, que está "estudiando recomendarlo", añade. La idea le vino por una yegua que tiene en Llanes "y que no había forma de domar". El sistema es adecuado para pista o para paseos acompañados de monitor. Uno de los problemas con que se toparon, prosigue Rodrigo Rodríguez, es la apertura del arnés bajo tensión, dado que ningún sistema de seguridad existente en el mercado permitía su apertura en esas condiciones, como queda claro, por ejemplo, con el cinturón de seguridad de un coche.

La empresa consiguió los fondos para la fabricación de las primeras unidades mediante las aportaciones de treinta y cinco socios. Según estos socios, este arnés es útil para agilizar la enseñanza, para la gente con miedo al caballo o para personas con problemas de movilidad. Aunque prevén su comercialización en España, su objetivo es la exportación, ya que en España solo hay 45 000 federados en hípica, mientras que, por ejemplo, en Alemania son 1,5 millones.

Adaptado de http://www.lne.es/gijon/2013/06/10/galopadas-seguras/1425245.html

1 El texto dice que…
- ○ a. la empresa Pulliter tiene solo dos socios.
- ○ b. el arnés de seguridad ya está a la venta.
- ○ c. la idea era antigua pero nunca había sido desarrollada.

2 El texto afirma que…
- ○ a. el invento está en proceso de pruebas.
- ○ b. en el mercado existen varias soluciones para evitar golpes al caer del caballo.
- ○ c. están esperando a agotar existencias para producir más.

3 Rodrigo Rodríguez cuenta que…
- ○ a. el precio del Pulliter es de 900 euros.
- ○ b. venderá el sistema de seguridad Pulliter *online*.
- ○ c. dejó su antiguo trabajo para dedicarse a Pulliter.

4 Según el texto, estos socios…
- ○ a. están pensando en abrirse al mercado internacional.
- ○ b. en la feria de Alemania una revista especializada les hizo un test real.
- ○ c. el mercado español de la hípica es uno de los principales de Europa.

5 Rodrigo Rodríguez dice que…
- ○ a. la Federación Española de Hípica ha aprobado el uso del arnés.
- ○ b. el arnés está inspirado en los cinturones de seguridad de los coches.
- ○ c. la idea se la dio un problema con uno de sus caballos.

6 Según el texto,…
- ○ a. Alemania supera a España en número de federados.
- ○ b. la empresa recibió donaciones para hacer su primera producción.
- ○ c. el arnés está pensado para la gente con problemas que monta a caballo.

PRUEBA DE COMPRENSIÓN AUDITIVA

>|11| 🔊 Usted va a escuchar una conversación entre dos amigos que hablan sobre viajes. Indique si los enunciados (1-6) se refieren a Paco, a Paula o a ninguno de los dos. Escuchará la conversación dos veces.

|15|

	Paco	Paula	Ninguno de los dos
1 Quiere adquirir una caravana.	○	○	○
2 Nunca ha viajado por Europa.	○	○	○
3 Tiene buenas referencias de su futuro destino vacacional.	○	○	○
4 No les gusta Sevilla.	○	○	○
5 Trabaja fuera de la oficina.	○	○	○
6 Lleva un tiempo sin trabajar.	○	○	○

PRUEBA DE EXPRESIÓN E INTERACCIÓN ESCRITAS

>|12| Usted trabaja para la revista de una universidad y quiere hacer un artículo sobre el uso de los medios de comunicación que hacen los españoles. En el artículo debe incluir y analizar la información que más le llame la atención del siguiente gráfico.

Uso de los medios de comunicación por la población española

Redacte un texto en el que deberá:
- comentar la importancia de los medios de comunicación en una sociedad;
- comparar los porcentajes que más le llamen la atención del gráfico;
- destacar los datos más relevantes;
- expresar su opinión sobre la información que proporciona el gráfico;
- elaborar una conclusión.

Número de palabras: entre 150 y 180.

PRUEBA DE EXPRESIÓN E INTERACCIÓN ORALES

>|13| Usted debe conversar con el entrevistador sobre los datos de una encuesta, expresando su opinión al respecto.

Este es un cuestionario realizado por una empresa para conocer lo que los argentinos consideran un trabajo ideal. Seleccione las respuestas según su criterio personal.

¿Cuál de las siguientes frases refleja mejor el tipo de trabajo ideal?

La buena relación con los compañeros.	
Un trabajo con un buen salario.	
Tener un horario flexible basado en objetivos y no en el reloj.	
Un trabajo que desarrolle la creatividad.	
Un trabajo al aire libre.	
Un trabajo de servicio público que ayude a los demás.	

Fíjese ahora en los resultados de la encuesta entre los argentinos:

La buena relación con los compañeros.	23%
Un trabajo con un buen salario.	38%
Tener un horario flexible basado en objetivos y no en el reloj.	16%
Un trabajo que desarrolle la creatividad.	7%
Un trabajo al aire libre.	3%
Un trabajo de servicio público que ayude a los demás.	13%

Comente ahora con el entrevistador su opinión sobre los datos de la encuesta y compárelos con sus propias respuestas.
- ¿En qué coinciden? ¿En qué se diferencian?
- ¿Hay algún dato que le llame la atención? ¿Por qué?

8 DE PELÍCULA

> **1** 🔊 Escucha esta conversación en la que tres amigos hablan acerca del Festival de Cine de San Sebastián y contesta a las preguntas.

| 16 |

DONOSTIA ZINEMALDIA
FESTIVAL DE SAN SEBASTIAN
INTERNATIONAL FILM FESTIVAL

1 ¿Qué impresión tiene Almudena de San Sebastián? ¿Cómo lo expresa?
....

2 ¿Qué inconveniente le ve al Festival? ¿Cómo lo expresa? ....
....

3 ¿Está Luis de acuerdo? ¿Cómo lo expresa? ....
....

4 ¿Le gusta a Vicente ver las películas en versión original? ¿Cómo lo expresa? ....
....

5 ¿Qué le sorprende a Almudena de la película de Amenábar? ¿Cómo lo expresa? ....
....

> **2** Transforma las siguientes frases al estilo indirecto.

1 "Cuando vimos la película islandesa en versión original me costó muchísimo porque me quedaba dormido con los subtítulos".

2 "Ir al festival ha sido muy caro. No sabía que las entradas tuvieran ese precio".

3 "Esta vez la película de Amenábar no ha recibido buenas críticas".

4 "Disfruto tanto del cine que no me importa gastar dinero para ver una buena película".

5 "Ayer me sedujo *Truman* porque trata un tema delicado con mucho afecto".

6 "Yo sentí pena cuando vimos los paisajes desoladores de *Sparrows*".

1. **Ejemplo:** "*Vicente confesó que cuando vieron la película islandesa en versión original le había costado muchísimo porque se quedaba dormido con los subtítulos.*

2. Almudena se quejó diciendo que ....

3. Almudena les dijo que ....

4. Luis contestó a Almudena y le dijo que ....

5. Vicente dijo que ....

6. Luis dijo que ....

> **3** Muchos directores o actores de cine han dejado a lo largo de la historia frases célebres. Transfórmalas al estilo indirecto.

Ejemplo: *"Me interesa el futuro porque es el sitio donde voy a pasar el resto de mi vida".* ➜ *Woody Allen dijo que le interesaba el futuro porque era el sitio donde iba a pasar el resto de su vida.*

1 "Para mí, en este momento, el cine son cuatrocientas butacas que tengo que llenar".

Alfred Hitchcock declaró que ....
....

2 "Por ahora he preferido el reflejo de la vida a la vida misma".

François Truffaut contó a su público que ....

CONTINUA »

3 "Ahora es imposible hacer una buena película sin una cámara que sea como un ojo en el corazón de un poeta".

Orson Welles afirmó que ....

4 "Cuando dirijo, hago de padre; cuando escribo, hago de hombre; y luego, cuando actúo, hago el idiota".

Jerry Lewis comentó en una entrevista que ....

5 "Un actor es un señor que hoy come faisán y mañana se comerá las plumas".

Fidel Pintos dijo que ....

6 "Un actor siempre está desnudo en la pantalla, aunque esté vestido".

Harvey Keitel explicó en un rodaje que ....

>| **4** | Ahora, transforma los enunciados a estilo directo.

Ejemplo: *Juan explicó a sus padres que aquel día había llegado tarde porque había perdido el bus.* ➜ *"Hoy he llegado tarde porque he perdido el bus".*

1 Carmen comentó que al día siguiente en su clase tendrían que hacer un examen final.

....

2 La madre de Pedro le pidió que por favor hiciera sus deberes antes de salir de casa.

....

3 Juan le aseguró a su padre que si aprobaba ese examen, habría acabado la carrera.

....

4 El director dijo que no creía que Jesús tuviera nada que ver con lo que había ocurrido el día anterior en su colegio.

....

5 Elena le dijo a su novio que no quería que se gastara más dinero en videojuegos porque no creía que le sirvieran para nada.

....

6 Mis amigos me prometieron que dos días después iríamos al cine aunque no fuera el día del espectador.

....

>| **5** | Relaciona las siguientes frases en estilo directo con el verbo de lengua adecuado teniendo en cuenta la intención del hablante en cada caso.

1. "Si tienes un problema en el trabajo, lo mejor es que hables con tu jefe"... ✳
2. "¡No sabía que Carmen iba a tener un bebé!".. ✳
3. "Quiero hacer una ruta este fin de semana"....................................... ✳
4. "No puedes beber líquidos ni comer nada antes de que entres a quirófano".✳
5. "Siento haber sido tan egoísta".. ✳
6. "Mi consejo es que vayas al médico enseguida porque tienes mucha fiebre". ✳
7. "Iré a verte en cuanto termine la sesión de grabación"....................... ✳
8. "Esta semana ha habido tres muertos en un accidente de tráfico"........ ✳

✳ **a.** disculparse
✳ **b.** recomendar
✳ **c.** prometer
✳ **d.** aconsejar
✳ **e.** informar
✳ **f.** prohibir
✳ **g.** contar
✳ **h.** enterarse

>| **6** | Te presentamos a continuación un fragmento de una obra de teatro que puede llevarse al cine. Debes contarle el diálogo al director y para ello, transformarlo a estilo indirecto.

CLOTILDE. Explícate, Mariana, ¿estás enterada de lo que sucede aquí?

MARIANA. Lucho por estarlo, tía Clotilde. Y me asusta conseguirlo, porque debe de ser horrible.

CONTINÚA »

CLOTILDE. Habla, habla, que luego hablaré yo...

MARIANA. Aquí se ha asesinado a una mujer...

CLOTILDE. (Como quien oye una cosilla de poco peso) ¡Hum!

MARIANA. No me ha sorprendido descubrirlo.

CLOTILDE. Ni a mí, ni a mí me sorprende, hijita...

MARIANA. Siempre sospeché algo siniestro en la vida de Fernando, pero no le creí capaz de ser protagonista del misterio que leía en sus ojos [...].

Adaptado de Eloísa está debajo de un almendro, de Enrique Jardiel Poncela

Clotilde le pidió a Mariana que .... y le preguntó que ....
....
Mariana contestó a su tía que .... y le confesó que ....
.... porque suponía que ....
Clotilde le instó a que .... y le advirtió de que ....
....
Mariana le contó que .... y Clotilde simplemente emitió un soni-
do como quien ....
Mariana le explicó que .... y Clotilde le contestó que ....
.... Finalmente, Mariana confesó que ....
.........., pero que ....

> | **7** | 🔊 A continuación vas a escuchar un comentario cinematográfico. Marca con una **X** las palabras del
| 17 | cuadro que se mencionen en la audición.

Géneros	Profesiones	Crítica	Otros
☐ comedia	☐ director/a	☐ impactante	☐ versión original
☐ acción	☐ guionista	☐ entretenida	☐ versión subtitulada
☐ bélica	☐ actor/actriz	☐ fracaso	☐ guion
☐ drama	☐ protagonista	☐ mala acogida	☐ plano
☐ musical	☐ compositor/a	☐ éxito de taquilla	☐ exteriores
☐ tragedia		☐ obra maestra	☐ encuadre
☐ documental		☐ dura	☐ banda sonora
			☐ cartelera
			☐ estreno
			☐ escena

> | **8** | Coloca la tilde en los pronombres cuando sea necesario.

1 No sabemos cuando vendrá Juan a buscarnos.

2 Me pregunto cuales serán nuestros paquetes. Aquí no veo ninguna identificación que lo diga.

3 Quienes llegaron a la hora, se fueron sentando en el auditorio.

4 Dime con quien andas, y te diré quien eres.

5 ¿Cual te gusta más, el rojo o el amarillo?

6 ¡Hay que ver que día más maravilloso hace hoy!

7 No sé donde se ha metido María. No para quieta en ningún sitio.

8 Estuvieron paseando juntos por el parque donde se conocieron.

9 Recuerdo aquellos tiempos cuando íbamos de excursión todos juntos.

10 ¿Se puede saber cuando vas a venir a ayudarme?

>| **9** | Lea el texto y rellene los huecos (1-14) con la opción correcta (a / b / c).

El impresionante reino de los chachapoyas

Es muy poco lo que sabemos de los (1) .... chachapoyas. Solo el Inca Garcilaso de la Vega (que nunca visitó la región) y Pedro Cieza de León, que (2) .... estuvo en la ciudad de Chachapoyas, mencionan a este pueblo y (3) .... describen como un "gran reino". Según documentos del virreinato español, la provincia inca de Chachapoyas tenía 30 000 habitantes.

Ruinas de Kuélap.

Se sabe que no hablaban quechua y que su nombre *chachapoyas* es un vocablo inca. Es posible que (4) .... un idioma propio que hoy no conocemos.

Se han encontrado en la zona pinturas rupestres, por lo que (5) .... la región haya estado siempre poblada desde (6) .... remotas, y se haya relacionado con otras culturas de la red de ríos amazónicos. Según Kauffman Doig, debió alcanzar su florecimiento (7) .... año 1000 d. C. y se prolongó hasta la llegada de los españoles a Perú.

(8) .... todas las ruinas descubiertas, destaca Kuélap.

Kuélap (9) .... una ciudadela ubicada en lo alto de una montaña (10) .... controla el río Utcubamba. Posee un estilo de arquitectura único, un estilo "amazónico" que parece no haber sido copiado de (11) .... ciudad andina (lo más parecido es Chavín).

Sarcófagos chachapoyanos.

El Pajatén es aún más misterioso. No solo su arquitectura es única, (12) .... también la iconografía usada en sus construcciones. Pero lo que más llama la atención del mundo chachapoyano son sus sarcófagos. El mundo andino y costeño enterraba a sus muertos bajo tierra. Los chachapoyas lo hacían en lo más alto de las montañas y en sarcófagos de madera con forma humana. Lo más parecido a los sarcófagos chachapoyanos son las inmensas esculturas de la isla de Pascua.

Los chachapoyas (13) .... por los incas pocos años antes de que (14) .... los españoles, imponiendo sus costumbres en las ciudades anexadas al Imperio, pero hubo una facción que desobedeció el mandato del emperador y fundó sus propias ciudades en la selva.

Adaptado de https://peruantiguo.wordpress.com/2008/02/12/el-impresionante-reino-de-los-chachapoyas/

1	○ a. viejos	○ b. antiguos	○ c. ancianos
2	○ a. es posible que	○ b. puede que	○ c. probablemente
3	○ a. la	○ b. le	○ c. lo
4	○ a. desarrollaran	○ b. desarrollaron	○ c. hayan desarrollado
5	○ a. lo mismo	○ b. es probable que	○ c. igual
6	○ a. épocas	○ b. tiempos	○ c. temporadas
7	○ a. hasta el	○ b. desde hace	○ c. a partir del
8	○ a. Según	○ b. Entre	○ c. Por
9	○ a. es	○ b. está	○ c. estaba
10	○ a. en la que	○ b. donde	○ c. que
11	○ a. alguna	○ b. ninguna	○ c. algo
12	○ a. si no	○ b. pero	○ c. sino
13	○ a. fueron conquistados	○ b. estaban conquistados	○ c. eran conquistados
14	○ a. llegaran	○ b. llegaron	○ c. llegarían

>|10| 🔊 Usted va a escuchar una noticia sobre la convocatoria de un *casting* para una gran superproduc-
I 18 I ción de cine. Escuchará la audición dos veces. Después debe contestar a las preguntas (1-6). Seleccione la respuesta correcta (a / b / c).

1 Según la audición,...
- ○ **a.** para la película se necesitarán personas con perfiles variados.
- ○ **b.** el *casting* se realizará *online*.
- ○ **c.** los aspirantes deben pedir cita previamente.

2 La productora dice que...
- ○ **a.** los figurantes griegos tendrán que pasar un *casting* especial.
- ○ **b.** después del *casting* general harán pruebas para la figuración especial.
- ○ **c.** los figurantes especiales deben enviar sus datos después del *casting* general.

3 El director de *casting* advierte que los aspirantes que hagan la preinscripción *online*...
- ○ **a.** tendrán preferencia en la contratación.
- ○ **b.** perderán menos tiempo que el resto.
- ○ **c.** serán atendidos en primer lugar.

4 En la noticia se informa de que...
- ○ **a.** el rodaje se realizará en septiembre y octubre.
- ○ **b.** los menores de 16 años deben presentar un permiso de sus padres.
- ○ **c.** en el rodaje no se admiten personas con rasgos mediterráneos.

5 Según la audición,...
- ○ **a.** si llevas tu coche o moto la retribución será mayor.
- ○ **b.** no saben exactamente la duración de las escenas de acción.
- ○ **c.** parte del rodaje será en Atenas.

6 La productora dice que...
- ○ **a.** habrá prioridad por contratar a gente local en paro.
- ○ **b.** el 90% de los extras serán de fuera.
- ○ **c.** un rodaje en una ciudad siempre conlleva algunos inconvenientes.

>|11| Usted escribe en un blog sobre temas de actualidad. Lea la siguiente noticia referente a Facebook y
redacte un artículo para informar, valorar y dar su opinión a sus lectores.

● ● ●   **TECNOLOGÍA**

El fundador y consejero delegado de Facebook, Mark Zuckerberg, dijo este martes
que la red social está diseñando una opción que permita a los usuarios expresar sus
emociones más allá de la opción de "Me gusta". Zuckerberg hizo el anuncio durante
una sesión de preguntas y respuestas desde la sede de la empresa en Menlo Park
(California, EE. UU.). Facebook se ha resistido a crear un botón de "No me gusta"
que acompañe al popular "Me gusta" por temor a generar descontento en la red
social. Con todo, Zuckerberg se ha mostrado abierto a crear nuevas opciones ante
las demandas de los usuarios que sostienen que el "Me gusta" no se puede usar
en todas las situaciones. "Es importante dar a la gente más opciones que *Me gusta*
para ayudarles a expresar empatía", dijo Zuckerberg, quien reconoció que "no todos los momentos son buenos
momentos". Zuckerberg adelantó que el lanzamiento será próximamente, aunque consideró improbable que el
nombre de la opción sea "No me gusta".

Adaptado de http://www.lne.es/vida-y-estilo/tecnologia/2015/09/16/gusta-cerca/1814113.html

Redacte un texto en el que deberá:

- resumir la noticia;
- valorar las posibles consecuencias;
- elaborar una opinión personal;
- animar a sus lectores a que participen dando su opinión.

Número de palabras: entre 150 y 180.

PRUEBA DE EXPRESIÓN E INTERACCIÓN ORALES

> |12| Le proponemos un tema con algunas indicaciones para preparar una exposición oral. Tendrá que hablar durante dos o tres minutos sobre ventajas e inconvenientes de una serie de soluciones propuestas para una situación determinada. A continuación, conversará con el entrevistador sobre el tema.

En los últimos años las personas compran cada vez más en grandes superficies en vez de en pequeños comercios. Lea los siguientes comentarios y, durante dos minutos, explique sus ventajas e inconvenientes; tenga en cuenta que debe hablar, como mínimo, de cuatro de ellos. Cuando haya finalizado su intervención, debe conversar con el entrevistador sobre el tema de los comentarios. Para preparar su intervención, al analizar cada comentario debe plantearse por qué le parece una buena solución y qué inconvenientes tiene, a quién beneficia y a quién perjudica, si puede generar problemas, si habría que matizar algo...

Yo prefiero comprar en los comercios grandes porque es más fácil aparcar.

Se deberían construir grandes superficies nuevas, es más cómodo y está todo en el mismo sitio.

Yo facilitaría la implantación de pequeños negocios en los barrios, porque hay un trato más cercano.

Yo estimularía la competitividad abriendo más tiendas, así ganamos todos.

Se debería pedir a los pequeños comerciantes que se unieran en contra de los grandes supermercados.

Yo no permitiría abrir los fines de semana a los grandes comercios, así no existiría la competencia desleal.

9 COLECCIÓN DE RECUERDOS

>| 1 | Esta es una canción de Roberto Blades, panameño que desarrolló la mayor parte de su carrera en los Estados Unidos. Lee y completa la canción con los verbos que faltan en la forma correcta. Luego, escribe el título que crees que tiene la canción. Puedes comprobar tus respuestas y escuchar la canción en https://www.youtube.com/watch?v=dwXo0Q79fpc.

Título: ....

Solo, ¡qué solo estoy!
Aun con tanta gente a mi alrededor,
yo sigo solo.

Pienso en adónde voy,
si en este mundo incierto donde vivo yo,
lo único que quiero eres tú, mi amor,
tú, mi amor, tú, mi única verdad.

Si (1) .... conmigo
como estás en mis sueños,
no (2) .... en el alma
la tristeza que siento.
Si (3) .... conmigo
aunque (4) .... un momento,
(5) .... de algo
este amor que te tengo.

Si (6) .... conmigo...
¡Pero estás tan lejos!

Solo, ¡qué solo estoy!
(7) .... tener alas y volar a ti,
y echarme tiernamente entre tus brazos
y, a tu lado, empezar de nuevo a vivir.

Si (8) .... conmigo,
como estás en mis sueños,
(9) .... tu cuerpo de pies a cabeza,
te mimaría en cada momento.

Juntos enfrentaremos el destino,
el amor siempre vence porque es divino.

En este mundo no hay quien te (10) .... como yo.

>| 2 | 🔊 Escucha la siguiente conversación, y di a cuál de las siguientes situaciones corresponde.
| 19 |

1. ☐ Marta y Javier son una pareja que están discutiendo porque no se llevan bien y van a romper.
2. ☐ Marta le reprocha a Javier que trabaje fuera y que haya abandonado a su novia.
3. ☐ Marta se interesa por su amigo y sus problemas sentimentales, y le consuela y aconseja.
4. ☐ Javier se queja a Marta de que no haya venido a verle el fin de semana pasado como hizo Lucía.

>| 3 | 🔊 Escucha de nuevo y di si las siguientes afirmaciones son verdaderas (V) o falsas (F).
| 19 |

	V	F
1. Javier está preocupado porque su novia necesita descansar.	○	○
2. A Javier le pareció raro que Lucía no hubiera ido a verle a Bilbao.	○	○
3. Si Javier hubiera sabido que Lucía lo estaba pasando tan mal, habría ido a verla a su trabajo.	○	○
4. Lucía se enfadó con Javier como si él hubiera ido al congreso por placer.	○	○
5. Javier le dice a Marta que ojalá hubiera aceptado el trabajo que le ofrecieron en Madrid hace unos años.	○	○
6. Javier está dispuesto a cambiar de lugar de residencia por Lucía.	○	○
7. A Javier le hubiera gustado hablar con Lucía, pero esta no quiso escucharle.	○	○

>| 4 | Identifica en el ejercicio anterior las frases con estructuras en pretérito pluscuamperfecto de subjuntivo y relaciónalas con su uso.

Frases

A Expresar un deseo del pasado que no se ha cumplido.. ☐

B Lamentarse por una situación que no ha pasado. .... ☐

C Hablar de hipótesis irreal en el pasado.. ☐

D Indicar una acción en el pasado anterior a la principal. .... ☐

E Establecer semejanzas entre dos acciones, una de ellas imaginaria. .... ☐

>| 5 | ¿En qué situación harías estas cosas? Sigue el modelo.

Ejemplo: *Pelearse con tu mejor amigo/a* → *Me pelearía con mi mejor amigo/a si me mintiera muchas veces/si me hubiera mentido.*

1 Vender todas tus posesiones y dejar la ciudad en la que vives.

....

2 Dormir en la calle.

....

3 Ir a clase vestido/a de Drácula.

....

4 Robar en unos grandes almacenes.

....

5 Denunciar a un amigo/a a la policía.

....

6 Besar a un desconocido.

....

7 Dejar de trabajar.

....

>| 6 | Completa las siguientes oraciones condicionales irreales de pasado con la forma adecuada del verbo entre paréntesis.

Ejemplo: *Si **hubiera sabido** (saber) la noticia con antelación, habría llamado a los responsables.*

1 Te .... (acompañar) a la fiesta con mucho gusto si me lo hubieras dicho.

2 Si Pedro .... (estudiar) más, habría aprobado el examen sin problemas.

3 El conductor te habría recogido en la parada, si se lo .... (tú, decir).

4 Si .... (nosotros, coger) las entradas a tiempo, habríamos ido al concierto con ellos, pero no quisiste.

5 El imputado habría resultado culpable si no .... (declarar) ante el juez.

6 Todos nosotros te .... (hacer) una fiesta sorpresa si nos hubieses avisado de que era tu cumpleaños.

7 Si aquel turista no hubiera llamado a los forestales, el incendio .... (arrasar) con todo.

>| 7 | Completa las siguientes frases con los distintos conectores condicionales que aparecen en el siguiente cuadro. No hay una única solución posible.

✗ siempre y cuando	✗ excepto si	✗ a no ser que	✗ salvo que
✗ a menos que	✗ siempre que	✗ salvo si	✗ a condición de que

1 ● ¿Habéis decidido qué hacer finalmente mañana?

○ Sí, saldremos a hacer una ruta por el monte .... no llueva.

CONTINÚA »

2 ● ¿Qué profesores irán con los chicos a Londres este año?

○ Creo que los jefes de estudios irán con ellos .... haya algún asunto importante.

3 ● ¿Qué hago si me llaman al teléfono cuando tú no estés?

○ En ese caso no lo cojas, ... llaman mis padres.

4 ● ¿Podrías ayudarme con la tarea?

○ ¿No puedes tú solo? Esta vez te echaré una mano .... dejes recogido hoy tu cuarto sin rechistar.

5 ● No entiendo por qué Juan quiere cambiar de ciudad. ¡Con lo bien que se está en Madrid!

○ Ya, yo no cambiaría la capital .... fuera por una ciudad europea con el mismo estilo de vida.

6 ● Ya veo que tus hijos están pintando toda la casa. ¡Qué suerte que tienes!

○ Bueno, bueno. Me han dicho que lo hacen .... yo les deje irse el fin de semana con sus amigos.

7 ● Mi novio me ha propuesto que pasemos en Galicia el fin de semana, ... llueve.

○ ¡Uf! Pues no sé yo… Las previsiones no son buenas.

>| **8** | Transforma las siguientes frases utilizando el conector condicional adecuado, sin repetirlo. Ten en cuenta que puede haber varias posibilidades.

Ejemplo: *Si finalmente te callas, haré el ejercicio contigo.* ➜ *Haré el ejercicio contigo con tal de que te calles de una vez.*

1 Solamente te dejaré el coche si apruebas todo a final de curso.

....

2 No digas nada. Solo di algo cuando te pregunten.

....

3 Únicamente trabajo por las tardes cuando es estrictamente necesario. Si no, no lo hago nunca.

....

4 La madre de Carlos le deja salir por la noche pero tiene que llegar a la una.

....

5 Si Carmen no tiene el último libro de Arturo Pérez-Reverte podemos regalárselo.

....

6 Te esperaremos en casa, pero tienes que venir pronto.

....

7 O encuentro el vestido perfecto o no voy a la fiesta.

....

8 Trae tu propia tienda de campaña y así puedes quedarte en el *camping*.

....

>| **9** | Con las siguientes situaciones forma frases con *de* + infinitivo o infinitivo compuesto.

Ejemplo: *Me hubiera gustado estudiar arte, pero opté por las matemáticas.* ➜ *De haber escogido otra carrera, habría estudiado arte.*

1 He cometido muchos errores porque no te he escuchado más.

De ....

2 No tienes dinero y te gustaría comprarte un abrigo nuevo.

De ....

3 No sabía que eras vegetariano y por eso he cocinado algo con carne.

De ....

4 No la puedo avisar con tiempo porque no tengo su teléfono.

De ....

> |10| Relaciona los siguientes refranes con su significado.

1. En boca cerrada no entran moscas. . . . . *
2. No dejes para mañana lo que puedas hacer hoy. . . . . *
3. Más vale maña que fuerza. . . . . . . *
4. El que se pica, ajos come. . . . . *
5. Zapatero a tus zapatos. . . . . *
6. Preguntando se llega a Roma. . . . . *
7. Quien mucho abarca, poco aprieta. *
8. Perro ladrador, poco mordedor. . . . *

* a. La persona que se enfada es porque algo de culpa tiene en el problema.
* b. En determinados momentos es mejor estar callado antes de meter la pata.
* c. Las personas con peor genio suelen ser las más inofensivas.
* d. No hay que ser avaricioso. Es mejor cuidar y mantener lo que uno tiene.
* e. Cuando no se sabe algo, lo mejor es preguntar.
* f. No hay que meterse donde no te llaman.
* g. En la vida es más importante ser astuto que fuerte.
* h. La pereza no es la mejor compañía en la vida.

> |11| Acentúa las siguientes palabras si fuese necesario e indica qué tipo de palabras es: palabra compuesta (1), voz latina (2) o voz adaptada (3).

1. ☐ traspies
2. ☐ tiovivo
3. ☐ categoricamente
4. ☐ sinfin
5. ☐ forum
6. ☐ fielmente
7. ☐ laser
8. ☐ epico-lirico
9. ☐ alias
10. ☐ videojuego
11. ☐ economico-social
12. ☐ Wagner

» ACTIVIDADES POR DESTREZAS

PRUEBA DE COMPRENSIÓN DE LECTURA

> |12| Usted va a leer cuatro textos en los que cuatro personas hablan de buenos propósitos para el año nuevo. Relacione las preguntas (1-10) con los textos (A, B, C y D).

A. LORENA

Llega enero y con él los buenos propósitos, un montón de cosas que digo que voy a hacer y que, por norma general, no suelo cumplir. Soy un desastre absoluto y voy pasando de un propósito a otro según avanza el año. Sé que es una buena idea, pero es que empiezo muchas cosas y no consigo completar ninguna. Toda la vida me lo han reprochado y a estas alturas ya estoy harta. Y claro, luego viene la dichosa culpabilidad.

Debería existir una exención especial a esto para las personas que son como yo, así nos ahorraríamos muchas visitas al psicólogo. Prefiero pensar que a lo mejor es que no tengo nada que mejorar…

B. SAÚL

Para mí, en realidad, no es cuando empieza el año, sino cuando empieza el curso escolar, es mi mes renovador. Cuando iba al cole significaba nuevos libros, nuevo material, nueva mochila… Así que ahora sigo con la idea de que debo renovar algo, y ¡qué mejor para renovarse que un buen propósito! Incluso tengo una libreta donde voy apuntando mis buenas intenciones durante todo el verano y en septiembre me pongo manos a la obra. El año pasado cumplí tres de los cinco propósitos que me había marcado. No está nada mal. Este año a ver si puedo sacarme el carné de conducir y perder algo de peso, aunque igual es mejor si sigo con mi bicicleta y así adelgazo más fácilmente ejercitándome mientras voy a trabajar.

CONTINÚA »

C. INMA

Dejar de fumar, comer más sano, apuntarme a clases de salsa y no gastar el dinero en tonterías. Estos son mis propósitos para el uno de enero. Y sé que lo conseguiré, ¡menuda soy yo! Soy tozuda como mi madre. Voy haciendo listas cada mes con los objetivos que quiero conseguir y algo muy gordo tiene que pasar para que no los cumpla. Una vez estaba en el hospital y no pude cumplir con dos puntos de la lista, ¡no veas el disgusto que me agarré! Sé que soy un poco obsesiva con esto, pero es que no lo puedo evitar, soy así desde pequeña y, a estas alturas, no creo que vaya a cambiar. Mis amigas no paran de hacerme bromas por ser así, me llaman Doña Perfecta... No te extrañe que me tengan envidia, ja, ja, ja...

D. GERARDO

Debo de ser la única persona sobre el planeta Tierra que no presta atención a esa costumbre de los propósitos, creo que son un invento para que los gimnasios y los que venden productos para dejar de fumar se hagan de oro. Cuando veo la publicidad, me llevan los demonios... Si tuviera tele, la apagaría inmediatamente en los anuncios. Las buenas intenciones no deberían centralizarse en una época en concreto, todos los días son buenos para empezar. Mi familia me dice que me lo tomo a la tremenda... No sé... Me dicen que debería tener el propósito de mejorar mi carácter y no irritarme tanto.

	A Lorena	B Saúl	C Inma	D Gerardo
1 ¿Quién dice que quiere hacer deporte?	○	○	○	○
2 ¿Quién dice que es muy maniática?	○	○	○	○
3 ¿Quién dice que no tiene televisión?	○	○	○	○
4 ¿Quién sufre reproches de su familia?	○	○	○	○
5 ¿Quién aporta una solución alternativa?	○	○	○	○
6 ¿Quién lo ve como un problema?	○	○	○	○
7 ¿A quién no le gusta esta costumbre?	○	○	○	○
8 ¿Para quién es una obligación?	○	○	○	○
9 ¿Quién dice que es inconstante?	○	○	○	○
10 ¿Quién dice que le recuerda a su infancia?	○	○	○	○

PRUEBA DE COMPRENSIÓN AUDITIVA

>|**13**| 🔊 Usted va a escuchar seis conversaciones breves. Escuchará cada una dos veces. Después debe
|20| contestar a las preguntas (1-6). Seleccione la opción correcta (a/b/c).

1 ¿Por qué está enfadada la mujer con su marido?

- ○ **a.** porque se fue a un partido de tenis.
- ○ **b.** porque rechazó unas entradas para un concierto.
- ○ **c.** porque ha pagado mucho dinero por las entradas.

2 El aviso dice que...

- ○ **a.** están reparando la línea uno.
- ○ **b.** la manifestación está convocada para el sábado a mediodía.
- ○ **c.** la gente puede ir al centro en su coche durante el fin de semana.

CONTINÚA »

nuevo PRISMA • Ejercicios • Nivel **B2**

3 ¿Cómo se encuentra Laura?

   ○ **a.** Está preocupada.

   ○ **b.** Está cansada.

   ○ **c.** Está enferma.

4 ¿Qué intenta hacer la amiga de Víctor?

   ○ **a.** Disculparse.

   ○ **b.** Animarlo.

   ○ **c.** Criticarlo.

5 ¿Qué deporte le está recomendando su amigo?

   ○ **a.** Atletismo.

   ○ **b.** Submarinismo.

   ○ **c.** Alpinismo.

6 ¿Por qué no van a volver a ese restaurante?

   ○ **a.** La comida está en mal estado.

   ○ **b.** Es un restaurante muy caro.

   ○ **c.** El acceso es penoso.

PRUEBA DE EXPRESIÓN E INTERACCIÓN ESCRITAS

>|**14**| 🔊
|21|
Usted es un profesor de bachillerato y quiere que sus alumnos participen en un concurso sobre el medioambiente que ha escuchado en la televisión. Escuche los requisitos del concurso y escriba un correo proponiendo a su grupo de estudiantes para participar en el concurso.

En la carta deberá:

- presentarse;
- explicar por qué le interesa participar en el concurso;
- describir cómo es su grupo de estudiantes;
- explicar qué haría con el premio;
- agradecer este tipo de iniciativas;
- despedirse.

Número de palabras: entre 150 y 180.

PRUEBA DE EXPRESIÓN E INTERACCIÓN ORALES

>|**15**| Usted debe conversar con el entrevistador sobre los datos de una encuesta, expresando su opinión al respecto.

Este es un cuestionario realizado por una empresa española para detectar cuál es la práctica deportiva de los españoles. Seleccione primero las respuestas según su criterio personal.

ciclismo		gimnasia de mantenimiento	
tenis		*running*	
fútbol		atletismo	
baloncesto		senderismo	
natación		otros	

Fíjese ahora en los resultados de la encuesta entre los españoles:

ciclismo	20,7%	gimnasia de mantenimiento	35,0%
tenis	7,9%	*running*	12,9%
fútbol	27,5%	atletismo	8,0%
baloncesto	10,9%	senderismo	10,6%
natación	22,4%	otros	7,4%

Comente ahora con el entrevistador su opinión sobre los datos de la encuesta y compárelos con sus propias respuestas:

- ¿En qué coinciden? ¿En qué se diferencian?
- ¿Hay algún dato que le llame especialmente la atención? ¿Por qué?

>| 1 | 🔊 Escucha atentamente las situaciones "inolvidables" que comparten tres oyentes en un programa de
| 22 | radio e indica a quién corresponden estas afirmaciones.

	Juan	María	Pedro	Ninguno
Le avergonzó que le hubieran llamado la atención.				
Estaba entusiasmado de que le invitasen a comer.				
Lamentó equivocarse en el parentesco de su amiga.				
Se indignó porque la confundieron con una señora mayor.				
Le dio asco la reacción de uno de los invitados.				
Le fascinó vivir esa situación.				
Estaba furioso por no poder concentrarse con el ruido.				

>| 2 | Relaciona las columnas con las expresiones de sentimiento, gusto o emoción para formar frases coherentes.

Siempre me ha puesto muy nervioso . .

Me extrañó que . . . .

Lamentamos . . . .

Mis padres estaban encantados . . . . . .

Conocer todos y cada uno de los
rincones más típicos . . . .

Cuando Iván se puso a desafinar
en el karaoke el otro día . . . .

Estamos hartos de que . . . .

Carlos estaba fascinado . . . .

Ver películas en las que no hay
ninguna salida y todo está oscuro . . . .

de que fuéramos todos a pasar con ellos la
Navidad. Daba gusto verles tan felices.

tener muchos exámenes en la misma
semana. Es un sinvivir.

con la chica de su clase. No hacía más que
hablar de lo inteligente y guapa que era.

me produce muchísima angustia.

los vecinos se pongan a hacer ruido justo a la
hora de dormir. ¡Ya está bien!

sentí vergüenza ajena.

los chicos no nos acompañaran a la fiesta.
¡Con las ganas que tenían…!

fue estupendo.

haberos dado tan mala noticia, pero es que
no teníamos otra opción.

>| 3 | Marca la opción correcta.

De pequeño le fascinaba que le lleven/hubiera llevado/llevasen al parque porque allí podía montarse en los
columpios.

Me indigna que la gente solo piense/piensen/piensa en su propio beneficio. Así siempre nos irán mal las cosas.

Me deprime que en Santander siempre está/esté/estar lloviendo. Ya no sabe uno qué hacer.

Cuando estaba en la universidad odiaba haber tenido/tuviera/tener que estudiar todos los días. No había casi
tiempo para disfrutar del tiempo libre.

A mi hermano le desespera que tarde/tarda/haya tardado más tiempo que él en salir de casa. ¡No se da cuenta de que yo me tomo la vida con más tranquilidad!

¡Hombre, Marcos, estás aquí! Me alegra que finalmente te haber decidido/decidas/hayas decidido a venir.
Sin ti no es lo mismo.

Al final, Carmen no ha sabido guardar el secreto. Me arrepiento de habérselo contado/contárselo/haya contado. Ha sido un error.

En el colegio siempre me ponía rojo cuando el profesor me preguntaba, porque me daba vergüenza que todo
el mundo me mire/mirara/haya mirado.

> | **4** | Lee atentamente la siguiente entrada con trucos para convertirte en un verdadero chef y complétalo con la forma adecuada de los verbos entre paréntesis.

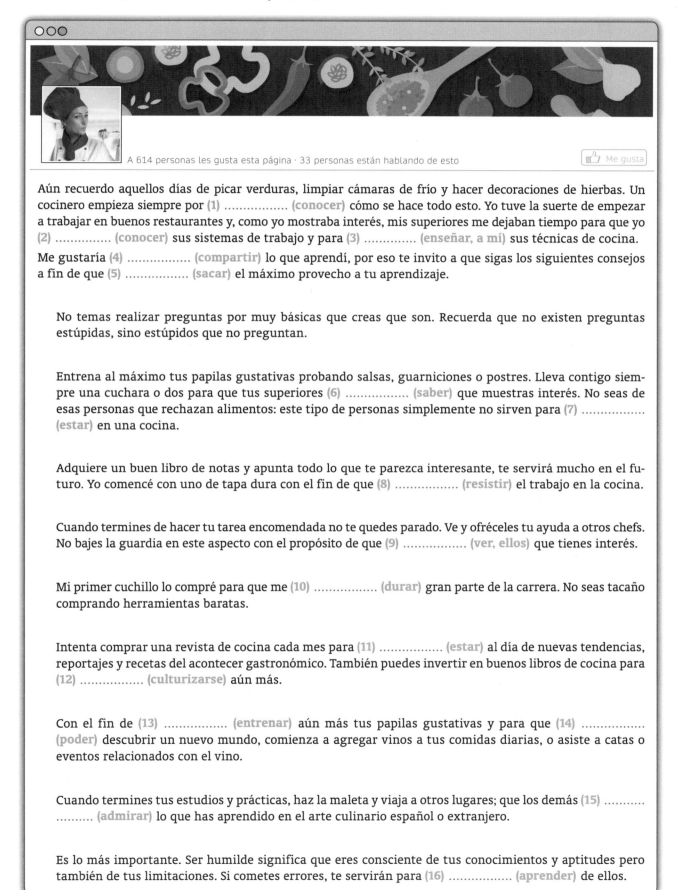

A 614 personas les gusta esta página · 33 personas están hablando de esto   [👍 Me gusta]

Aún recuerdo aquellos días de picar verduras, limpiar cámaras de frío y hacer decoraciones de hierbas. Un cocinero empieza siempre por (1) .... (conocer) cómo se hace todo esto. Yo tuve la suerte de empezar a trabajar en buenos restaurantes y, como yo mostraba interés, mis superiores me dejaban tiempo para que yo (2) .... (conocer) sus sistemas de trabajo y para (3) .... (enseñar, a mí) sus técnicas de cocina.

Me gustaría (4) .... (compartir) lo que aprendí, por eso te invito a que sigas los siguientes consejos a fin de que (5) .... (sacar) el máximo provecho a tu aprendizaje.

No temas realizar preguntas por muy básicas que creas que son. Recuerda que no existen preguntas estúpidas, sino estúpidos que no preguntan.

Entrena al máximo tus papilas gustativas probando salsas, guarniciones o postres. Lleva contigo siempre una cuchara o dos para que tus superiores (6) .... (saber) que muestras interés. No seas de esas personas que rechazan alimentos: este tipo de personas simplemente no sirven para (7) .... (estar) en una cocina.

Adquiere un buen libro de notas y apunta todo lo que te parezca interesante, te servirá mucho en el futuro. Yo comencé con uno de tapa dura con el fin de que (8) .... (resistir) el trabajo en la cocina.

Cuando termines de hacer tu tarea encomendada no te quedes parado. Ve y ofréceles tu ayuda a otros chefs. No bajes la guardia en este aspecto con el propósito de que (9) .... (ver, ellos) que tienes interés.

Mi primer cuchillo lo compré para que me (10) .... (durar) gran parte de la carrera. No seas tacaño comprando herramientas baratas.

Intenta comprar una revista de cocina cada mes para (11) .... (estar) al día de nuevas tendencias, reportajes y recetas del acontecer gastronómico. También puedes invertir en buenos libros de cocina para (12) .... (culturizarse) aún más.

Con el fin de (13) .... (entrenar) aún más tus papilas gustativas y para que (14) .... (poder) descubrir un nuevo mundo, comienza a agregar vinos a tus comidas diarias, o asiste a catas o eventos relacionados con el vino.

Cuando termines tus estudios y prácticas, haz la maleta y viaja a otros lugares; que los demás (15) .... (admirar) lo que has aprendido en el arte culinario español o extranjero.

Es lo más importante. Ser humilde significa que eres consciente de tus conocimientos y aptitudes pero también de tus limitaciones. Si cometes errores, te servirán para (16) .... (aprender) de ellos.

Adaptado de *http://www.imchef.org/10-consejos-para-alumnos-en-practicaaprendices-de-cocina/*

> | 5 | Busca en el texto anterior los sinónimos de estas palabras.

1 cocinero → ....
2 gastronomía → ....
3 jefes → ....
4 acompañamiento → ....
5 degustación → ....

6 fórmula, composición → ....
7 sumar → ....
8 frigoríficos → ....
9 órganos del gusto → ....
10 descuidar → ....

> | 6 | Ahora escribe en tu cuaderno algún consejo o truco culinario que tengas. Te proponemos que pienses en aquellos que hayas podido escuchar desde siempre en tu familia.

> | 7 | Sustituye el conector *para* por el conector final del recuadro más adecuado en cada caso.

x a   x que   x a fin de   x con la esperanza de   x por

Iba a entrenar todos los días para distraerse. No tenía nada que hacer y estaba aburrido.
....

Luis se entrevistó con su jefe para que le cambiasen de sección.
....

Voy al médico para que me den los resultados de la analítica.
....

Lee la redacción en alto para que todos sepan que la has escrito tú.
....

Clara siempre cree en la bondad de los demás. Por eso habló con el juez para que le quitasen la pena al condenado.
....

> | 8 | Completa las siguientes frases libremente.

Ejemplo: *Acércate que* → *Acércate que vea lo que te has hecho en la rodilla.*

1 Me deprimía que ....
2 Diles lo que piensas, que ....
3 El entrevistado se quedó en la sala a fin de ....
4 Voy a urgencias a que ....
5 Estaba fascinado/a por ....

> | 9 | Relaciona los siguientes refranes o frases hechas con su significado. Todos tienen que ver con los sentidos del olfato y el gusto.

La venganza es un plato que se sirve frío.....................

Me huele a chamusquina. ....

Tiene buen olfato para los negocios.....................

Las penas con pan son menos.....

A falta de pan, buenas son tortas..

Contigo pan y cebolla...........

Dame pan y llámame tonto. .....

A buen hambre, no hay pan duro.

Cuando se tiene necesidad, no se pone ningún reparo.

Hay que conformarse con lo que se tiene.

Cuando se quiere a alguien de verdad, se está dispuesto a vivir con esa persona también en la adversidad.

La adversidad es más llevadera si se tiene dinero.

No importan las críticas si la recompensa merece la pena.

Tener sospechas de que algo va a acabar mal.

Tener buen sentido o capacidad para reconocer un buen negocio.

Es mejor tomarse la revancha después de un tiempo para reflexionar y que cause más daño.

Escribe el símbolo correspondiente a estas palabras y di se es alfabetizable o no alfabetizable.

	A	NA			A	NA
plata	→ .... →		arroba	→ .... →		
fallecido/a	→ .... →		dólar	→ .... →		
sureste	→ .... →		metros cuadrados	→ .... →		
dividido entre	→ .... →		kilogramo	→ .... →		
multiplicado por	→ .... →		menos	→ .... →		
centímetro	→ .... →		número pi	→ .... →		

» ACTIVIDADES POR DESTREZAS

PRUEBA DE COMPRENSIÓN DE LECTURA

› |11| **Lea el siguiente texto, del que se han extraído seis fragmentos. A continuación lea los ocho fragmentos propuestos (A-H) y decida en qué lugar del texto (1-6) hay que colocar cada uno de ellos. Hay dos fragmentos que no tiene que elegir.**

El paraíso era un autobús

Él trabajó durante toda su vida en una ferretería del centro. A las ocho y media de la mañana llegaba a la parada del autobús y tomaba el primero, que no tardaba más de diez minutos. **(1)** ....
Solía coger el autobús tres paradas después de la de él y se bajaba una antes. Debían salir a horas diferentes, pues por las tardes nunca coincidían.

Jamás se hablaron. Si había asientos libres, se sentaban de manera que cada uno pudiera ver al otro. Cuando el autobús iba lleno, se ponían en la parte de atrás, contemplando la calle y sintiendo cada uno de ellos la cercana presencia del otro.

(2) .... Él solía regresar más moreno que ella, que tenía la piel muy blanca y seguramente algo delicada. Ninguno de ellos llegó a saber jamás cómo era la vida del otro: si estaba casado, si tenía hijos, si era feliz.

A lo largo de todos aquellos años se fueron lanzando mensajes no verbales sobre los que se podía especular ampliamente. **(3)** .... A él le pareció eso un síntoma de sensibilidad al que respondió comprándose todos los días el periódico. Lo llevaba abierto por las páginas de internacional, como para sugerir que era un hombre informado y preocupado por los problemas del mundo. Si alguna vez, por la razón que fuera, ella faltaba a esa cita no acordada, él perdía el interés por todo y abandonaba el periódico en un asiento del autobús sin haberlo leído.

Así, durante una temporada en que ella estuvo enferma, él adelgazó varios kilos y descuidó su aseo personal hasta que le llamaron la atención en la ferretería: **(4)** ....

Cuando al fin regresó, los dos parecían unos resucitados: ella, porque había sido operada a vida o muerte de una perforación intestinal de la que no se había quejado para no faltar a la cita; él, porque había enfermado de amor y melancolía, **(5)** ....
Por aquellas fechas, él ascendió a encargado de la ferretería y se compró una agenda. Entonces, se sentaba tan cerca como podía de ella, la abría, y con un bolígrafo hacía complicadas anotaciones que sugerían muchos compromisos. Además, comenzó a llevar corbata, **(6)** .... En aquella época ya no eran jóvenes, pero ella comenzó a ponerse unos pendientes muy grandes y algo llamativos que a él le volvían loco de deseo. La pasión, en lugar de disminuir con los años, crecía alimentada por el silencio y la falta de datos que cada uno tenía sobre el otro.
Pasaron otoños, primaveras, inviernos y ellos viajaban solos, eternamente, sin hablarse, sin saber nada de sí mismos. Abrazados.

Adaptado de El paraíso era un autobús, de Juan José Millás

CONTINÚA »

Ella, por ejemplo, cogió la costumbre de llevar en el bolso una novela que a veces fingía leer

lo que la obligó a ella a cuidar más los complementos de sus vestidos

en el que tenía que estar de cara al público durante toda la jornada

Ella trabajó también durante toda su vida en una mercería

El día que se volvieron a encontrar hablaron sobre los espléndidos jardines que se veían desde el autobús. Sentados uno junto al otro prometieron no separarse nunca

pero, a los pocos días de volver a verse, ambos ganaron peso y comenzaron a asearse para el otro con el cuidado de antes

Cogían las vacaciones el mismo mes, agosto, de manera que los primeros días de septiembre se miraban con más intensidad que el resto del año

alguien que trabajaba con el público tenía la obligación de afeitarse a diario

PRUEBA DE COMPRENSIÓN AUDITIVA

> |12| 🔊 Usted va a escuchar a seis personas hablando de su primera experiencia laboral. Escuchará a cada
|23| persona dos veces. Seleccione el enunciado (A-J) que corresponde al tema del que habla cada persona (1-6). Hay diez enunciados. Seleccione solamente seis.

Se sentía fuera de lugar con sus colegas.

Es importante acceder a un puesto de trabajo para sentirse independiente.

Es importante tener un trabajo que te permita ahorrar.

A veces se necesitan habilidades extras más allá de la teoría que te enseñan.

Es bueno desarrollar tu carrera profesional en el extranjero.

Una mala experiencia puede hacer que quieras abandonar tu puesto.

Estaba muy nervioso en su primera experiencia laboral.

Es muy importante el trabajo en equipo.

Pasaron años hasta que le pagaron un sueldo.

Un trabajo mal remunerado nunca es gratificante.

Persona	Enunciado
1 Persona 1	
2 Persona 2	
3 Persona 3	
4 Persona 4	
5 Persona 5	
6 Persona 6	

PRUEBA DE EXPRESIÓN E INTERACCIÓN ESCRITAS

> |13| Usted tiene un blog y quiere hacer un artículo sobre el uso que hacen de Internet los españoles. En el artículo debe incluir y analizar la información que más le llame la atención del siguiente gráfico.

Número de palabras: entre 150 y 180.

CONTINÚA »

Uso de Internet por la población española

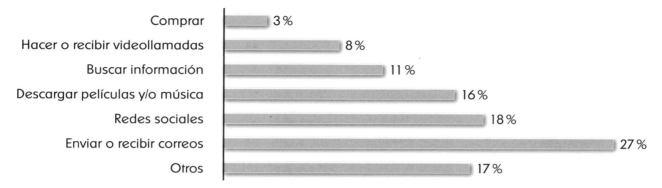

Comprar	3 %
Hacer o recibir videollamadas	8 %
Buscar información	11 %
Descargar películas y/o música	16 %
Redes sociales	18 %
Enviar o recibir correos	27 %
Otros	17 %

Redacte un texto en el que deberá:
- comentar la importancia de Internet;
- analizar los porcentajes que más le llamen la atención del gráfico;
- destacar los datos más relevantes;
- expresar su opinión sobre la información que proporciona el gráfico;
- elaborar una conclusión.

PRUEBA DE EXPRESIÓN E INTERACCIÓN ORALES

>|14| Usted debe imaginar una situación a partir de una fotografía (ver anexo *Imágenes*, pág. 139) y describirla durante unos dos minutos. A continuación conversará acerca de sus experiencias y opiniones sobre el tema de la situación. Tenga en cuenta que no hay una respuesta correcta: debe imaginar la situación a partir de las preguntas que se le proporcionan.

Estos son algunos aspectos que puede comentar:
- ¿Dónde cree que están? ¿Por qué?
- ¿Qué relación cree que hay entre estas personas? ¿Por qué?
- ¿Cómo imagina que es cada una de estas personas? ¿Por qué?
- ¿Qué cree que está pasando? ¿Por qué?
- ¿Qué cree que están diciendo?
- ¿Qué cree que va a ocurrir después?
- ¿Cómo va a terminar la situación?

11 VIVIENDO DEPRISA

>| 1 | Escucha la conversación entre dos amigos enamorados de las nuevas tecnologías e indica si las siguientes afirmaciones son verdaderas (V) o falsas (F).

| 24 |

V   F

1 Pablo tiene el nuevo Iphone con la función Siri. .... ○ .... ○

2 Aun siendo algo nuevo, a Miguel la nueva función Siri no le parece tan innovadora. .... ○ .... ○

3 A Miguel le parece una pasada controlar la casa dando órdenes al teléfono. ...○ .... ○

4 Usando SoundHound no tienes que buscar en varias páginas web. .... ○ .... ○

5 Diciendo "Siri", el teléfono se mueve. .... ○ .... ○

6 Sabiendo todas las posibilidades que tiene, Miguel ha hecho de Echo una herramienta fundamental. .... ○ .... ○

7 Miguel no utiliza el teléfono teniendo las manos ocupadas. .... ○ .... ○

>| 2 | Fíjate en las frases con gerundio de la actividad anterior y cópialas en el lugar correspondiente según lo que expresan en cada caso.

*Ejemplo: Miguel no utiliza el teléfono **teniendo** las manos ocupadas ➜ Expresa tiempo.*

Frases con gerundio   **Expresa...**

1 .... causa

2 .... tiempo

3 .... modo

4 .... condición

5 .... concesión

>| 3 | Sustituye el conector *para* por el conector final del recuadro más adecuado en cada caso.

✕ si   ✕ cuando   ✕ porque   ✕ aunque

1 Me encontré con un amigo de la infancia yendo a la universidad.
....

2 Aun siendo más lento que yo en cálculos matemáticos, siempre saca mejores resultados.
....

3 Pensando que no puedes, nunca lo conseguirás.
....

4 Este libro, pesando tanto, no cabe en el maletín.
....

5 En Burgos siempre hay que abrigarse aun siendo verano.
....

6 Haciendo las maletas, me encontré el cargador del móvil que tanto había estado buscando.
....

7 Te puede dar tiempo a todo organizándote bien.
....

8 Siendo las 2 de la tarde, se encontraron con todas las tiendas cerradas.
....

>| 4 | Elige la expresión argumentativa adecuada a cada situación.

1 ● ¿Cómo es que has llegado tan tarde cuando me prometiste que ibas a salir a la hora?

○ Lo siento cariño, ...: cuando estaba saliendo del cole, me llamó el director. ¡No le iba a dejar con la palabra en la boca!

○ **a.** me has convencido
○ **b.** deja que te explique
○ **c.** me parece que te has hecho un lío

2 ● Ya te he dicho que no puedo ir al centro comercial porque está cerrado. Es fiesta nacional.

○ Ay, es verdad, ... ¿Podrás hacerme entonces el favor en otro momento?

○ **a.** has dado en el blanco
○ **b.** perdona, no había caído en eso
○ **c.** ¿y si lo miramos desde otro ángulo?

3 ● Antonio Banderas sale guapísimo en la película de *Tesis*. Me encanta.

○ No es por desilusionarte, pero ...., ¿no lo confundirás con Eduardo Noriega?

○ **a.** bueno! Me pongo de tu parte
○ **b.** has dado en el quid
○ **c.** tengo la impresión de que estás equivocada

4 ● Creo que todos nuestros problemas se deben a la falta de seguridad en las calles.

○ Mira, ... El otro día hablaban en la tele y decían exactamente lo mismo. Yo también opino que tiene que ver con el poco control policial.

○ **a.** has dado en el blanco
○ **b.** no es que quiera convencerte
○ **c.** no digas más burradas

5 ● Yo creo que la única manera de bajar peso es haciendo ejercicio.

○ ...., yo te digo que, si sigues comiendo igual, no lo conseguirás.

○ **a.** Has puesto el dedo en la llaga
○ **b.** Sí, se me había pasado por alto
○ **c.** Aunque tú digas eso

>| 5 | Lee el siguiente texto que nos habla de cómo las nuevas tecnologías afectan a nuestro lenguaje y elige la opción correcta.

Lenguaje de WhatsApp: ¿beneficia o perjudica a los jóvenes?

"Ola. Q tal. Qdamos a las 8?". Este es un mensaje que, aunque (1) sue-ne/suena raro, podemos ver a cualquier hora en muchos mensajes de WhatsApp u otras plataformas de mensajería instantánea. Gramaticalmente, son frases con muchos errores, pero... ¿son realmente influyentes en la ortografía?

El peligro está en cómo puede afectar a los adolescentes esta escritura. ¿Se pueden trasladar esos fallos, por mucho cuidado que se (2) tenga/tiene a las redacciones de clase? Según los expertos, es habitual, aunque no lo (3) creemos/creamos, ver en los exámenes *ticks* utilizados por los jóvenes en los móviles. Muchos de ellos trasladan a sus escritos errores ortográficos de importancia. Según los profesores, el problema está en que por más que se les (4) corrija/corrige en las redacciones que hacen en clase, muchos alumnos tienen tan asimilado el lenguaje SMS que no son capaces de diferenciar cuándo deben utilizar la opción correcta. Y es que los docentes han visto que los chicos, aunque se (5) trabaja/trabaje ese aspecto en clase con frecuencia, no pueden distinguir, por ejemplo, el verbo *haber* de la expresión *a ver*. En este sentido se apunta a que influye mucho el entorno familiar del joven.

"Un chico que se ha educado en un ambiente familiar con una cultura amplia, que ha leído desde pequeño, al final, y a pesar de (6) use/usar el móvil con la misma frecuencia que todos, no termina perjudicándole, ya

CONTINÚA »

que tiene muy bien asentada la ortografía. Sin embargo, el niño que ha vivido en un ambiente familiar pobre, culturalmente hablando, que tiene una ortografía vacilante, y que está leyendo continuamente una y otra vez mensajes de móviles corre el peligro de interiorizar todo ese lenguaje y trasladarlo a la escritura", concluye José Gómez Torrego, asesor de Fundéu.

El teclado predictivo de los móviles ayuda a que los jóvenes puedan utilizar en el lenguaje SMS palabras ortográficamente correctas. El corrector de los servicios tipo WhatsApp permite que no metan la pata de forma tan ostensible, aunque muchos de ellos, tal y como se ve en los resultados, no se (7) dan/den ni cuenta de que existe.

¿Qué se propone para evitar errores?

Javier Gómez, profesor de instituto, afirma que, aunque se (8) toman/tomasen medidas al respecto, es complicado revertir una costumbre muy asentada entre los adolescentes: "A un chaval de 14 o 15 años le dices que le quitas el WhatsApp y le da algo. En muchas ocasiones, utilizan ese lenguaje oculto para que sus padres, aunque les (9) vigilen/vigilan, no entiendan de lo que están hablando", matiza.

De todos modos, y por muy difícil que (10) parezca/parece la solución al problema, la Fundéu se ha puesto manos a la obra y ha lanzado una aplicación que consiste en un diccionario que soluciona rápidamente las dudas comunes que se plantean, ya sea en el móvil o en cualquier formato. Confían en que los jóvenes la descarguen en su móvil y la consulten para escribir mejor.

Adaptado de http://www.que.es/tecnologia/201403280800-lenguaje-whatsapp-beneficia-perjudica-jovenes.html

>| 6 | Descubre qué significan las siguientes abreviaturas en lenguaje de WhatsApp.

1	k	→	4	toy	→	7	tq	→	10	xao	→ ....
2	bss	→	5	k qrs?	→	8	x	→	11	dnd	→ ....
3	tb	→	6	qtl?	→	9	xdon	→	12	xfa	→ ....

>| 7 | Completa las frases con la forma correcta del indicativo o el subjuntivo.

1 Por más que .... (estudiar), seguía sin acabar la carrera.

2 Mañana, aunque no .... (hacer) tiempo para ir a la playa, iremos a jugar el partido de voleibol.

3 Aunque me .... (tocar) la lotería, no dejaría mi puesto de trabajo. Creo que es necesario hacer algo en la vida.

4 Pese a que siempre .... (suspender) las Matemáticas en la universidad, llegó a ser un gran científico.

5 Tengo claro que, por mucho que Juan .... (insistir), si es que lo hace, no le daré la razón.

6 Por muy mal que .... (estar) el ejercicio, siempre será mejor que no entregar nada.

7 Pablo no traicionaría a un amigo ni aunque le .... (dar) todo el oro del mundo.

8 Aunque Marta .... (saber) toda la verdad porque yo se la conté, no dirá una palabra.

>| 8 | Relaciona estas frases con su estructura reduplicativa correspondiente.

1. Inés, aunque no te guste, tienes que recoger tu habitación de una vez, ... *

2. No sé cómo lo haré, pero es fundamental que vaya a esa entrevista de trabajo .... *

3. Carmen no se cansa nunca, siempre tiene una energía extraordinaria .... *

4. Como sé que vendrás cansado, te esperaré despierta .... *

5. Ella siempre está estilosa .... *

6. Tengo suerte, porque siempre me siento como en casa ... *

7. Es increíble la dimensión de esta manifestación, hay gente .... *

8. Sé que he hecho el trabajo mal, pero la profesora me pide que lo presente .... *

* a. se ponga lo que se ponga.
* b. te pongas como te pongas.
* c. vengas a la hora que vengas.
* d. mires donde mires.
* e. sea como sea.
* f. esté como esté.
* g. viva donde viva.
* h. haga lo que haga.

> **9** 🔊 Estos son algunos oficios antiguos, algunos ellos extinguidos. Escucha en qué consistía su labor y
> [25] qué perfil debían tener las personas que se dedicaban a este trabajo. Escribe los adjetivos con los
> que se describen estos perfiles.

A sereno	B afilador	C pregonero	D barbero
......*sacrificado*........	....	....	....
....	....	....	....
....	....	....	....

» ACTIVIDADES POR DESTREZAS

PRUEBA DE COMPRENSIÓN DE LECTURA

> **10** Lea el texto y rellene los huecos (1-14) con la opción correcta (a/b/c).

La aparición

Cuando comencé a contarle todo lo que sabía al policía medio analfabeto que vino a hacerme preguntas, me miró con una sonrisa de superioridad, (1) .... estuviera medio loca. Por tanto, opté (2) .... guardar silencio, y le dije que me (3) ...., que hablaba por hablar, y que era mi imaginación fantasiosa, que a veces me hacía ver fantasmas donde no los había.

Pero el fantasma, o eso que vio Felicia, era real. Al menos para ella.

La mañana siguiente a su primera (4) ...., me tocó a la puerta con la cara muy demacrada (5) .... al mal dormir.

—¡Ay, Teresa, lo que me ha pasado! —fue su saludo—. ¡Creo que anoche se me apareció un muerto!

Como sabía que yo había vivido toda la vida en aquel (6) ...., me preguntó si en su departamento (7) .... alguna vez un niño chiquito. Cuando le aseguré que no, me respondió que lo preguntaba porque la aparición era de (8) .... muy pequeño. Estaba (9) .... a su cama, observándola. Ella quiso despertar e incorporarse, pero no pudo. El cuerpo no la obedecía. Quiso mirarle el rostro, pero se le mostraba difuso, y solo consiguió verle los dientes, que eran enormes.

Pasado un tiempo, que para ella (10) .... una eternidad, salió por fin de su embeleso. Prendió la luz, y aunque la aparición ya se había esfumado, en el aire quedó un olor raro, como a algo podrido.

Las visitas se (11) .... durante una semana, y en las mañanas Felicia venía a contármelo, cada vez más desmejorada. En todo el cuerpo comenzaron a aparecerle arañazos y moretones. Según ella, aquella aparición estaba haciendo algo con su anatomía, sin que pudiera impedirlo. Cuando dormía y en medio de sus sueños, veía aquella figurita tan diminuta, que la tocaba y le introducía metales en la carne.

Le recomendé que buscara ayuda, que fuera a ver a una santera o a alguna espiritista que (12) .... de estas cosas. Llorando, me prometió que lo haría, que ya no podía soportar más aquel martirio. Esa fue la última vez que supe de ella. Al día siguiente, me extrañó que no (13) .... a visitarme. Al mediodía llamé a su puerta. Nadie respondió. Insistí todo lo que pude, y temiendo lo peor, llamé a la policía (14) .... que vinieran a derribar la puerta.

Adaptado de *La aparición*, de Manuel Olivera Gómez

CONTINÚA »

|1| ○ **a.** si   ○ **b.** como si   ○ **c.** aunque
|2| ○ **a.** por   ○ **b.** para   ○ **c.** en
|3| ○ **a.** disculpaba   ○ **b.** disculpara   ○ **c.** había disculpado
|4| ○ **a.** vista   ○ **b.** espejismo   ○ **c.** visión
|5| ○ **a.** a causa   ○ **b.** por   ○ **c.** debido
|6| ○ **a.** edificio   ○ **b.** residencia   ○ **c.** refugio
|7| ○ **a.** se moría   ○ **b.** se había muerto ○ **c.** se murió
|8| ○ **a.** alguno   ○ **b.** un   ○ **c.** alguien
|9| ○ **a.** junto   ○ **b.** al lado   ○ **c.** alrededor
|10| ○ **a.** fue   ○ **b.** era   ○ **c.** estuvo
|11| ○ **a.** repetían   ○ **b.** repitieron   ○ **c.** había repetido
|12| ○ **a.** entendiera   ○ **b.** entienda   ○ **c.** entiende
|13| ○ **a.** vendría   ○ **b.** venga   ○ **c.** viniera
|14| ○ **a.** siempre   ○ **b.** a fin de   ○ **c.** con la intención

PRUEBA DE COMPRENSIÓN AUDITIVA

>|11| 🔊 Usted va a escuchar una pequeña entrevista al psicólogo argentino Walter Riso. Escuchará la entre-
|26| vista dos veces. Debe contestar a las preguntas, seleccione la respuesta correcta (a/b/c).

1 Según la entrevista, Walter Riso empezó a escribir…
   ○ **a.** por amor.
   ○ **b.** para ayudar a sus pacientes.
   ○ **c.** para solucionar los problemas con su pareja.

2 Walter Riso sostiene que el amor obsesivo…
   ○ **a.** lleva a la dependencia emocional.
   ○ **b.** produce rechazo desde el principio.
   ○ **c.** puede causar estrés en la pareja.

3 En la entrevista se dice que…
   ○ **a.** hay personas a las que les asusta estar solas.
   ○ **b.** nunca hay que perder la esperanza.
   ○ **c.** la mayoría de la gente ha desarrollado dependencia emocional de sus parejas.

4 Según la entrevista,…
   ○ **a.** una vez que la relación amorosa es tranquila, no es normal separarse.
   ○ **b.** hoy en día no muchas parejas se separan.
   ○ **c.** Walter Riso se ha casado dos veces.

5 Sobre la crisis, Walter da a entender que…
   ○ **a.** la crisis económica tiene un lado positivo.
   ○ **b.** el apego a las cosas es importante para tener una buena vida.
   ○ **c.** la libertad no significa prescindir de las cosas.

6 Walter Riso nos aconseja que…
   ○ **a.** pensemos antes de enamorarnos.
   ○ **b.** nos conozcamos a nosotros mismos.
   ○ **c.** nos dejemos llevar por el corazón.

PRUEBA DE EXPRESIÓN E INTERACCIÓN ESCRITAS

>|12| Usted quiere matricular a sus hijos en el instituto César Manrique. Acaba de escuchar una noticia
| 27 | en la radio donde hablan del procedimiento para hacer la matrícula. Escriba un artículo de opinión en el periódico local en el que deberá:

- resumir cuál es la situación;
- expresar su rechazo sobre dicho proceso de matriculación;
- explicar los motivos de sus quejas;
- proponer soluciones;
- animar a los demás padres a que también protesten.

Número de palabras: entre 150 y 180.

PRUEBA DE EXPRESIÓN E INTERACCIÓN ORALES

>|13| Tendrá que hablar durante dos o tres minutos sobre ventajas e inconvenientes de una serie de soluciones propuestas para una situación determinada. A continuación, conversará con el entrevistador sobre el tema.

SITUACIÓN

Todos necesitamos usar algún medio de transporte para llegar a nuestro lugar de trabajo o estudios. Esto genera atascos, contaminación, masificación... Lea los siguientes comentarios y, durante dos minutos, explique sus ventajas e inconvenientes; tenga en cuenta que debe hablar, como mínimo de cuatro de ellos.

Cuando haya finalizado su intervención, debe conversar con el entrevistador sobre el tema de los comentarios.

Para preparar su intervención, al analizar cada comentario debe plantearse por qué le parece una buena solución y qué inconvenientes tiene, a quién beneficia y a quién perjudica, si puede generar problemas o si habría que matizar algo.

> Sería ideal una restricción para los vehículos privados que circulen por la ciudad. Unos días los coches con matrícula par, y otros, solo los coches con matrícula impar.

> Deberían prohibir terminantemente el transporte privado en las ciudades, así habría menos contaminación.

> El transporte público debería ser gratis para los residentes, que solo paguen los turistas.

> Podrían ampliar la red de metro, tren y autobuses, mejorar las instalaciones, extender los horarios, aumentar la frecuencia... Si todo funcionara bien, la gente no cogería tanto el coche.

> Todos tenemos derecho a tener un coche, así que yo construiría más carreteras y más aparcamientos en las ciudades para que cupieran todos los coches.

>| 1 | Lee la siguiente entrada sobre uno de nuestros peores hábitos. Completa los huecos con el adverbio adecuado.

El hábito de hablar mal de los demás

A 1259 personas les gusta esta página · 67 personas están hablando de esto

👍 Me gusta

Todos cometemos errores a diario y encontramos a personas que los cometen. Es muy fácil encontrar errores que criticar. Y no solo errores. También resulta fácil encontrar a personas que toman decisiones distintas a las nuestras. Cuando esas decisiones no cuadran con nuestro punto de vista, también es fácil caer en la crítica. Total, que el panorama se va plagando de quejas y cotilleos y afirmamos (1) ....:

"Mi jefa es una explotadora", "La vecina es una tacaña, no como nosotros que pagamos siempre (2) .... todo", "Ese es un niño mimado, está todo el día llorando (3) .... por cualquier tontería"… ¿Qué contribución positiva brindamos al mundo con comentarios así? ¿Y a nosotros nos sirve de algo? La crítica compulsiva es un hábito que te puede hacer fracasar (4) .... en tu día a día. ¿Por qué? Aquí tienes cinco razones:

1 Porque cuanto más crítico eres con otros, más crítico eres contigo mismo (y viceversa)

Quien está acostumbrado a señalar los fallos de otros, también es duro juzgándose a sí mismo cuando los comete. Por el contrario, para quien se muestra comprensivo y tolerante con las meteduras de pata ajenas, es más fácil ser compasivo con sus propios errores.

2 Porque rara vez la crítica destructiva induce a un cambio positivo

Hablar mal de alguien, en la mayoría de los casos, no suele servir para que esa persona cambie. La consecuencia más directa es que vayamos guardando (5) .... toda esa negatividad dentro de nosotros mismos.

3 Porque es fácil llegar a una conclusión injusta

A veces le colocamos una etiqueta a la persona que comete "el error" y pasamos (6) .... de las razones que tuvo la persona para actuar como lo hizo.

4 Porque la crítica saca lo peor de ti mismo

Muchos de los que critican se sitúan en un plano moral superior, negando (7) .... sus propios defectos. Así se sienten mejor consigo mismos. Ya lo dice el refrán: "hay quien ve la paja en el ojo ajeno y no ve la viga en el propio". ¿Acaso no hay alternativas mejores para trabajar la autoestima?

5 Porque hay mejores opciones donde emplear la energía

Las hay. Por ejemplo, invertir ese tiempo en la lectura o en cocinar a dúo un pastel de manzana. Cualquier acción que no arroje al mundo más negatividad es una opción mejor.

Personalmente, me gustaría hablar mal de otros lo menos posible. Ahora, cuando critico a alguien, me paro a pensar qué gano con ese comentario y me prohíbo (8) .... hacerlo porque he visto que el esfuerzo no compensa.

Adaptado de http://tusbuenosmomentos.com/2014/10/habito-hablar-mal-otros/

>| 2 | Responde si son verdaderas (V) o falsas (F) las siguientes afirmaciones de acuerdo con el texto anterior.

	V	F
1 Es sencillo que haya fallos por parte de todos que podemos criticar.	○	○
2 Si ves los errores en otros, no los verás en ti mismo.	○	○
3 Puede haber un cambio de actitud si hablamos de esa persona.	○	○
4 Tenemos que conocer el porqué del comportamiento de una persona antes de juzgar.	○	○
5 Según el refrán, criticar a los demás a veces nos impide ver nuestros propios defectos.	○	○

>| 3 | Relaciona las siguientes frases con su uso.

1. Siempre que voy a ver a mi abuela, le llevo algún dulce. ¡Es tan golosa! .... *
2. Cuando iba a la universidad, me levantaba a las ocho. ¡Qué tiempos aquellos! . *
3. El empleado trabajó con más interés después de que el jefe le llamase la atención. .... *
4. Apenas comenzó la música, se puso a bailar como una loca. .... *
5. Hizo toda la tarea pendiente antes de que sus padres llegasen a casa. .... *
6. Mientras Juan preparaba la comida, Inés iba haciendo otras labores. .... *
7. Hasta que no terminó la serie, no recogió la cocina. .... *

* a. Acción habitual.
* b. Acción simultánea.
* c. Repetición de la acción.
* d. Límite de una acción.
* e. Acción anterior a otra.
* f. Acción posterior a otra.
* g. Acción inmediatamente posterior a otra.

>| 4 | 🔊 Ordena del 1 al 10 los hechos de la historia según la conversación.
| 28 |

a ☐ Toño sale de trabajar en coche.
b ☐ Ambos llegan a casa y comprueban los daños.
c ☐ Llegan los bomberos y la vecina avisa a María.
d ☐ Toño habla con su mujer y esta le pide que haga algunos recados.
e ☐ La familia se despierta.
f ☐ María se olvida de apagar el fuego y la familia baja al parque.
g ☐ Toño llama a su madre a casa desde la oficina.
h ☐ Toño sale de casa.
i ☐ María llama a Toño y le cuenta que se ha incendiado el piso.
j ☐ María prepara la comida y viste a las niñas.

>| 5 | Elije la opción correcta en las siguientes oraciones temporales.

1. En cuanto veré/vea a José, le contaré la buena noticia.
2. Antes de que amanezca/amanece, empezaremos la ruta para evitar el calor del mediodía.
3. No me saqué el carné de conducir hasta que acabe/acabé la universidad.
4. Saldremos a dar una vuelta después de que termines/terminas todo lo que tienes que hacer.
5. Pedro estuvo estudiando ocho horas al día hasta que consiguió/consigue el título de doctor.
6. Pensé que Aitor saldría elegido tan pronto como se presente/presentara a las elecciones.
7. Mientras no me crees/crees problemas, haremos lo que tú digas.
8. Cuando salía de casa, me encontraba/encontré con un amigo de la infancia que no veía desde hacía tiempo.
9. No pierdas le esperanza hasta llegar/llegues al final.
10. Nada más entramos/entrar, nos dimos cuenta de que nos habíamos equivocado de tren.

>| 6 | Une las frases usando los conectores que aparecen entre paréntesis.

Ejemplo: *Terminé el curso. Luego la empresa me ofreció un trabajo (antes)* ➔ *Antes de que la empresa me ofreciese un trabajo, había terminado el curso.*

1. Marcos acabó Derecho. Su hermano le contrató en su bufete de abogados. (después de)
....

2. Me presento a los exámenes. Me pongo muy nervioso. (antes de)
....

3. Terminamos los exámenes. Fuimos a celebrarlo todos al bar de un amigo. (al)
....

4. Primero acaba la carrera. Entonces iremos a un concesionario a mirar un coche. (en cuanto)
....

CONTINÚA »

5 Puedes ir al cine con tus amigas. Pero tienes que llegar pronto a casa. (mientras)

....

6 Pablo llegó a casa a las seis. Pablo llamó a su madre después. (hasta)

....

7 Ver el partido. Se come un bocadillo. (siempre que)

....

8 Alba salió de casa. Alba se resbaló en la entrada y se hizo un esguince. (nada más)

....

> **7** Completa las siguientes frases subordinadas con la forma correcta del verbo entre paréntesis.

1 El grupo que .... (entrar) ayer en el hotel es americano.

2 Nos gustaría mucho que nos .... (acompañar) a la cena de despedida.

3 Los vecinos no pagaron la cuota hasta que no les ...*llegó*... (llegar) el recibo.

4 Busco un hotel que ...*esté*... (estar) lo más cerca posible del centro.

5 Creo que Jordi .... (saber) la verdad y espero que la .... (contar).

6 Veo que el baile no ...*es*... (ser) lo tuyo.

7 Me faltan todavía tres años para .... (terminar) la carrera y poder trabajar.

8 Como se lo ...*digas*... (decir), no te volveré a contar ningún secreto.

9 Por muy listo que .... (ser), sabes que el estudio no se lo quita nadie.

10 Ya sabes que si Cristina hubiera estado aquí, nos .... (llamar) para quedar.

11 Quiero que el libro .... (aparecer) justo donde lo dejé.

12 No te preocupes por el gato, si .... (tener) hambre, comería.

13 Edurne nos llamó para decirnos que *había aprobado* (aprobar) la oposición.

14 Pedro habló con sus jefes a fin de que le .... (dar) las vacaciones que le correspondían.

15 ¡Mira qué cara tan larga trae! Aunque .... (venir) a la excursión sin ganas, tiene que participar como los demás. *ha venido*

> **8** Completa los siguientes verbos relacionados con el mundo laboral con la preposición *a, con, de* o *en* con que se construyen.

1 relacionarse ....   **4** ayudar ...*a*...   **7** intervenir ....   **10** empeñarse ...*en*...

2 consistir ....   **5** lamentarse ...*de*...   **8** competir ...*con*...   **11** arriesgarse ....

3 colaborar ...*en con*...   **6** comprometerse ....   **9** encargarse ...*de*...   **12** quejarse ...*de*...

> **9** Escribe frases criticando a estas personas, con los siguientes adjetivos. Utiliza las estructuras para intensificar aspectos negativos del carácter de las personas y hablar mal de alguien usando adjetivos positivos que has aprendido en la unidad.

> x tiquismiquis   x interesante   x plasta   x listo/a   x guapo/a   x carca

1 Rosa es muy pesada.   ....

2 Julián cree que todo el mundo está pendiente de lo que dice y hace.   ....

3 Mariano tiene unas ideas muy anticuadas.   ....

4 Magda cree que es muy inteligente.   ....

5 A Rebeca le molestan las cosas más insignificantes.   ....

6 Alberto es torpe.   ....

>|10| Alguien cercano a ti tiene la manía que se describe en el texto. Expresa tu opinión sobre el tema por escrito, restándole fuerza, para no resultar demasiado crítico.

Una persona adulta hace algo sencillo y que, aparentemente, no tiene mucha complicación como salir de casa cerrando las puertas. El maniático comprobador no se fía, así que, antes de salir de casa, tiene que ir a comprobar que esa persona ha hecho todo correctamente. Esto se aplica también a mirar si los fuegos de la cocina están apagados, si la nevera está cerrada o si el grifo de la ducha no gotea. En el trabajo, el maniático comprobador es una auténtica pesadilla porque considera completamente necesario comprobar varias veces  absolutamente todo lo que hacen sus compañeros de trabajo, incluso las cosas más absurdas y peregrinas como si el teléfono está bien colgado, la ventana bien cerrada o el abrigo bien puesto en el perchero.

Adaptado de http://unadocenade.com/una-docena-de-tipos-de-manias/

ACTIVIDADES POR DESTREZAS

PRUEBA DE COMPRENSIÓN DE LECTURA

>|11| Usted va a leer un texto sobre el origen de los guanches. Después, debe contestar a las preguntas (1-6). Selecciona la respuesta correcta (a / b / c).

Los primeros pobladores de las islas Canarias: los guanches

El verdadero origen de los primeros pobladores de las islas Canarias sigue siendo un misterio. Historiadores y curiosos de todos los tiempos han acudido a escritos y leyendas para encontrar una solución a este enigma. Pero ninguna hipótesis resulta totalmente convincente. La mayoría de los arqueólogos, sin embargo, se inclina por pensar que los primeros pobladores de las islas llegaron a mediados del primer milenio antes de nuestra era, procedentes de la cercana África.

Estatuas dedicadas a los guanches en Candelaria, Tenerife.

Se sabe poco sobre su organización social. Gran Canaria es una de las islas de las que tenemos más datos. Estaba dividida en dos territorios, llamados *reinos* por los conquistadores, con sede en Gáldar y Telde, respectivamente. Estos territorios incluían tierras de montaña y costa. Cada uno de ellos estaba regido por un rey o *guanarteme*, que era de clase noble. Su poder se justificaba por ser descendiente de la mítica Attidamana, una mujer sabia, oráculo de la isla y máxima consejera. El jefe religioso también era noble. Esos nobles controlaban las tierras y el ganado, mientras que el resto de la población trabajaba y dependía de ellos.

Vivían principalmente de la ganadería aunque, en algunas islas y épocas, se practicaba también la agricultura. Gran Canaria era la única isla en que la agricultura no era una actividad secundaria, ya que se han encontrado graneros (cenobios). Las crónicas también mencionan canalizaciones y prácticas de regadío.

La religión de estos primeros pobladores es otra gran incógnita. Lo poco que se sabe (si es correcto) proviene de los testimonios de visitantes y conquistadores europeos. Otras fuentes de conocimiento complementarias son el estudio lingüístico, los hallazgos arqueológicos y la comparación con los pueblos bereberes del norte de África. Uno de los aspectos más conocidos es su creencia en el más allá y la consecuente preocupación por el respeto a los muertos. Los cadáveres podían ser incinerados o, en La Palma, Tenerife y Gran Canaria, momificados. El cadáver era luego depositado en una cueva, natural o artificial.

Eran adoradores del sol y la luna. Había un dios superior llamado Acorán (en Gran Canaria), Achamán (en Tenerife), Abora (La Palma) o Eraoranzan (El Hierro). El estudio de estos nombres indica que los aborígenes designaban al sol como femenino y a la luna de forma masculina, como en los pueblos del norte de África. Nuestra estrella era así vista como origen y dadora de vida. También hay ciertos indicios de que, como en muchas culturas antiguas, se

CONTINÚA

Cenobio de Valerón, isla de Gran Canaria.

rendía culto a algunos árboles. Los aborígenes también creían en seres maléficos que podían aparecer, bien en forma de perros que atacaban a la gente o a sus animales, bien sin una forma concreta y asociados a las grietas del suelo.

El *faycán* era la máxima autoridad religiosa en Gran Canaria, haciendo de intermediario entre la gente y el mundo sobrenatural. La situación era parecida en las otras islas. En Gran Canaria, además, el faycán parece haber estado encargado de los graneros. Las mujeres de clase noble jugaban un papel religioso importante. Así las *harimaguadas* estaban encargadas de ciertos ritos y ejercitaban, probablemente, la adivinación.

Uno de los rituales más importantes era el de petición de lluvia. Solía celebrarse en un sitio alto, orientado hacia el viento alisio (el viento que trae la lluvia). Días antes, se encerraba al ganado y se le dejaba sin comer. Cuando el hambre apretaba, los animales empezaban a balar insistentemente. Entonces la gente se le unía, dando palmas y gritando.

Adaptado de http://www.historiaviva.org/canarias/aborigenes.shtml

1 En el texto se dice que…
- ○ a. el origen de los guanches parte de una leyenda.
- ○ b. los guanches llegaron desde el continente africano.
- ○ c. los primeros pobladores llegaron hace mil años.

2 Según el texto…
- ○ a. el guanarteme controlaba los dos reinos.
- ○ b. la población local controlaba la agricultura.
- ○ c. Attidamana aseguraba el linaje de los guanartemes.

3 En el texto se dice que en cuanto a religión…
- ○ a. presentan semejanzas con los bereberes del norte de África.
- ○ b. dentro del pueblo guanche había diferentes creencias.
- ○ c. los guanches momificaban a los muertos y los enterraban.

4 Según el texto, el pueblo guanche…
- ○ a. creía que la luna proporcionaba la vida.
- ○ b. adoraba a ciertos árboles.
- ○ c. temía a los perros.

5 En el texto se dice que…
- ○ a. algunas mujeres nobles se dedicaban a la predicción del futuro.
- ○ b. el faycán solo se ocupaba de asuntos religiosos.
- ○ c. el faycán tenía el poder religioso en todas las islas.

6 Según el texto, la celebración de la petición de lluvia…
- ○ a. se iniciaba en la orilla del mar.
- ○ b. se podía hacer en cualquier lugar.
- ○ c. estaba vinculada al ganado.

PRUEBA DE COMPRENSIÓN AUDITIVA

> **|12|** 🔊 Usted va a escuchar seis conversaciones breves. Escuchará cada una dos veces. Después debe
| 29 | contestar a las preguntas (1-6). Seleccione la opción correcta (a / b / c).

1 El amigo no quiere que sea…
- ○ a. indecisa.
- ○ b. caprichosa.
- ○ c. quejica.

2 ¿De qué están hablando?
- ○ a. De una comida.
- ○ b. De una crema.
- ○ c. De un champú.

3 ¿Qué hace la señora Mateo?
- ○ a. Le da permiso.
- ○ b. Está disgustada.
- ○ c. No quiere contestar.

4 ¿Qué quiere comunicar la mujer?
- ○ a. Que no quiere comprar un coche.
- ○ b. Que no es una buena idea.
- ○ c. Que tienen problemas económicos.

5 El hombre insinúa a su compañera de trabajo que…
- ○ a. está equivocada con su decisión.
- ○ b. es un poco maniática.
- ○ c. no le van a permitir hacer otro cambio.

6 ¿De qué están hablando?
- ○ a. De dinero.
- ○ b. De comida.
- ○ c. De una mascota.

PRUEBA DE EXPRESIÓN E INTERACCIÓN ESCRITAS

>|13| Usted tiene un blog de cine y quiere escribir una crítica sobre la película española *Magical Girl*. Consulte la siguiente información de la película que le dieron cuando fue al cine.

Título original: *Magical Girl*

Director: Carlos Vermut   Género: Drama | Crimen.

Sinopsis: Luis, profesor de literatura en paro, trata de hacer realidad el último deseo de su hija Alicia, una niña de 12 años enferma de cáncer terminal: tener el vestido oficial de la serie japonesa de dibujos animados, *Magical Girl Yukiko*. El elevado precio del vestido llevará a Luis a intentar encontrar el dinero de forma desesperada cuando conoce a Bárbara, una atractiva joven casada que sufre trastornos mentales, a su vez relacionada con Damián, un profesor retirado con un tormentoso pasado. Los tres quedarán atrapados en una oscura red de chantajes, en la que instinto y razón entran en conflicto.

Adaptado de http://www.filmaffinity.com/es/film764231.html

Redacte un texto en el que deberá:
- presentar la película;
- indicar por qué razones merece la pena ver la película;
- hablar de la importancia de las películas de crimen y suspense;
- elaborar una opinión personal sobre este tipo de películas.

Número de palabras: entre 150 y 180.

PRUEBA DE EXPRESIÓN E INTERACCIÓN ORALES

>|14| Usted debe imaginar una situación a partir de una fotografía (ver anexo *Imágenes*, pág. 139) y describirla durante unos dos minutos. A continuación conversará acerca de sus experiencias y opiniones sobre el tema de la situación. Tenga en cuenta que no hay una respuesta correcta: debe imaginar la situación a partir de las preguntas que se le proporcionan.

Estos son algunos aspectos que puede comentar:
- ¿Dónde cree que están? ¿Por qué?
- ¿Qué relación cree que hay entre estas personas? ¿Por qué?
- ¿Cómo imagina que es cada una de estas personas? ¿Por qué?
- ¿Qué cree que ha pasado? ¿Por qué?
- ¿Qué piensa que están diciendo?
- ¿Qué cree que va a ocurrir después?
- ¿Cómo va a terminar la situación?

APÉNDICE GRAMATICAL

1. Expresar deseos

> ✕ **Ojalá (que)** + subjuntivo
>
>   − *Ojalá no tenga fiebre y podamos salir del hospital pronto.*
>
> ✕ **Que** + subjuntivo expresa deseos dirigidos a otras personas.
>
>   − *¡Que tengas mucha suerte!*
>
> ✕ **Querer/Desear/Esperar**
>
> ✕ **Sueño con/Mi sueño es**   +   infinitivo (cuando el deseo se refiere al mismo sujeto)
>   *que* + subjuntivo (cuando es diferente sujeto)
>   nombre
>
>   − *Quiero sacarme el diploma de inglés lo antes posible.*
>   − *Espero que no haya problemas en la frontera.*
>   − *Deseo una casa con jardín.*
>   − *Sueño con tener un poco de tiempo para mí.*
>   − *Mi sueño es unas vacaciones desconectada de todo.*
>   − *Sueño con que mis hijos puedan vivir en un mundo más justo.*
>
> • Si usamos el **presente de subjuntivo** con estas estructuras, hablamos de deseos probables en el presente o en el futuro.
>
>   − *Ojalá pueda ir el año que viene a Canadá.*
>
> • Si usamos el **pretérito perfecto de subjuntivo**, hablamos de deseos probables referidos a un pasado cercano o relacionado con el presente.
>
>   − *Espero que hayan terminado ya las obras en mi edificio.*

2. Expresar hipótesis y probabilidad

> • Con el **futuro imperfecto** podemos hacer hipótesis o expresar probabilidad referida a acontecimientos del presente.
>
>   ● *¿Quién llama a la puerta?*
>   ○ *Será algún vendedor a domicilio.* (Probablemente es un vendedor a domicilio).
>
> • Con el **futuro compuesto** podemos hacer hipótesis o expresar probabilidad referida a acontecimientos del pasado en un tiempo no terminado (pretérito perfecto).
>
>   ● *¿Cuándo se ha enterado?*
>   ○ *Se habrá enterado al hablar con su madre por teléfono.* (Probablemente se ha enterado al hablar con su madre por teléfono).
>
> • Con el **condicional simple** podemos hacer hipótesis o expresar probabilidad referida a acontecimientos del pasado en un tiempo terminado (indefinido o imperfecto).
>
>   ● *¿Dónde estuvo ayer el profesor?*
>   ○ *Estaría en la sala de profesores preparando algún examen, porque yo lo vi en el instituto.* (Posiblemente estuvo en la sala de profesores preparando algún examen...).

Otros marcadores para expresar hipótesis y probabilidad

> ✕ Con **indicativo**:
>
>   • **A lo mejor**   • **Igual**   • **Lo mismo**
>
>   − *A lo mejor nos cambian la reserva del vuelo.*
>   − *Igual deberíamos preguntar primero.*
>   − *Lo mismo ha venido y no nos hemos enterado.*

CONTINÚA »

✖ Con **indicativo** o **subjuntivo.** En este caso, el indicativo expresa mayor grado de seguridad sobre la hipótesis planteada que el subjuntivo:

- • **Quizá(s)**   • **Probablemente**   • **Posiblemente**   • **Seguramente**

  – *Tarda tanto porque quizá no haya encontrado aparcamiento.*
  – *Posiblemente está muy ocupado con los niños.*

✖ Con **subjuntivo:**

- • **Puede (ser) que**   • **(No) Es posible que**   • **(No) Es probable que**

  – *Es posible que caiga una tormenta en breve.*
  – *Puede que Marta ya haya visto esa película.*

3. Opinar y valorar

✖ Para **expresar opinión** de forma afirmativa puedes usar:

- • *Creo/Pienso/Opino/Me parece* + *que* + indicativo

  – *Pienso que es útil reciclar, pero me parece que reutilizar es mucho mejor para el planeta.*

- • Cuando estas formas se utilizan en forma negativa se construyen con **subjuntivo.**

  – *Luis no cree que estudiar ciencias sea la mejor opción posible hoy en día.*

✖ Para **hacer valoraciones** sobre un hecho de manera general se usa:

- • *Es/Me parece* + adjetivo/nombre de valoración (importante, increíble, una pena…) + infinitivo

  ¿Te parece adecuado dejar salir solo a un niño de 15 años por la noche?

- • *Está/Me parece* + adverbio de valoración (bien, mal…) + infinitivo

  – *Está bien reducir el límite de velocidad en las ciudades, así disminuirá la contaminación.*

✖ Cuando la valoración se refiere a las acciones que realizan otras personas, se usa:

- • *Es/Me parece* + adjetivo/nombre de valoración + *que* + subjuntivo

  – *Nos parece una pena que la gente joven solo tenga acceso a trabajos precarios.*

- • *Está/Me parece* + adverbio de valoración + *que* + subjuntivo

  – *Está mal que pongan esos programas a horas en que los niños están viendo la televisión.*

UNIDAD 2: VIAJAR PARA APRENDER

1. Las oraciones de relativo

- • Cuando queremos describir o identificar algo o a alguien y no es suficiente con un simple adjetivo, utilizamos una oración de relativo, que sirve para identificar y describir cosas y personas igual que lo haría un adjetivo.

- • La persona o cosa a la que se refiere la oración de relativo se llama **antecedente** y se construyen con el pronombre **que** (personas o cosas) o **donde** (lugares).

  – *Me gustan <u>los cuadros</u> **que** hay en el museo del Prado.*
       ANTECEDENTE

  – *<u>El edificio</u> **donde** estaban las oficinas era bastante alto.*
   ANTECEDENTE

Hay dos tipos de oraciones de relativo:

✖ **Explicativas** → Aportan una información nueva sobre el antecedente. Van entre comas y el verbo siempre está en indicativo. Si eliminamos la frase, la oración principal seguiría teniendo sentido; la información que aportan no es imprescindible.

- – *Iñigo, **que odia montar en avión**, ha viajado por todo el mundo.*

CONTINÚA »

✖ **Especificativas** → Concretan lo designado por el antecedente. No van entre comas y, si eliminamos la frase especificativa, cambia el significado de la oración principal. No pueden llevar como antecedente un nombre propio o un pronombre personal. El verbo puede ir en indicativo o subjuntivo.

– *Los niños **que conocí en la cafetería** eran de Córdoba.* (Hay más niños, pero solo eran de Córdoba los que conocí en la cafetería).

- Con **indicativo** → Cuando el antecedente es conocido y concreto. Su existencia es segura para el hablante.

– *El dentista que tiene gafas es el primo de Marta.* (Conozco al dentista).

- Con **subjuntivo**:

– Cuando el antecedente es desconocido. Su existencia no es segura para el hablante.

– *El corredor que llegue antes a la meta ganará mil euros.* (Todavía no sé quién llegará antes a la meta).

– Para preguntar por la existencia de algo o alguien.

– *¿Hay alguien en la clase que hable ruso?*

– Para negar la existencia de algo o de alguien, o decir que es poca o escasa.

– *No hay nada que podamos hacer en este momento.*
– *Hay poca gente que adopte animales abandonados.*

1.1. Los relativos

✖ **Que** es el pronombre relativo más usado, puede referirse a personas o a cosas y siempre lleva antecedente.

– *El amigo de Juan que llegó ayer de Perú va a venir a cenar.*
– *Estoy buscando una casa que tenga un jardín muy grande.*

- **El que/la que/los que/las que** se pueden usar sin antecedente expreso, en construcciones enfáticas con el verbo ser o después de una preposición.

– *Los que quieran venir que se apunten en la lista.*
– *Esa camisa es la que vi en el escaparate.*
– *Déjame un bolígrafo con el que pueda escribir.*

- **Lo que** se usa cuando el antecedente se refiere a un concepto o idea.

– *Lo que dices no tiene ningún sentido.*

✖ **Quien/quienes** son pronombres relativos que solo se refieren a personas. Con preposición llevan siempre antecedente expreso y se usan obligatoriamente con **haber** y tener. Equivalen a **el/la/los/las que**.

– *Quien pierda la apuesta tiene que pagar la cena.*
– *Ese es el hombre con quien hablé el otro día.*
– *No hay quien duerma con este ruido.*
– *García Márquez escribió* El coronel no tiene quien le escriba.

✖ **El cual/la cual/los cuales/las cuales** son pronombres relativos cuyo uso en la lengua hablada no es tan frecuente. Pueden referirse a personas o a cosas. Siempre llevan antecedente y pueden ir tras una preposición.

– *Tenía un gato, el cual estaba todo el día mirando por la ventana.*
– *Antes aquí existía una pastelería en la cual hacían las mejores tartas de la ciudad.*

✖ **Cuyo/cuya/cuyos/cuyas** es un adjetivo relativo que expresa posesión y que se construye siempre con un antecedente explícito, que expresa el poseedor, y se antepone al sustantivo que denota lo poseído, con el que debe concordar en género y número. Puede ir tras una preposición.

– *La chica, cuyo perro es blanco y negro, es mi vecina.* (El perro de la chica).
– *Esta es mi prima en cuyo pueblo se celebran las fiestas más importantes.* (El pueblo de mi prima).

✖ **Donde** es un adverbio relativo que expresa lugar. Puede sustituirse por **en el/la/los/las que** si el antecedente es un nombre. Puede ir tras una preposición.

– *Han cerrado la piscina donde aprendí a nadar = Han cerrado la piscina en la que aprendí a nadar.*
– *Es un misterio el lugar hacia donde nos dirigimos.*

✖ **Cuando** es un adverbio relativo que expresa tiempo. Puede sustituirse por **en que** si el antecedente es un nombre.

– *Recuerdo la época cuando (en que) no había móviles.*

✖ **Como** es un adverbio relativo que expresa modo. Puede sustituirse por **según el/la cual**, **los/las cuales** o **en que** si el antecedente es un nombre.

– *Esta es la forma como hay que hacerlo = Esta es la forma según la cual/en que hay que hacerlo.*

1. Usos de los tiempos del pasado (revisión)

1.1. Pretérito perfecto

* Nos informa de acciones acabadas en un tiempo no terminado. El tiempo tiene relación con el presente aunque la acción ya haya terminado. Algunos de sus marcadores temporales más frecuentes son:

Este año/mes	**Hoy**	**Últimamente**	**Siempre**
Esta semana/mañana	**Hasta ahora**	*Hace* + tiempo (menos de 24 horas)	**Nunca**

  – *Este año he ido a Perú.* (Mi viaje a Perú ha terminado, pero este año no).
  – *Hoy he salido muy tarde de trabajar.*

* Sirve también para hablar de acciones pasadas en un tiempo sin determinar.

  – *Han pedido unas nuevas sillas para la oficina.*

* Se usa para preguntar y hablar de experiencias personales. Los marcadores más frecuentes en este caso son: **ya, todavía no, aún no, alguna vez, nunca, X veces**...

  – *¿Has estado alguna vez en la cárcel?*   – *Todavía no he visitado las Islas Canarias.*
  – *Nunca he comido sopa de tortuga.*   – *He venido a verte varias veces pero nunca te pillo...*

1.2. Pretérito indefinido

* Nos informa de acciones acabadas en un tiempo también terminado. Existe una separación total entre el presente de la persona que habla y la acción que cuenta. Sus marcadores temporales más frecuentes son:

Ayer	*Hace* + tiempo (más de 24 horas)	**La semana pasada**	**El otro día**	**Aquella semana/mañana**
Anoche	**El año/mes pasado**	**Anteayer**	**Aquel día/año**	**En 1988**

  – *Ayer me encontré con Paula y estuvimos dos horas charlando.*
  – *Hace siete meses volví a Panamá.*
  – *El año pasado tuve muchos problemas con mi jefe.*

* Sirve para hablar de acciones puntuales en el pasado ocurridas en un periodo de tiempo delimitado, especificando la duración.

  – *A los 12 años me internaron en un colegio y estuve allí durante seis años.*

* Se usa para valorar una experiencia del pasado.

  ● *¿Qué tal fue el concierto?*
  ○ *Estuvo genial, me gustó mucho y conocí a mucha gente.*

1.3. Pretérito imperfecto

* Se usa para describir en el pasado. Este tiempo no establece unos "límites" temporales, es decir, es posible hacer una descripción tanto dentro de un tiempo no terminado como terminado.

  – **Esta mañana** <u>estaba</u> en el coche de camino al trabajo, <u>hacía</u> mucho frío y mi jefe me **ha llamado** para darme el día libre.
  – **Ayer** <u>estaba</u> en el coche de camino al trabajo, <u>hacía</u> mucho frío y mi jefe me **llamó** para darme el día libre.

* Algunos marcadores frecuentes son: **cuando, antes, siempre, todos los días/meses/años**, etc.

  – *Cuando era pequeña, iba a un colegio que estaba al lado de mi casa.*

* Se usa para describir personas, animales, objetos, lugares o circunstancias del pasado.

  – *La casa era muy vieja, las paredes estaban sucias y no había calefacción.*

* Sirve para describir acciones habituales en un periodo amplio de tiempo ya pasado, sin establecer sus límites.

  – *En verano iba a Barcelona para visitar a mi familia.*

* Se usa para hablar de acciones simultáneas en el pasado, cuando las dos acciones tuvieron la misma duración y se produjeron en el mismo momento.

  – *Ayer, mientras tú veías la televisión, yo terminaba de leer mi novela.*

* Se utiliza para hablar de las circunstancias que rodearon a las acciones. El imperfecto presenta la acción en desarrollo.

  – *Estaba preparando la ensalada cuando llamaron a la puerta.*
  – *Fui a comprar la merienda mientras los niños jugaban en el parque.*

* Sirve también para pedir algo con cortesía. En este caso, tiene valor de presente.

  – *Quería información sobre los viajes a Egipto.*

1.4. Pretérito pluscuamperfecto

- Expresa una acción pasada anterior a otra también pasada.
  - *Cuando ganó el Óscar ya había recibido numerosos premios.*

- Se usa para hablar de una acción posterior a la del verbo principal pero con la idea de rapidez en la realización de la acción.
  - *Compré un frigorífico el martes por la tarde y el miércoles ya me lo habían instalado.*

- Se utiliza para contar algo que sucede por primera vez en el momento en que se habla.
  - *Nunca había venido al zoo.* (En ese momento el hablante está por primera vez en el zoo).

1.5. El condicional

- Como pasado, el condicional expresa una acción futura con respecto a otra pasada. La acción expresada por el condicional puede haber ocurrido ya en el momento en que se habla o seguir siendo futura.
  - *Me dijo que vendría a verme en Navidad y cumplió su promesa.*
  - *Me dijo que vendría a verme en Navidad. Ya queda poco…*

- Se usa también para expresar probabilidad en el pasado.
  - *Serían las cinco cuando llegó Marta, yo estaba todavía trabajando.*

- Se utiliza para pedir algo con cortesía. En este caso, tiene valor de presente.
  - *¿Te importaría echarme una mano con estas cajas? Es que pesan muchísimo.*

- También expresa deseo con valor de futuro.
  - *Me gustaría ver esa película, me han dicho que es buenísima.*

2. La argumentación

Conectores y expresiones frecuentes de los textos argumentativos

Presentar el tema
- Vamos a hablar de una cuestión que…
- A manera de introducción podemos decir que…
- El tema que hoy vamos a abordar…
- Para empezar,…

Organizar los argumentos
- Habría que distinguir varios puntos…
- Aquí hay que hablar de diferentes puntos…
- Hay que tener en cuenta diferentes aspectos.
- Por un lado, … por otro (lado)…
- En primer lugar, … en segundo lugar…

Añadir argumentos y opinar
- Otro hecho importante es que…
- Además de…
- Podemos tener en cuenta también que…
- Es más,…

Oponer argumentos
- Por un lado,… aunque por otro…
- Parece que… pero en realidad…
- Hay una diferencia fundamental entre…y…
- Pero/Sin embargo/No obstante…

Presentar nuestro punto de vista
- En mi opinión…
- Estoy convencido de…
- Lo que yo creo es que…
- Desde mi punto de vista…

Presentar el punto de vista de otros
- Para…
- En opinión de…
- Según parece…

Concluir
- En conclusión,…
- Para concluir/terminar,…
- A modo de conclusión,…

UNIDAD 4: CUÍDATE

1. Pretérito imperfecto de subjuntivo

- El pretérito imperfecto de subjuntivo se construye a partir de la 3.ª persona del plural del pretérito indefinido de indicativo y tiene dos formas:

  habla**ron** → habla**ra**/habla**se**; comie**ron** → comie**ra**/comie**se**; vivie**ron** → vivie**ra**/vivie**se**

- Tiene dos terminaciones que se usan indistintamente sin ningún cambio de significado entre ellas. Sin embargo, para expresar cortesía y hablar del pasado en textos escritos y de registro culto, es más habitual el uso de la terminación con **–ara/–iera.**

1.1. Verbos regulares

	Hablar	Comer	Vivir
Yo	habla**ra**/habla**se**	comie**ra**/comie**se**	vivie**ra**/vivie**se**
Tú	habla**ras**/habla**ses**	comie**ras**/comie**ses**	vivie**ras**/vivie**ses**
Él/ella/usted	habla**ra**/habla**se**	comie**ra**/comie**se**	vivie**ra**/vivie**se**
Nosotros/as	hablá**ramos**/hablá**semos**	comié**ramos**/comié**semos**	vivié**ramos**/vivié**semos**
Vosotros/as	habla**rais**/habla**seis**	comie**rais**/comie**seis**	vivie**rais**/vivie**seis**
Ellos/ellas/ustedes	habla**ran**/habla**sen**	comie**ran**/comie**sen**	vivie**ran**/vivie**sen**

1.2. Verbos irregulares

- Todos los verbos que son irregulares en pretérito indefinido lo son también en pretérito imperfecto de subjuntivo con el mismo tipo de irregularidad.

Preferir → prefirieron → prefiriera o prefiriese   Tener → tuvieron → tuviera o tuviese

Dormir → durmieron → durmiera o< durmiese   Poner → pusieron → pusiera o pusiese

Seguir → siguieron → siguiera o siguiese   Ir/Ser → fueron → fuera o fuese

Leer → leyó → leyera o leyese   Caber → cupieron → cupiera o cupiese

2. Oraciones subordinadas sustantivas

- Las oraciones subordinadas sustantivas son aquellas que tienen la misma función que un nombre dentro de la oración principal. Según el significado del verbo de la oración principal, el verbo de la oración subordinada puede ir en indicativo o subjuntivo.

  – *Odio **que me digan lo que tengo que hacer**.*   – *Es increíble **que tengamos este tiempo en noviembre**.*

  – *Creo **que hace mucho frío**.*   – *Es cierto **que la economía del país va mejor**.*

Con subjuntivo para expresar...

✕ **Deseo y voluntad** (*desear, querer, preferir, esperar, apetecer...*).

  – *Deseo que seas muy feliz en tu matrimonio.*

✕ **Orden y petición** (*ordenar, pedir, decir, mandar, prohibir...*).

  – *Os pido que me escuchéis.*

✕ **Consejo** (*aconsejar, recomendar, sugerir...*).

  – *Te recomiendo que visites Sevilla.*

✕ **Sentimiento** (*gustar, encantar, odiar, sorprender, aburrir, lamentar...*).

  – *Me encanta que hables español.*

- Todos estos verbos y expresiones se construyen con infinitivo cuando el sujeto de la oración principal y la subordinada es el mismo.

  – *(yo) Espero (yo) verte pronto.*

  – *(a mí) Me da mucha vergüenza (yo) llegar tarde a las reuniones.*

✕ **Valoración** con las estructuras:

- ***Ser/Parecer*** + adjetivo/sustantivo de valoración (*horrible, increíble, una pena, interesante...*).

  – *Es necesario que el Gobierno se preocupe por el medioambiente.*

  – *Me parece una pena que no haya puente la próxima semana.*

- ***Estar*** + adverbio de valoración (*bien, mal*).

  – *Está bien que los niños coman de todo y se acostumbren a todos los sabores.*

Pensamiento y opinión (*pensar, creer, parecer, saber...*).

— *Creo que eres muy simpático.*

Comunicación (*decir, preguntar, gritar, responder, afirmar, comunicar...*).

— *Pepe dice que eres muy lista.*

Percepción física (*ver, oler, notar, darse cuenta, percibir, sentir...*).

— *Veo que no te gusta la sopa.*

Constatación con las estructuras:

- **Ser/Parecer** + adjetivo/sustantivo de constatación (*seguro, cierto, indudable, una verdad incuestionable, obvio, evidente...*).

  — *Me parece obvio que, si queremos aprobar, tendremos que estudiar.*

- **Estar** + adverbio de constatación (*claro, demostrado, comprobado...*).

  — *Está comprobado que en Marte hay agua.*

Todos estos verbos y expresiones van en subjuntivo si el verbo principal va en forma negativa.

— **No creo** que **sea** tan simpático como dices.

— **No me parece tan obvio** que **haya** vida en nuestra galaxia, la verdad. No hay pruebas.

— **No veo** que te **guste** la sopa, ¡si no te la comes...!

3. Correlación de los tiempos verbales en las oraciones subordinadas con subjuntivo

Verbo 1 en indicativo	Verbo 2 en subjuntivo
Presente	Presente
— <u>Te aconsejo</u> que no **hagas** bromas con ese tema. — <u>Es mejor</u> que no **vayas** tan pronto.	
Pretérito perfecto	Presente/Pretérito perfecto
— Siempre me <u>ha molestado</u> que **comas** con la boca abierta. — <u>Ha sido</u> una pena que no te **hayan llamado** de ese trabajo.	
Pretérito indefinido	Pretérito imperfecto
— <u>Me extrañó</u> que alguien **llamara** a medianoche. — No <u>me di cuenta</u> de que Sonia **estuviera** tan deprimida.	
Pretérito imperfecto	Pretérito imperfecto
— <u>Quería</u> que **vinieras** lo antes posible. — No <u>pensaba</u> que **fueras** a decírselo tan pronto.	
Pretérito pluscuamperfecto	Pretérito imperfecto
— Le <u>habían recomendado</u> que se **quedara** en casa. — Nunca <u>había oído</u> que los elefantes **pudieran** oler el agua.	
Futuro simple	Presente
— Siempre <u>desearé</u> que mi equipo de fútbol **gane**. — Mi madre me <u>dirá</u> que no me **tome** el zumo rápido, como siempre.	
Condicional simple	Pretérito imperfecto
— <u>Me gustaría</u> que me **llamaran** de ese trabajo. — <u>Sería horrible</u> que **eliminaran** las becas escolares.	
Imperativo	Presente
— <u>Exige</u> que te **contesten** por correo. — <u>Sugiérele</u> que **deje** de comer tanta grasa.	

4. Dar consejos

✕ Para dar consejos y recomendaciones puedes usar las siguientes estructuras:

- *Recomendar/sugerir/aconsejar* + *que* + subjuntivo
  - *— Te recomiendo que no pierdas tiempo y empieces a estudiar ya.*

- *Es/Sería recomendable/aconsejable* + infinitivo expresa una recomendación general.
  - *— Sería conveniente hablar con un especialista.*

- *Es/Sería recomendable/aconsejable* + que + subjuntivo
  - *— Es recomendable que tires esas pilas a un contenedor adecuado.*

- *¿Y si* + presente de indicativo/imperfecto de subjuntivo?
  - *— ¿Y si dejas esa pared blanca y el resto lo pintas de azul?*
  - *— ¿Y si fuerais en transporte público? Os saldría más barato…*

- **Imperativo**
  - *— Haz más ejercicio, intenta llevar una vida más sana.*

- *Deber/Tener que* + infinitivo
  - *— Debes hablar con Sofía lo antes posible para que no se enfade.*
  - *— Tendrías que llevar el coche al taller, cualquier día vas a tener un accidente.*

- *Yo que tú,/Yo en tu lugar,/Yo/Si (yo) fuera tú,* + condicional
  - *— Yo que tú, llamaría a la policía inmediatamente.*
  - *— Yo en tu lugar, me apuntaría a un curso de español.*
  - *— Si fuera tú, no tocaría ese líquido, parece peligroso.*

UNIDAD 5: TODO CAMBIA

1. Las perífrasis verbales

- Las perífrasis verbales son expresiones verbales compuestas por un verbo auxiliar en forma personal que ha perdido parcial o totalmente su significado léxico y aporta a la construcción valores modales (obligación, duda…) o aspectuales (indica principio de la acción verbal, duración, final, etc.), y un verbo en forma no personal (infinitivo, gerundio o participio) que aporta lo esencial del significado léxico. Estos dos verbos pueden estar unidos por un enlace (una preposición o una conjunción).
  - *— **Debes hacer** los deberes todos los días.*
  - *— **Voy a ir** de vacaciones al Caribe.*
  - *— **Tenemos que hacer** muchas cosas hoy.*

1.1. Perífrasis modales

- Las **perífrasis modales** sirven para expresar la actitud del hablante ante la acción. Indican que el hablante interpreta la acción como una obligación, una posibilidad, una duda, etc.

✕ De **obligación**:

- *Tener que* + **infinitivo** expresa una obligación fuerte que suele depender de una situación o circunstancia concreta.
  - *— Tienes que sacar la basura los martes y jueves.*

- *Deber* + **infinitivo** expresa una obligación que puede ser personal o moral, o puede ser entendida más como un consejo o sugerencia.
  - *— Debería trasnochar menos, estoy demasiado cansada.*
  - *— Deberías buscar un buen dermatólogo si quieres mejorar tus problemas de alergia.*

- *Hay que* + **infinitivo** expresa una obligación entendida como una necesidad. Es impersonal.
  - *— En los aviones no hay que usar el teléfono móvil.*

CONTINÚA

✖ De **duda y aproximación**:

  • *Deber de* + **infinitivo**

    – *La casa de Cristiano Ronaldo debe de costar varios millones de euros.*

✖ De **capacidad** (equivalente a *estar capacitado para* o *ser capaz de*), **permiso** o **hipótesis**:

  • *Poder* + **infinitivo**

    – *Mario puede comerse una pizza familiar entera él solito.* (Capacidad).
    – *¿Podrías pasarme el diccionario?* (Permiso).
    – *El chico con el que va puede ser su novio.* (Hipótesis).

1.2. Perífrasis aspectuales

  • Las **perífrasis aspectuales** sirven para expresar el modo en que es vista la acción por el hablante. Muestran que la acción ha comenzado en un momento, que está a punto de comenzar, que sucede en un momento único, que está para acabar, etc.

✖ Fase **previa**:

  • *Ir a* + **infinitivo** expresa la intención de realizar una acción.

    – *Esta noche voy a volver pronto a casa.*

  • *Estar a punto de* + **infinitivo** indica que la acción es inminente.

    – *Date prisa, la película está a punto de empezar.*

✖ Fase **inicial**:

  • *Empezar/Comenzar a* + **infinitivo** indica el comienzo de una acción.

    – *La caldera ha empezado a dar problemas, y eso que es nueva.*

  • *Ponerse a* + **infinitivo** indica el inicio repentino de una acción.

    – *Marina se puso a temblar y nadie sabía por qué.*

  • *Echarse a* + **infinitivo** expresa también el inicio repentino de una acción, pero su uso está limitado a algunos verbos: *andar, llorar, volar, correr, caminar, reír.*

    – *En cuanto salió de la jaula el pájaro se echó a volar.*

✖ Fase **intermedia**:

  • *Estar* + **gerundio** marca el desarrollo de la acción.

    – *Aitor está viendo una película de Buñuel.*

  • *Volver a* + **infinitivo** indica repetición o reanudación de la acción.

    – *Ayer volví a salir a la calle después del accidente.*

  • *Seguir/Continuar* + **gerundio** expresa la continuación de una acción ya empezada.

    – *Si sigue lloviendo así no podremos ir a ningún lado.*

  • *Andar* + **gerundio** indica la acción en su transcurso. Marca la insistencia de una acción, valorada casi siempre negativamente.

    – *Por ahí andan diciendo que te has separado.*

  • *Llevar* + **gerundio** + **marcador de tiempo** expresa cuánto tiempo hace que una acción ha comenzado a desarrollarse.

    – *Pepe lleva estudiando francés cuatro años.*

✖ Fase **final**:

  • *Dejar de* + **infinitivo** indica el fin o abandono de una acción que era habitual o la interrupción de una acción.

    – *El médico me ha pedido que deje de fumar lo antes posible.*

  • *Acabar de* + **infinitivo** indica la acción finalizada recientemente o que se está finalizando.

    – *Felipe no está, acaba de salir por la puerta.*

CONTINÚA »

✕ Fase **posterior a la final**:

- *Dejar* + **participio** expresa la consecuencia producida por una acción anterior.
  - *He dejado hecha la cena para esta noche.*

- *Tener* + **participio** expresa una acción ya realizada.
  - *Ya tengo hecho el trabajo. Lo terminé ayer.*

- *Dar por* + **participio** indica que la acción se considera finalizada.
  - *Aunque falten cinco minutos para la hora, doy por terminada la clase.*

- *Llevar* + **participio** + **cantidad** presenta la realización parcial de una acción, expresando la cantidad de lo ya hecho.
  - *Llevo leídas siete páginas y no me he enterado de nada.*

2. Los verbos de cambio

- Los verbos de cambio son aquellos que, acompañados de un sustantivo o un adjetivo, expresan una transformación sufrida por el sujeto que puede ser física o psíquica, temporal o irreversible. En estos casos, el verbo pierde su significado pleno para adquirir un significado que se centra en el tipo de cambio expresado.

✕ *Volverse* + (*un/a* + **sustantivo**) + **adjetivo** expresa un cambio rápido y duradero, y se refiere a una cualidad contraria o distinta a otra anterior.
- *Desde que le dejó su novia se ha vuelto (un chico) muy desconfiado.*

✕ *Hacerse* + **sustantivo/adjetivo** expresa un cambio voluntario relacionado con la ideología, la profesión, la religión, etc. Implica, en ocasiones, un esfuerzo, cuando se refiere a un logro profesional, y, en este caso, equivale a *llegar a ser*.
- *Para poder casarse con su novia, Rafa se hizo musulmán.*
- *Se hizo jueza y ocupó el cargo de fiscal general del Estado.*

✕ *Quedarse/Acabar* + **adjetivo** expresa un cambio de estado provocado por una acción o situación anterior. Indica el resultado, generalmente negativo, de esa acción. Se usa mucho con adjetivos referidos a carencias: *sordo, ciego, calvo...*
- *Se quedó cojo debido al accidente de moto que sufrió unos años atrás.*
- *Acabé muy estresada por culpa del trabajo.*

✕ *Ponerse* + **adjetivo/adjetivo de color** expresa un cambio temporal en el aspecto físico o en el estado de ánimo.
- *Luis se ha puesto muy nervioso cuando ha salido a la pizarra.*
- *Se puso morado de comer.* (Comió muchísimo).

✕ *Convertirse en* + **sustantivo** expresa un cambio bastante radical, una transformación importante y a veces definitiva; es similar a *transformarse*.
- *Antonio, el peletero, al final se ha convertido en un gran defensor de los animales.*

✕ *Llegar a ser* + **sustantivo/adjetivo** expresa un cambio gradual, producto de un proceso y de un esfuerzo. Un cambio socialmente positivo.
- *Lula da Silva, que apenas tenía estudios, llegó a ser el presidente de Brasil.*

3. Expresar que se recuerda algo o no

✕ Para expresar que se recuerda algo o no, se usa:

• (No) *Recuerdo*/(No) *Me acuerdo de*	infinitivo compuesto/nombre
+	*que*
• (No) *He olvidado*/(No) *Me he olvidado de*	*qué/cómo/cuándo...*

- *Recuerdo que un día vino mi padre a buscarme al colegio a media mañana y me llevó al parque de atracciones. ¡Me lo pasé genial!*
- *No me acuerdo de cómo se hace la paella... ¡Qué cabeza tengo!*

- (No) *Me suena* + infinitivo compuesto/nombre/*que* expresa un recuerdo vago de algo o de alguien.
  - ● *¿Conoces a Eladio, el amigo de mi hermano el mayor?*
  - ○ *El caso es que me suena su nombre, pero no le pongo cara...*
  - *Me suena que el estadio está por aquí...*

1. Usos de *ser* y *estar* (revisión)

Ser	Estar
✖ Identificar o definir una persona o cosa. — *Esto es una silla.*	✖ Localizar en el espacio. — *Los libros están encima de la mesa.*
✖ Decir el origen, la nacionalidad o la procedencia. — *Los zapatos son italianos.*	✖ Describir o valorar a personas o cosas de manera más subjetiva. — *Sofía está muy flaca.*
✖ Indicar la profesión, religión o ideología. — *Soy abogada desde 1993.*	✖ Hablar de estados físicos o anímicos. — *Estaba triste por las noticias recibidas.*
✖ Indicar el material de que está hecha alguna cosa. — *La chaqueta es de cuero.*	✖ Hablar de una actividad temporal. — *Está de recepcionista hasta el verano.*
✖ Decir la hora o la fecha. — *Son las tres de la tarde.* — *Hoy es viernes, día trece.*	✖ Localizar en el tiempo con la expresión **estamos a**. — *Estamos a 29 de diciembre.*
✖ Indicar el lugar donde se celebra un suceso o un acontecimiento. — *La fiesta es en casa de Carlos.*	✖ Expresar el estado en el que se encuentra una persona o una cosa en un determinado momento con **estar** + participio. — *La puerta está cerrada.*
✖ Describir o valorar a personas o cosas de manera objetiva. — *Paula es muy pálida.*	✖ Indicar que se va a realizar una acción inmediatamente con la expresión **estar a punto de**. — *Estamos a punto de salir de casa.*
✖ Expresar el destinatario con **ser para**. — *Este regalo es para ti.*	✖ Expresar que la acción no se ha realizado todavía o plantea una duda con la expresión **estar por**. — *El trabajo está por hacer.* — *Estoy por ir al cine, aunque vaya sola.*
✖ Expresar valoración, necesidad, etc., de manera impersonal con la estructura **es...que**: — *Es mejor que estudies por la mañana.*	✖ Indicar que algo o alguien está preparado para realizar una acción con la expresión **estar para**. — *¡Qué guapa! Estás para salir en una portada.*

1.1. *Ser* y *estar* con adjetivos

- ***Ser* + adjetivo** señala una característica que el hablante entiende como una cualidad propia o inherente del elemento descrito.
  - — *Mari Cruz es una persona muy interesante.*

- ***Estar* + adjetivo** expresa una cualidad que el hablante entiende como no propia del elemento descrito, sino circunstancial. Al ser un verbo de estado, señala la manera en la que se encuentra el sujeto en un determinado momento. También usamos *estar* cuando hablamos de un hecho que hemos experimentado.
  - — *Marga está desesperada, le han retrasado el vuelo ocho horas.*
  - ● *¿Qué tal la peli?*
  - ○ *Pues estuvo muy divertida.*

1.2. Valorar positivamente o negativamente personas y cosas

- Los adjetivos *bueno* y *malo* se utilizan con *ser* o *estar* para hacer una valoración, pero su significado es diferente en cada caso. Los adverbios *bien* y *mal* se usan solo con el verbo *estar* pero también modifican algo su significado dependiendo de si se refieren a cosas o personas.

Ser		
	Bueno/a	Malo/a
Personas	persona bondadosa	persona malvada
Cosas	buena calidad algo beneficioso	poca calidad algo perjudicial

CONTINÚA »

Estar			
Bueno/a	**Malo/a**	**Bien**	**Mal**
Personas sano atractivo	enfermo	sano con buen ánimo	enfermo desanimado
Cosas tener buen sabor	mal sabor podrido	correcto adecuado	incorrecto inadecuado

	Ser	**Estar**
abierto	sociable, extrovertido	no cerrado
aburrido	que produce aburrimiento	que siente aburrimiento
atento	amable, educado, detallista	prestar atención
callado	poco hablador	en silencio
cansado	que produce cansancio	que siente cansancio
católico	religión	no estar bien de salud (siempre en forma negativa)
cerrado	tímido, introvertido	no abierto
claro	tener un tono luminoso	ser obvio y evidente
delicado	frágil	muy mal de salud
despierto	persona de mente ágil	no dormido
dispuesto	educado, servicial	preparado para algo
fresco	descarado/nuevo, reciente	no caliente
grave	asunto serio e importante	muy mal de salud
interesado	hacer las cosas solo si te producen beneficios	tener deseos de hacer cosas
listo	inteligente	estar preparado
negro	color negro	estar enfadado
orgulloso	arrogante, soberbio	contento, satisfecho
rico	tener mucho dinero	tener muy buen sabor
verde	ser ecologista o de color verde	no estar preparado o tener poca experiencia

2. La oración pasiva

En español hay tres tipos de oraciones pasivas:

- **La pasiva de proceso** → *ser* + **participio**

  Enfatiza la acción, se refiere al acontecimiento en sí mismo. El complemento directo de la oración activa pasa a ser el sujeto paciente en la oración pasiva. El participio concuerda en género y número con este sujeto paciente. El sujeto de la oración activa pasa a ser complemento agente precedido por la preposición *por*.

  — *Carlos V*   *construyó*   *este palacio* → *El palacio*   *fue construido*   *por Carlos V*.
      SUJETO   VERBO   OBJ. DIRECTO   SUJ. PACIENTE   VERBO   COMP. AGENTE

  — *La casa fue diseñada por un famoso arquitecto.*

  Este recurso, que existe también en otras lenguas, no es muy usado en español en la lengua hablada. Para conseguir realzar el objeto directo de una oración en el lenguaje oral, se usa: **objeto directo** + **pronombre de OD** + **verbo** + **sujeto**.

  — *Los pantalones los compré yo la semana pasada.*

- **La pasiva de resultado** → *estar* + **participio**

  Describe un suceso una vez que ya ha tenido lugar, informa del resultado final. En este tipo de pasiva es frecuente prescindir del complemento agente.

  — *La policía vigiló el aeropuerto toda la tarde.* → *El aeropuerto estuvo vigilado toda la tarde (por la policía).*

- **La pasiva refleja** → *se* + verbo en 3.ª persona de singular o plural

Se suele utilizar en lenguaje oral en lugar de la pasiva de proceso. Se construye con el pronombre *se* y el verbo en 3.ª persona de singular o plural (concordando con el sujeto paciente).

- *Se generan muchos beneficios en las empresas hidroeléctricas.*
- *América se descubrió en 1492.*

3. La oración reflexiva impersonal

- La construcción *se* + **verbo en 3.ª persona del singular** se usa cuando no se sabe quién es o no interesa saber el sujeto de la acción, o es general e indeterminado.

- *Se come bien en este restaurante.*

- En caso de duda sobre cuándo utilizar una pasiva refleja o una reflexiva impersonal, pueden resultar útiles las siguientes indicaciones:

- Si el nombre expresa persona y no va precedido de la preposición *a*, se utiliza la construcción de pasiva refleja.
  - *Se buscan personas con titulación de grado medio.*

- Si el nombre expresa persona y va precedido de la preposición *a*, se usa la construcción impersonal; por tanto, el verbo irá en singular aunque el nombre sea plural.
  - *Se entrevistó a los candidatos para el puesto.*

UNIDAD 7: ¡NI PUNTO DE COMPARACIÓN!

1. *Parecer(se)*

El verbo **parecer(se)** se usa:

- Para hablar de las apariencias.
  - *María parece cansada.*

- Para hablar de los parecidos, en forma reflexiva.
  - *Mi hermano y yo nos parecemos bastante, aunque yo me parezco más a mi madre.*

- Para pedir o dar opiniones. Funciona en este caso como el verbo **gustar**:
  - ¿Qué te parece la última película de Amenábar?
  - Me parece que es igual que las anteriores. Le hace falta un cambio.

- Para valorar con la estructura:

  Me parece + adjetivo/adverbio de valoración o cualidad + *que* + subjuntivo

  - *Me parece estupendo que te tomes unas vacaciones.*

2. Comparar

- Con **adjetivo**:

  - ***Más/menos*** + adjetivo + ***que***   • ***Tan*** + adjetivo + ***como***   • ***Igual de*** + adjetivo + ***que***

    - *El árbol es más alto que la casa.*
    - *Carlos es tan práctico como su padre.*
    - *Carmen es igual de inteligente que su hermana.*

- Con **nombre**:

  - ***Más/menos*** + nombre + ***que***
  - ***Tanto, –a, –os, –as*** + nombre + ***como***
  - ***La misma cantidad/el mismo número*** + ***de*** + nombre + ***que***

    - *El empleado trabaja menos horas que su jefe.*
    - *Hago tantos viajes como mis padres.*
    - *Compramos la misma cantidad de pasteles que el año pasado.*

CONTINÚA »

✖ Con **verbo**:

- Verbo + **más/menos** + **que**
  - *Los jóvenes viajan más que antes.*

- Verbo + **tanto** + **como**
  - *El tren cuesta tanto como el autobús.*

- Verbo + **lo mismo/igual** + **que**
  - *Trabaja lo mismo que duerme.*

- Verbo + **como** + nombre/pronombre personal
  - *Cocina como tú/María/su madre.*

✖ Comparativos **irregulares**:

- Bueno, bien → **mejor**
  - *El avión es mejor que el tren para viajar.*

- Malo, mal → **peor**
  - *La película es peor que el libro.*

- Grande/pequeño (edad) → **mayor/menor**

- Grande/pequeño (tamaño) → **mayor/menor**, **más grande/pequeño**
  - *Pedro es mayor que su hermano.*
  - *Ahora el ordenador funciona mejor.*
  - *Mi casa es más pequeña/menor que la tuya.*

✖ Cuando se conoce el término de comparación, es habitual elidir la segunda parte de la frase.
  - *Ese hotel es igual de caro (que el nuestro).*

✖ La segunda parte de la comparación puede ser una **oración de relativo**.
  - *Esos apartamentos son tan acogedores como los que viste ayer.*

✖ Se usa **de** para introducir la segunda parte de la comparación cuando:

- Hablamos de una cantidad determinada.
  - *Tiene **más de** 500 euros ahorrados.*

- Hacemos una comparación cuantitativa con un sustantivo.
  - *Tiene más ropa **de** la que necesita.*

- Si antes del segundo elemento que comparamos aparece **lo que**:
  - *Este ejercicio es más difícil **de lo que** parece a simple vista.*

3. El superlativo

✖ El superlativo muestra la cualidad de un adjetivo en grado máximo. Puede ser relativo o absoluto.

✖ El **superlativo relativo** expresa la cualidad del adjetivo en grado máximo comparándolo con otro u otros mediante las siguientes estructuras:

- **El/la/los/las** + **más/menos** + adjetivo + **de**
  - *Esta novela es la más interesante de todas.*

- **El, la mejor/peor, los/las mejores/peores** + nombre + **de**
  - *Esta es la mejor película de todas las que ha dirigido.*

✖ El **superlativo absoluto** expresa la cualidad del adjetivo en grado máximo sin establecer comparaciones con otro u otros, mediante los siguientes procedimientos:

- Con los adverbios: **muy**, **–mente** (sumamente), **tan**.
  - *¡Mi sobrina es tan inteligente!*

- Con las expresiones: **la mar de**…, **una pasada de**…, **la leche de**… (vulgar):
  - *El examen era la mar de difícil.*

- Con el sufijo: **–ísimo,–a,–os,–as**.
  - *La prueba era complicadísima.*

  Algunos adjetivos no admiten esta terminación: nombres de colores que terminan en *–a*, los que terminan en *–uo*, y otros de uso común como: *juvenil, espontáneo, único, íntimo*…

CONTINÚA ⟫

- Prefijos coloquiales: **re–/requete–/archi–/super–**.
    —*Esa actriz es superconocida.*

  Sufijo culto **–érrimo**: *celebérrimo (célebre); misérrimo (mísero); libérrimo (libre); paupérrimo (pobre)* y **formas cultas de origen latino**: *óptimo (bueno), mínimo (pequeño), ínfimo (bajo), pésimo (malo), máximo (grande), supremo (alto).*
    —*La comida fue pésima.*

4. Oración modales con *como*

Las **oraciones modales** son aquellas que expresan la manera o modo en que realizamos acciones.

✗ Utilizamos **como** cuando queremos describir algo y nos ayudamos comparándolo con elementos semejantes.

- **Como +**
    - presente de indicativo → el hablante conoce la manera en que se realiza la acción.
        —*Estoy describiendo el proyecto como me has dicho.*
    - presente de subjuntivo → el hablante no conoce la manera en que se realiza la acción.
        —*Haremos la ruta como tú digas.*

✗ Utilizamos **como si** cuando queremos describir algo y nos ayudamos comparándolo con situaciones imaginarias.

- **Como si +**
    - imperfecto de subjuntivo → las dos acciones ocurren a la vez.
        —*Vas por los pasillos como si tuvieras prisa.*
    - pluscuamperfecto de subjuntivo → la acción imaginaria es anterior a la descrita.
        —*Te comportas como si hubieras estado aquí antes.*

✗ **Ni que** puede ser usado en lugar de **como si** cuando la segunda acción es imposible.
    — *¡Vaya cara de susto que traes! ¡Ni que hubieras visto un fantasma!*

UNIDAD 8: DE PELÍCULA

1. El estilo indirecto

- En **el estilo indirecto** o **discurso referido** reproducimos las palabras o pensamientos de otras personas. Estas palabras van unidas al verbo introductorio por el nexo **que**.
    — *Mi hermano me **dijo que** ese día no iría a casa al mediodía.*

- Hay elementos del discurso directo que no se pueden transmitir en el estilo indirecto como, por ejemplo, las interjecciones o el lenguaje no verbal. De ahí que, al reproducir lo que dice otra persona, se reelabore la información de modo que se transmita también la intención comunicativa de su discurso.
    — *José: "Ayer aprobé el último examen de la carrera".*
    — *Su madre: "¡Qué bien!".*
    — *José le dijo a su madre que había aprobado el examen y **ella se alegró mucho**.*

- Para ello, se utilizan principalmente los llamados verbos de lengua que, además de introducir el discurso indirecto, añaden matices de significado que ayudan a transmitir la intención del discurso original: **recomendar**, **sugerir**, **pedir**, **prometer**, **aconsejar**, **insistir**, **agradecer**, **prohibir**, etc.
    —*Belén: "Por favor, acompáñame a la fiesta".*
    —*Belén me suplicó/pidió que la acompañara a la fiesta.*

Transformaciones en el estilo indirecto o discurso referido

✗ Cuando usamos el estilo indirecto tenemos que hacer una serie de cambios que afectan a:

- Los **pronombres: yo** → **tú, él/ella; nosotros/as** → **vosotros/as, ellos/ellas; me** → **te, le/lo; nos** → **os, les/los**, etc.
    — *Pedro: "Quiero ir**me** al monte el próximo fin de semana".*
    — *Pedro me dijo que quería ir**se** al monte el fin de semana siguiente.*

CONTINÚA

- Los **demostrativos** (**este**, **ese**, **aquel** y sus formas) y **adverbios** (**aquí**, **ahí**, **allí**).
  - ● *Por favor, ayúdame con **estos** libros de **aquí**.*
  - ○ *¿Perdón?*
  - ● *Dice que le ayudes con **aquellos** libros de **allí**.*

- **Posesivos: mi** → **tu, su; nuestro/a/os/as** → **vuestro/a/os/as, su**, etc.
  - — *Alberto: "Tienes que pasarme **tu** DNI para comprar las entradas".*
  - — *Alberto me dijo tenía que pasarle **mi** DNI para comprar las entradas.*

- Algunos **verbos** como **ir**, **venir**, **traer**, **llevar**, según el lugar donde se encuentre el hablante.
  - — *María: "Tienes que traerme los impresos para la matrícula".*
  - — *María dice que le lleve los impresos para la matrícula.*

- **Marcadores temporales** cuando el estilo indirecto reproduce un discurso en pasado.

Hoy → **Aquel día**	**Mañana** → **Al día siguiente**	**Anteayer** → **Dos días antes**
Ahora → **Entonces**	**Ayer** → **El día anterior**	**Pasado mañana** → **Dos días después**

- **Imperativo** → **subjuntivo**.
  - — *"**Ven** aquí".*
  - — *Mi madre me dice que **vaya** allí./Mi madre me dijo que **fuera** allí.*

1.1. Cambios verbales

- Cuando el verbo principal va en presente, el verbo subordinado no sufre transformaciones en el tiempo verbal, salvo el imperativo.
  - —*"Hoy no **tengo** que ir a trabajar".*
  - — *Pablo **dice** que hoy no **tiene** que ir a trabajar.*

- Sin embargo, cuando el verbo principal está en pasado, sí se producen cambios en el tiempo verbal del verbo subordinado.
  - —*"Hoy no **tengo** que ir a trabajar".*
  - — *Pablo **me dijo** que ayer no **tenía** que ir a trabajar.*

- Cuando el verbo principal está en pretérito perfecto, el verbo puede cambiar o no, depende de la perspectiva que adopte el hablante (presente o pasado):
  - —*"Hoy no **tengo** que ir a trabajar".*
  - — *Pablo **me ha dicho** que hoy no **tiene**/**tenía** que ir a trabajar.*

Transformaciones verbales en el estilo indirecto en pasado	
Tiempo original	**Estilo indirecto**
Indicativo	
presente pretérito imperfecto	pretérito imperfecto
pretérito indefinido pretérito perfecto pretérito pluscuamperfecto	pretérito pluscuamperfecto/pretérito indefinido
futuro imperfecto condicional simple	condicional simple
futuro perfecto	condicional compuesto
Subjuntivo	
presente	pretérito imperfecto
pretérito imperfecto	pretérito imperfecto/pluscuamperfecto
pretérito perfecto	pretérito pluscuamperfecto
Imperativo	
Imperativo en presente	presente de subjuntivo
Imperativo en pasado	imperfecto de subjuntivo

1.2. Las oraciones interrogativas

- Al transmitir preguntas en estilo indirecto, existen dos opciones. Si la pregunta es de respuesta **cerrada** (sí o no) se usa la partícula **si**. En este caso es posible eliminar **que**.
  - − El director: *"¿Podemos empezar a rodar?"*.
  - − El director preguntó (que) **si** podían empezar a rodar.

- Si la pregunta es de respuesta abierta, se mantiene el pronombre interrogativo utilizado en esa pregunta.
  - − Los actores: *"¿**Dónde** tenemos que colocarnos?"*.
  - − Los actores preguntaron que **dónde** tenían que colocarse.

2. Expresar sorpresa, indiferencia e incredulidad

✖ Expresar **sorpresa**:	✖ Expresar **indiferencia**:	✖ Expresar **incredulidad**:
• ¡No me digas!	• Por mí…	• ¿Lo dices en serio?
• ¿Quéeee?	• ¿Y a mí qué?	• ¡No puede ser!
• ¿Cóooomo?	• Allá tú.	• ¿Bromeas?
• Me dejas de piedra.	• Me da igual.	• Qué cosa tan rara…
• ¡Anda!	• Me da lo mismo.	• Eso está por ver.
• ¿Qué dices?	• No me sorprende.	• ¿De veras?
• ¿Sí? ¡Es increíble!		• Ya será menos.
		• Eso no te lo crees ni tú.

UNIDAD 9: COLECCIÓN DE RECUERDOS

1. Expresar hipótesis del pasado

- Con el **condicional simple**:
  − *Sería Marta de pequeña la niña de esa foto.*

- Con marcadores que pueden usarse con indicativo o subjuntivo:

Yo diría que	
Igual	+ tiempo verbal de pasado en **indicativo**:
A lo mejor	− *No sé por qué no ha venido al examen, a lo mejor se ha dormido.*
Lo mismo	

Quizá(s)	+ tiempo verbal de pasado en **indicativo** (indica más probabilidad)
Tal vez	+ **subjuntivo** (menos probabilidad)
Seguramente	− *Marta no ha llamado aún, seguramente se le ha pasado.*
Posiblemente	− *Marcos no contestó ayer al teléfono, quizás no tuviera cobertura.*
Probablemente	

Puede (ser)	
Podría ser	
Es (im)posible	+ *que* + tiempo verbal de pasado en **subjuntivo**
Es (im)probable	− *Los vecinos no están en casa. Lo más seguro es que se hayan ido de vacaciones.*
Lo más seguro es	− *Carlos al final no fue al concierto. Es probable que las entradas se hubieran agotado.*
Lo más probable es	

2. Pretérito pluscuamperfecto de subjuntivo

- El pretérito pluscuamperfecto de subjuntivo se construye con el pretérito imperfecto de subjuntivo del verbo **haber** y el participio del verbo principal.

	Pretérito imperfecto de subjuntivo del verbo *haber*	Participio			Participios irregulares más comunes
		Trabajar	**Beber**	**Vivir**	
Yo	hubiera/hubiese				poner → puesto
Tú	hubieras/hubieses				volver → vuelto
Él/ella/usted	hubiera/hubiese				morir → muerto
Nosotros/as	hubiéramos/hubiésemos	trabajado	bebido	vivido	hacer → hecho
Vosotros/as	hubierais/hubieseis				decir → dicho
Ellos/ellas/ustedes	hubieran/hubiesen				romper → roto
					escribir → escrito
					abrir → abierto
					ver → visto
					descubrir → descubierto
					componer → compuesto
					deshacer → deshecho

El pretérito pluscuamperfecto de subjuntivo se usa para:

- Expresar un deseo del pasado que no se ha cumplido.
  – *Me hubiera encantado viajar por Europa en mi juventud.*

- Hablar de hipótesis o probabilidad en el pasado.
  – *Tal vez hubiera sido mejor hablar con él personalmente.*

- Lamentarse por una situación que no ha sucedido.
  – *¡Me hubiera gustado haber estado allí!*

- Comparar dos acciones. Una de ellas es imaginaria y va acompañada de **como si**.
  – *Hablas de él como si lo hubieras conocido.*

- Indicar que una acción es anterior a otra también pasada, en las oraciones subordinadas con subjuntivo. La acción en subjuntivo ocurre antes que la principal.
  – *Me extrañó que me hubieras mandado una postal.*

- Hablar de una condición que no ha ocurrido en el pasado.
  – *Si me lo hubieras dicho antes, habría ido contigo.*

3. Condicional compuesto

- El condicional compuesto se construye con el condicional simple del verbo **haber** y el participio del verbo principal.

	Condicional simple del verbo *haber*	Participio			Participios irregulares más comunes
		Trabajar	**Beber**	**Vivir**	
Yo	habría				poner → puesto
Tú	habrías				volver → vuelto
Él/ella/usted	habría				morir → muerto
Nosotros/as	habríamos	trabajado	bebido	vivido	hacer → hecho
Vosotros/as	habríais				decir → dicho
Ellos/ellas/ustedes	habrían				romper → roto
					escribir → escrito
					abrir → abierto
					ver → visto
					descubrir → descubierto
					componer → compuesto
					deshacer → deshecho

El condicional compuesto se usa:

- Para expresar acciones futuras anteriores a otras futuras en el pasado.
  – *Ayer pensé que a las once habrías terminado la tarea.*

- Para hacer suposiciones o expresar probabilidad acerca del pasado (anterior a otro pasado).
  – *Fui a ver a Isabel a casa pero no estaba; habría salido.*

- En las oraciones condicionales en pasado imposibles de realizar.
  – *Si no hubiera llovido ayer, habríamos ido de excursión al campo.*

4. Oraciones condicionales

- Las oraciones condicionales expresan la condición necesaria para que suceda la acción de la oración principal y, para ello, se usa principalmente la conjunción **si**.

Tipos de oraciones condicionales

✖ Las oraciones **condicionales reales** expresan condiciones posibles de cumplir en el presente o en el futuro.

• *Si*	+ presente de indicativo +	futuro
		presente de indicativo
		imperativo

– *Si llegas pronto a casa, iremos al cine a la sesión de las seis.*
– *Sabes que si estudias, apruebas.* (Con sentido habitual).
– *Si tienes un bolígrafo, apunta este número.*

✖ Las oraciones **condicionales irreales** expresan condiciones que son difíciles, tienen poca probabilidad de suceder, o son imposibles porque son situaciones imaginarias, en el presente o en el futuro.

• *Si*	+ imperfecto de subjuntivo +	condicional simple
		imperfecto de indicativo (coloquial)
		imperativo

• *De* + infinitivo + condicional simple

– *Si fuéramos en coche, llegaríamos antes a la oficina.*
– *Si viniese aquí, le pedía que me llevara.*
– *Si pudieras salir antes, llámame por teléfono y vamos al cine, ¿vale?*
– *De tener mejor sueldo, viviría en el centro de la ciudad.*

✖ Las **oraciones condicionales irreales de pasado** expresan condiciones imposibles de realizar porque la condición no se ha cumplido en el pasado.

• *Si*	+ pluscuamperfecto de subjuntivo +	condicional simple (con repercusión en el presente)
		condicional compuesto/pluscuamperfecto de subjuntivo (con repercusión en el pasado)

• *De* + infinitivo compuesto + condicional compuesto/pluscuamperfecto de subjuntivo

– *Si me hubiera presentado a la oposición, ahora tendría un puesto fijo.*
– *Si hubiese sabido que estaba solo, le habría/hubiera invitado a mi casa.*
– *De haber sabido que estaba enfermo, le habría/hubiera llamado.*

4.1. Otros conectores condicionales

✖ Con **indicativo**:

• **Que… que/si (no)**
  – *Que no te ves con ganas, nos vamos a dar un paseo; que sí, te pones a estudiar ahora.*
  – *Que te habla, le contestas, si no, pasa de él.*

✖ Con **subjuntivo**:

• **Siempre que**	• **Siempre y cuando**	• **Con tal de que**	• **A condición de que**

Este grupo de conectores expresan la condición mínima indispensable para que suceda la acción de la oración principal.
  – *Iremos al parque de atracciones siempre y cuando apruebes todas las asignaturas en junio.*

• **A no ser que**	• **A menos que**	• **Excepto que**	• **Salvo que**

Este grupo de conectores expresan una condición que es la única que puede hacer que suceda o no la acción de la oración principal, que suele ir en forma negativa (equivale a **si no**).
  – *No viviré en un apartamento a no ser que esté en el centro.*

✖ Con **indicativo/subjuntivo**:

• **Salvo si**	• **Excepto si**	• **Menos si**

Este grupo de conectores expresan también una condición única (equivalen a **si no**) pero, en este caso, sigue las reglas de la conjunción **si** para usar el verbo en indicativo o subjuntivo:
  – *No iré a la fiesta salvo si me lo piden personalmente.*
  – *No comería en este restaurante, excepto si todos los demás estuvieran cerrados.*

1. Expresar sentimientos, gustos y emociones

✕ Para expresar **sentimientos**, **gustos** o **emociones** se usan las siguientes estructuras:

• Verbo o expresión de sentimiento + **sustantivo** (singular o plural).

– *Me ponen muy nerviosa **los** exámenes.* (Plural)

– *Me pone nerviosa la **gente**.* (Singular).

• Verbo o expresión de sentimiento + **infinitivo** (cuando el sujeto de las dos oraciones es el mismo).

– *(A mí) Me encanta (yo) pasear (yo) los domingos por la bahía.*

• Verbo o expresión de sentimiento + **oración subordinada sustantiva** con el verbo en **subjuntivo** (cuando el sujeto de las dos oraciones es distinto).

– *Estaba encantado de que le hubieran llamado para ese trabajo.*

• Algunos de estos verbos y expresiones admiten dos construcciones:

– En forma personal con la estructura ***cuando/si*** + **indicativo**.

– *Me desespero cuando/si no funciona el ascensor.* (Sujeto *yo*)

– Con el verbo en 3.ª persona del singular o plural, como el verbo **gustar**, con la estructura ***que*** + **subjuntivo**.

– *Me desespera que no funcione el ascensor.* (Sujeto "que no funcione el ascensor").

1.1. Verbos y expresiones de sentimientos, gustos y emociones

• A la hora de expresar diferentes sentimientos podemos utilizar verbos que, además de tener distintos significados, muestran diferentes grados de formalidad o intensidad.

Gusto y satisfacción	
Informal	Me encanta/gusta/flipa, Me alegro de, Es estupendo/genial/una pasada...
Formal	Me entusiasma/fascina/embelesa/seduce, Estoy encantado/a de...
Tristeza y arrepentimiento	
Informal	Siento, Me da pena/pone triste/deprime/arrepiento de...
Formal	Lamento, Me entristece/aflige/apena...
Odio, enfado y decepción	
Informal	Odio, No soporto/aguanto, Me pone de mal humor/furioso, Me decepciona/desilusiona...
Formal	Detesto, Me disgusta/horroriza/indigna, Es intolerable/inadmisible...
Sorpresa y extrañeza	
Informal	Me sorprende/alucina/extraña/asombra, Es extraño/increíble/alucinante...
Formal	Es inaudito/insólito/inconcebible/desconcertante, Me llama la atención...
Miedo y preocupación	
Informal	Me da miedo/pánico/terror, Siento miedo/pavor/angustia, Me preocupa/importa...
Formal	Me asusta/aterroriza/aterra/impone/estremece/turba...
Vergüenza	
Informal	Me da mucha vergüenza, Me avergüenzo de...
Formal	Siento bochorno, Me abochorna/ofende...
Hartazgo	
Informal	Estoy harto/a de, Estoy cansado/a de, Estoy hasta arriba de, Me aburre/cansa...
Formal	Estoy hastiado/a de, Estoy saturado/a de...
Nerviosismo	
Informal	Me desespera, Me pone de los nervios, Me pone nervioso/a, Me pone histérico/a...
Formal	Me exaspera/inquieta...
Admiración	
Informal	Admiro, Estoy orgulloso/a de, Estoy impresionado/a por...
Formal	Me deslumbra/enorgullece...

2. Oraciones finales

- Las oraciones finales se usan para mostrar el propósito o la finalidad por la que se hace algo.

- Si el sujeto de la oración principal y el de la subordinada es el mismo, se construyen con infinitivo.
  - *Quiero* (**yo**) *ir al centro para* (**yo**) *comprar las entradas.*

- Si el sujeto de las dos oraciones es distinto, se construyen con **que** + subjuntivo.
  - *Marta quiere llamar a Pedro para que* (**él**) *la acompañe a la fiesta.*

Los nexos más usados son:

- **Para (que)** → Es el más habitual.
  - *Iremos a ese restaurante para probar la cocina tailandesa.*
  - *Carlos reservó en el restaurante para que yo probara la nueva cocina.*

- **A (que)** → Va acompañado de verbos de movimiento (**ir, venir, entrar**...).
  - *He venido a ver qué estáis haciendo.*
  - *Fui al médico a recoger los resultados.*

- ***Con tal de (que)/A fin de (que)/Con + la intención/idea, el fin/propósito... + de (que)*** → tienen un carácter formal.
  - *Iré a la policía a fin de que me digan quién fue el culpable.*
  - *Marcos bajó del coche con la intención de denunciar al otro conductor.*

- ***Por*** + infinitivo → Expresa una casualidad o algo no programado, equivale a "con la intención de".
  - *Vino a clase por pasar el rato.*

- ***En mi deseo/afán de*** + infinitivo → se usa en situaciones muy formales.
  - *En su afán de conseguir un ascenso, nos dejó a todos de lado.*

- ***Que*** + subjuntivo → Se usa después de verbos en imperativo o expresiones de mandato.
  - *Muéstrales lo que vales, que vean de lo que eres capaz.*
  - *Ven que te ayude a solucionar ese desorden.*

3. Hablar de olores y sabores

Para hablar de **olores** y **sabores** se usan las siguientes expresiones:

- **Me huele/sabe** (muy) bien/mal/fenomenal/fatal...
- **Huele a** rosas/**que** alimenta/**que** apesta...
- **Sabe a** rayos.
- **Está** muy bueno/rico/malo...
- Me encanta/Odio/No soporto **el olor/sabor a/de**...
- Me agrada/desagrada **cómo huele/sabe**...

UNIDAD 11: VIVIENDO DEPRISA

1. Usos del gerundio

- El gerundio es una forma no personal del verbo o forma no conjugada que, por tanto, no tiene persona, tiempo ni modo. Normalmente se usa con el verbo **estar** para indicar una acción que está en desarrollo.
  - *Los alumnos* **están escribiendo** *una redacción.*

Usos del gerundio

El gerundio, además, puede expresar:

- **Modo** → responde a la pregunta: **¿cómo?**
  - *Aprobé el examen estudiando mucho.* (¿Cómo aprobaste el examen?).

CONTINÚA »

- **Tiempo** → se puede sustituir por *cuando* + verbo conjugado.
    - *— Pintando la habitación, me encontré con goteras.* (Cuando estaba pintando la habitación...).
- **Causa**: se puede sustituir por *como* + verbo conjugado.
    - *— Sabiendo que era un amante del rock, le compré unas entradas para el concierto.* (Como sabía...).
- **Condición** → se puede sustituir por *si* + verbo conjugado.
    - *— Tendremos más oportunidad de conseguir el ascenso trabajando más.* (...si trabajamos más).
- **Concesión** → Va acompañado de **aun** y se puede sustituir por *aunque* + verbo conjugado.
    - *—Aun yendo en coche, llegaremos tarde a la reunión.* (Aunque vayamos en coche...).

2. Oraciones concesivas

- Las oraciones concesivas sirven para expresar algo que supone una dificultad para que se cumpla lo expresado en la oración principal, pero que no impide, sin embargo, su realización. El nexo más utilizado es **aunque**.
    - *— Aunque hace mal tiempo, iremos de excursión al campo.*

Valores de *aunque*

✕ *Aunque* + **indicativo**:
- Cuando la información es real y es nueva para el interlocutor.
    - *— Aunque **tiene** ya 80 años, sigue trabajando en el campo.* (Sé que tiene esa edad).
- Cuando la información que damos es compartida por el interlocutor, y queremos simplemente confirmar que es cierto sin hacer ninguna valoración.
    - ● *¿Te vas a ir al extranjero sin tener alojamiento?*
    - ○ *Sí, aunque no **tengo** alojamiento, me iré la semana que viene. Será más fácil encontrar algo allí.*

✕ *Aunque* + **subjuntivo**:
- Cuando la dificultad de la que se habla es desconocida para el hablante.
    - *— Aunque **llueva** la semana que viene, nos iremos de vacaciones a la costa.* (No sé si lloverá o no, pero nos iremos).
- Cuando se habla de una dificultad conocida para el hablante y el interlocutor, y el primero quiere quitarle importancia.
    - *— Aunque esté cansada, saldré a cenar con los compañeros de trabajo.* (Sé que estoy cansada, pero no me importa).
- Cuando se habla de una dificultad irreal o que es difícil que se dé, se usa el pretérito imperfecto de subjuntivo (para una situación presente o futura) o el pretérito pluscuamperfecto de subjuntivo (para una situación pasada).
    - *— Aunque fuera rico, trabajaría en algo.* (No soy rico).
    - *— Aunque me hubiera llamado, no le habría cogido el teléfono. No quiero saber nada de él.* (No me ha llamado).

Otros conectores concesivos

✕ Existe un grupo de conectores concesivos que expresan la insistencia o intensidad en algo sin obtener los resultados deseados.
- *Por más* + (sustantivo) + *que*
- *Por mucho/a/os/as* + (sustantivo) + *que*

    + indicativo/subjuntivo (con los mismos valores que **aunque**)

    - *— Por más que lo hubiera intentado, no habría aprobado el examen, era muy difícil.*
    - *— Por mucho esfuerzo que hace, no consigue entender las ecuaciones.*
- *Por muy* + adjetivo/adverbio + *que* + subjuntivo
    - *— Por muy útil que sea el ordenador, yo prefiero apuntar las cosas a mano.*

✕ Otro grupo de conectores concesivos sirve para dar más énfasis o para usar en registros formales.
- *A pesar de* + *que* + indicativo/subjuntivo
- *A pesar de/Pese a* + sustantivo/infinitivo/pronombre
    - *— A pesar de que fuimos al concierto una hora antes, no pudimos elegir asiento.*
    - *— A pesar de lo que haya dicho, estoy segura de que vendrá a tu cumpleaños.*
    - *— A pesar de su insistencia, no le concedieron permiso para salir antes.*

CONTINÚA »

✖ Las estructuras **reduplicativas** sirven para expresar indiferencia hacia la objeción o dificultad planteada.

- Subjuntivo + (preposición) + oración de relativo con el mismo verbo en subjuntivo
- Subjuntivo + *o* + *no* + (mismo verbo en subjuntivo)
    - –*Digan lo que digan, iré con pareja a la fiesta.*
    - –*Le pese a quien le pese, me cogeré vacaciones el lunes.*
    - –*Queramos o no (queramos), tendremos que ir a la reunión.*

3. Argumentar para convencer

✖ Intentar **convencer a alguien**:

- No es que quiera convencerte, pero…
- Aunque tú digas…, yo te digo que…
- A pesar de eso, ¿no crees que…?
- Sí, pero desde otro punto de vista…
- Bueno, ¿y si lo miramos desde otro ángulo?
- Fíjate en…

✖ **Expresar las razones** de algo:

- Como que…
- Deja que te explique…
- Estos son los pros y los contras que he sopesado…
- La cosa va así, mira,…
- Me baso en…
- Voy a exponerte una a una las razones por las que…

✖ **Mostrar convencimiento**:

- ¡Bueno!, me pongo de tu parte.
- Me has convencido plenamente.
- Perdona, no había caído en eso.

✖ Decir a alguien que **está equivocado**:

- Te equivocas por completo.
- Estás arreglado.
- Eso que dices es una aberración.
- Me parece que te has hecho un lío.
- Tengo la impresión de que estás equivocado.
- No digas más burradas.

✖ Decir a alguien que **está en lo cierto**:

- Has dado en el blanco.
- Creo que estás en lo cierto.
- Lo que has dicho no es ninguna tontería.
- Ahora has puesto el dedo en la llaga.
- Lo que has dicho es indiscutible.
- Has dado en el quid.

- Sí, esto se me había pasado por alto.
- Sí, ahora que lo pienso, lo que dice es cierto.
- ¡Claro, hombre, eso es de cajón!

UNIDAD 12: ASÍ SOMOS

1. Expresar aspectos negativos

✖ Para hablar del carácter de las personas en sentido negativo podemos utilizar adjetivos negativos o positivos.

✖ Con **adjetivos negativos**:

- *Ser* +
    - *un(a)/un poco/muy* + adjetivo negativo
    - *un(a)* + adjetivo negativo + *monumental/de remate*
    - *un(a)* + *pedazo de* + adjetivo negativo

    –*Esa chica es un poco mandona.*   –*Es un tonto de remate.*   –*Es un pedazo de ignorante.*

- Futuro simple del verbo *ser* + adjetivo negativo
    - – *¡Será creída!*

- ¡*Qué/Menudo*(*a*) + adjetivo negativo!
    - – *¡Menudo bobo!*

- *¡Mira que* + *ser* + adjetivo negativo!
    - – *¡Mira que son idiotas!*

✖ Con **adjetivos positivos**:

- *Ir de* + adjetivo positivo
    - – *¡Y es que además van de listas!*

- *No ser muy* + adjetivo positivo + (*que digamos*)
    - –*No es muy inteligente que digamos.*

- *Hacerse* + *el/la* + adjetivo positivo
    - – *Hay que ver cómo se hace el interesante.*

2. Oraciones temporales

- Las oraciones subordinadas temporales sirven para expresar el tiempo en el que sucede la acción de la oración principal y pueden expresar una relación temporal habitual, simultánea, repetida, anterior, posterior, etc. con respecto a la principal.
  - *—No me fui hasta que llegó alguien para sustituirme.*

Conector	Forma verbal	Uso
Oraciones y nexos temporales		
• *Desde que*	+ indicativo *— Desde que acabó la universidad ha cambiado mucho.*	Comienzo de la acción
• *Hasta*	+ infinitivo (mismo sujeto) *— No salió de casa hasta terminar los exámenes.*	Final de la acción

• *Hasta que*	+ indicativo (cuando hablamos del presente o pasado)
	  — No salió hasta que no terminó la tarea.
	+ subjuntivo (cuando hablamos del futuro)
	  — Quédate aquí hasta que yo venga.	

• *Antes de*	+ infinitivo (mismo sujeto) *— Hizo la tarea antes de comer.*	Acción anterior a otra

• *Antes de que*	+ subjuntivo (sujetos diferentes)
	  — Llega a clase antes de que toque el timbre.
	  — Hizo la tarea antes de que su padre llegara.	

• *Después de*	+ infinitivo (mismo sujeto) *— Quiero ir al dentista después de trabajar.*	Acción posterior a otra

• *Después de que*	+ indicativo/subjuntivo (cuando se habla del pasado)
	  — Carlos fue al hospital después de que le dijeron/dijeran que iba a ser padre.
	+ subjuntivo (cuando se habla del futuro)
	  — Carlos irá al hospital después de que salga de trabajar.	

• *Al* • *Nada más*	+ infinitivo *— Al salir de clase, me encontré con Carmen.*	Acción inmediatamente posterior a otra

• *Apenas*
• *Tan pronto como*
• *En cuanto*
	+ indicativo (cuando hablamos del presente o pasado)
	  — Apenas termino de desayunar voy al supermercado.
	+ subjuntivo (cuando hablamos del futuro)
	  — En cuanto reciba el mensaje, nos llamará.	

• *Cuando*	+ indicativo (cuando hablamos del presente o pasado)
	  — Cuando llegué a casa, me puse a leer el periódico.
	+ subjuntivo (cuando hablamos del futuro)
	  — Cuando tengas tiempo, tráeme el libro que te pedí.
		Acción posterior a otra

• *Mientras*
• *Cada vez que*
• *Siempre que*
• *Todas las veces que*
	+ indicativo (cuando hablamos del presente o pasado)
	  — Mientras Pablo hacía la comida, Juan lavaba los platos.
	  — Siempre que viene de viaje, nos trae un regalo.
	+ subjuntivo (cuando hablamos del futuro)
	  — Mientras la niña esté en enferma, no podrá ir al colegio.
	Los conectores **mientras** y **siempre que**, con subjuntivo tienen, preferentemente, valor condicional.
	  — Te dejaré el coche mientras/siempre que tengas cuidado. (…si tienes cuidado).
		Acción simultánea o repetición de la acción

3. Expresar opinión de forma atenuada

Cuando damos una opinión podemos también intentar restar fuerza a la información, es decir, atenuarla. Para ello, disponemos de los siguientes procedimientos:

- Expresiones que ayudan a que el mensaje sea menos agresivo: **Si no me engaño**; **Tengo entendido que**; **Parece ser que**; **Por lo visto**; **No sé mucho de este asunto, pero**…; **Puede ser que me equivoque, pero**…
  - *Puede ser que me equivoque, pero no veo que estés haciendo un buen trabajo.*

- Los conectores de probabilidad: **probablemente**, **posiblemente**, **quizás**, **tal vez**, **según parece**…
  - *Probablemente no sea tan grave como dicen.*

- Las oraciones subordinadas sustantivas del tipo **Creo que**, **Temo que**, **Me parece que**… cuando la información que damos es negativa.
  - *Me parece que no es correcto eso que dices.*

- Desdibujar la 1.ª persona al opinar, mediante las siguientes estructuras:
  - Para generalizar la opinión, *ser* (presente/condicional) + adjetivo + *que*.
    - *Es/Sería importante que trabajes/trabajaras más horas en este proyecto.*
  - Para mantener una relación de solidaridad o implicación con la persona que escucha, la 2.ª persona del singular.
    - *Tú no puedes llegar el último a una casa y hacer lo que te da la gana, ¿verdad?*
  - Para establecer una distancia con la persona que escucha, *uno/una* + verbo en 3.ª persona del singular.
    - *Uno sabe que eso no es bueno para la comunidad.*

- El uso de la primera persona del plural en textos escritos o expositivos de carácter formal.
  - *Creemos que debemos cuidar el medioambiente desde distintos ámbitos.*

4. Colocaciones léxicas

✖ Una colocación es una combinación estable de palabras que se emplea de manera preferente, en lugar de otras también posibles, para referirse a algo o alguien. Las estructuras más comunes son:

✖ **Verbos + adverbios** en *–mente*:

- Aburrirse mortalmente
- Afirmar categóricamente
- Creer firmemente
- Saludar efusivamente

- Llorar desconsoladamente
- Prohibir terminantemente
- Informar puntualmente
- Llover copiosamente

- Pagar religiosamente
- Negar rotundamente
- Guardar celosamente (un secreto)
- Fracasar estrepitosamente

✖ **Verbos + nombres**:

- Fruncir el ceño
- Tocar la guitarra

- Mantener una conversación
- Tomar una decisión

- Correr riesgos
- Tener esperanza

✖ **Nombre +** *de* **+ nombre**:

- Rebanada de pan
- Copo de nieve

- Grano de arroz
- Rebaño de ovejas

- Enjambre de abejas
- Banco de peces

GLOSARIO

UNIDAD 1

En tu idioma

Absolver *(de)*: **v. tr.** Liberar de alguna obligación. . . . .

Abusar *(de)*: **v. intr.** Aprovecharse de forma excesiva de una persona en beneficio propio. Hacer un uso excesivo de algo. . . . .

Acotar: **v. tr.** Limitar. . . . .

Activista: **adj.** Militante de un movimiento social o de un partido político que interviene activamente en la propaganda o practica la acción directa. . . . .

Acusar: **v. tr.** Atribuir a alguien una falta o delito. . . . .

Afamado/a: **adj.** Que es conocido popularmente y tiene éxito. . . . .

Afición: **f.** Interés por alguna actividad. *Hobby.* . . . .

Alpinismo: **m.** Montañismo. Deporte que consiste en subir montañas altas. . . . .

Alpinista: **m. y f.** Persona que practica el deporte del alpinismo. . . . .

Aportar: **v. tr.** Contribuir, añadir. . . . .

Archivar: **v. tr.** Guardar documentos o información. . . . .

Arriesgarse: **v. prnl.** Ponerse en riesgo o en peligro. . . . .

Ascender: 1. **v. intr.** Subir a un sitio u obtener un cargo mayor en el empleo. 2. **v. tr.** Recorrer un lugar empinado. . . . .

Astucia: **f.** Inteligencia y habilidad para lograr un propósito concreto. . . . .

Autoestima: **f.** Valoración de uno mismo. . . . .

Autoritario/a: **adj.** Persona que ejerce el mando y abusa de él. . . . .

Barrera: **f.** Obstáculo que cierra el paso a un lugar. . . . .

Beneficio: **m.** Bien que se hace o se recibe. . . . .

Cárcel: **f.** Lugar donde los presos cumplen su condena. . . . .

Castigo: **m.** Pena que se impone a quien ha cometido una falta. . . . .

Catástrofe: **f.** Desgracia de grandes dimensiones. . . . .

Ceder: **v. tr.** 1. Dar, traspasar algo a alguien. 2. **v. intr.** Rendirse. . . . .

Cerradura: **f.** Mecanismo de metal en las puertas para abrir o cerrarlas con una llave. . . . .

Clandestino/a: **adj.** Secreto, oculto por temor a las consecuencias de ser descubierto. . . . .

Cliente/a: **m. y f.** Persona que compra en una tienda, o que utiliza los servicios de un profesional o empresa. . . .

Colectivo: **m.** Grupo unido por motivos profesionales. . . . .

Compatriota: **m. y f.** Persona de la misma patria o nación que otra. . . . .

Compensar: **v. tr.** Dar un beneficio por un perjuicio que se ha causado. . . . .

Concienciar *(de)*: **v. tr.** Hacer que alguien sea consciente de algo. . . . .

Condenar: **v. tr.** Aplicar una pena a la persona que es juzgada. . . . .

Conflictivo/a: **adj.** Que origina conflictos o enfrentamientos. . . . .

Cooperante: **m. y f.** Persona que trabaja en una ONG o institución con fines altruistas. . . . .

Dejar algo a medias: **expr.** Dejar algo sin terminar completamente. . . . .

Dejar boquiabierto/a: **expr.** Sorprender, asombrar. . . . .

Desafiar: **v. tr.** Provocar una pelea o competición con alguien. . . . .

Desahuciar: **v. intr.** Echar a un inquilino de una casa por medios legales. . . . .

Desastre: **m.** Desgracia grande, suceso infeliz y lamentable. . . . .

Descifrar: **v. tr.** Llegar a comprender o interpretar algo confuso o difícil de entender. 2. Descodificar un mensaje escrito en clave. . . . .

Desfavorecido/a: **adj.** Que tiene escasos recursos económicos. . . . .

Desolador/a: adj. Que causa mucha pena...

Elocuente: adj. Persona capaz de conmover o persuadir por medio de las palabras.............

Empeñarse *(en)*: v. prnl. Mostrar insistencia y tesón en algo.....................................

Enfrentarse *(a)*: v. prnl. Hacer frente al enemigo o a una situación que nos causa rechazo........

Ensayar: v. tr. Hacer la prueba de algo antes de mostrarlo públicamente........................

Escalar: v. tr. Trepar por una gran pendiente..

Esclavo/a: m. y f. Sometido rigurosa o fuertemente a un deber, pasión, afecto, vicio, etc., que priva de libertad..

Exiliado/a: adj. Expatriado, persona que por motivos políticos tiene que vivir fuera de su país.........

Expedición: f. Excursión colectiva a alguna ciudad o lugar con un fin científico, artístico o deportivo...

Fiel: adj. Que es constante en sus afectos, en el cumplimiento de sus obligaciones y no defrauda la confianza depositada en él o ella...

Fomentar: v. tr. Promover, impulsar el desarrollo o la realización de algo.......................

Fundar: v. tr. Crear una ciudad, un colegio, un hospital, etc..................................

Hacer algo aposta/a propósito/adrede: expr. Hacer algo con deliberada intención.

Halagar: v. tr. Dar a alguien muestras de afecto con palabras o acciones que pueden serle gratas.......

Huir: v. intr. Escapar. Alejarse deprisa, por miedo o por otro motivo............................

Incidente: m. Problema. Disputa o pelea..

Indiferente: adj. Que no importa que sea o se haga de una u otra forma.........................

Iniciativa: f. Idea que se adelanta a las demás..

Insinuar: v. tr. Dar a entender algo solo indicándolo o apuntándolo ligeramente.................

Irritante: adj. Que causa irritación o enfado..

Juzgar: v. tr. Formar opinión sobre algo o alguien...

Lesión: f. Daño corporal causado por una herida, un golpe o una enfermedad...................

Mascota: f. Animal de compañía que normalmente se tiene en casa.............................

Meta: f. 1. Lugar o punto en el que termina una carrera. 2. Fin a que se dirigen las acciones o deseos de alguien..

Motivar: v. tr. Estimular a alguien o despertar su interés.....................................

Obsequiar: v. tr. Dar..

Ocultar: v. tr. Esconder, tapar, encubrir a la vista...

Patrocinador/a: m. y f. Que apoya o financia una actividad, normalmente con fines publicitarios.......

Pecado: m. Transgresión consciente de un precepto religioso....................................

Promover: v. tr. Fomentar, impulsar el desarrollo o la realización de algo........................

Protestar *(por)*: v. intr. Expresar queja o disconformidad....................................

Reivindicar: v. tr. Reclamar algo a lo que se cree tener derecho...............................

Riesgo: m. Proximidad de un peligro...

Sacar provecho/partido (de): expr. Beneficiarse o aprovecharse de una situación..................

Suplantar: v. tr. Ocupar con malas intenciones el lugar o la personalidad de alguien..............

Tender a: v. intr. Dirigirse de manera natural hacia algo.......................................

Valorar: v. tr. Reconocer, estimar o apreciar el valor o mérito de alguien o algo..................

Violento/a: adj. Que actúa con fuerza y se deja llevar por la ira...............................

Voluntario/a: m. y f. Que ejerce una función o tarea sin recibir dinero por ello..................

UNIDAD 2

En tu idioma

A la larga: loc. adv. Al final, pasado mucho tiempo..

Académico/a: adj. Perteneciente o relativo a centros oficiales de enseñanza, especialmente a los superiores........

Aclarar: v. tr. Hacer más clara o transparente alguna cosa o idea..............................

Adquirir: v. tr. Comprar. Lograr o conseguir algo..

Agradecer: v. tr. Sentir o mostrar gratitud. Dar las gracias.

Agregar: v. tr. Añadir algo a lo ya dicho o escrito.

Aliado/a: adj. Que se ha unido y cooperado con otro para alcanzar un mismo fin.

Anécdota: f. Breve relato de un suceso curioso o interesante.

Anfitrión/ona: m. y f. Persona que tiene invitados a su mesa o a su casa.

Año sabático: **m.** Año que no se trabaja y se dedica a descansar o a ampliar conocimientos.

Aparentar: v. tr. Parecer algo que no es verdad.

Apostar por: **v. intr.** Depositar la confianza en una persona, idea o iniciativa que tiene cierto riesgo.

Apoyar: v. tr. 1. Hacer que una cosa descanse sobre otra. 2. Favorecer, patrocinar, ayudar.

Asignatura: f. Cada una de las materias que se enseñan o forman parte de un plan de estudios.

Asimilar: v. tr. Comprender lo que se aprende, incorporarlo a los conocimientos previos.

Atrapar: v. tr. Coger al que huye o va deprisa.

Avance: m. Adelanto, mejora o progreso.

Beca: f. Subvención económica para realizar estudios o investigaciones.

Carrera: f. 1. Estudios universitarios. 2. Ejercicio de una profesión o actividad.

Centrarse en: **v. prnl.** Dirigir el interés o la atención hacia algo concreto.

Chiste: m. Broma, ocurrencia o dicho agudo y gracioso.

Conceder: v. tr. Dar, otorgar.

Confianza: f. 1. Seguridad que se tiene en que alguien o algo va a funcionar como se desea. 2. Seguridad en uno mismo o en las propias cualidades.

Constante: adj. Persistente, que no cambia.

Convivir: v. intr. Vivir en compañía de otro u otros.

Crecimiento: m. Acción y efecto de crecer: 1. Aumentar de tamaño un ser vivo. 2. Aumentar la cantidad, el tamaño, la intensidad o la importancia de una cosa.

Década: f. Periodo de diez años.

Dejarse llevar: **expr.** Tener voluntad débil para seguir la propia opinión.

Edredón: m. Colcha de cama rellena con plumas, algodón, etc.

Emigrante: adj. Que se traslada de su propio país a otro, generalmente con el fin de trabajar en él.

Emisora: f. 1. Empresa dedicada a la radiodifusión o televisión. 2. Estación de radio.

Empresa: f. Unidad de organización dedicada a actividades industriales, mercantiles o de prestación de servicios con fines lucrativos.

Entorno: m. Ambiente, lo que rodea.

Esquema: m. 1. Representación gráfica o simbólica de cosas. 2. Resumen de un escrito o un discurso.

Estancia: f. 1. Habitación, sala o cuarto donde se habita ordinariamente. 2. Permanencia durante cierto tiempo en un lugar determinado.

Estar en (el) paro/desempleado: **expr.** No tener un trabajo.

Etapa: f. 1. Trecho de camino de un recorrido determinado. 2. Época.

Facilitar: v. tr. Hacer fácil o posible alguna cosa.

Formar parte de: **expr.** Componer, que está incluido en algo.

Herramienta: f. Objeto que se utiliza para trabajar en diversos oficios o realizar un trabajo manual.

Ilusión: f. Idea sin verdadera realidad, o que se hace creer sin que sea cierta.

Lelo/a: adj. Tonto, bobo, persona simple.

Lúdico/a: adj. Perteneciente o relativo al juego.

Mejorar: v. tr. Adelantar, acrecentar algo, haciéndolo pasar a un estado mejor.

Motivación: f. Estimulación para animar e interesar.

Nativo/a: adj. Perteneciente o relativo al país o lugar de nacimiento.

Obligatorio/a: adj. Que obliga a su cumplimiento y ejecución.

Optativo/a: adj. Que puede ser escogido entre varias cosas.

Paisaje: m. Espacio natural admirable por su aspecto artístico.

Pensión: f. Casa de poca categoría donde se reciben huéspedes mediante un precio convenido.

Pereza: f. Falta de ganas o disposición para hacer las cosas.

Perfeccionar: v. tr. Mejorar algo o hacerlo más perfecto.

Poner en marcha: *expr.* Comenzar algo, arrancar un proyecto. ....

Presencial: **adj.** Que implica la presencia de la persona. ....

Relevante: **adj.** Importante, significativo. ....

Rural: **adj.** Perteneciente o relativo a la vida del campo. ....

Sede: **f.** Lugar donde tiene su domicilio una entidad económica, literaria, deportiva, etc. ....

Semestre: **m.** Espacio o periodo de tiempo que dura seis meses. ....

Siglo: **m.** Espacio o periodo de tiempo que dura cien años. ....

Sumergirse *(en)*: **v. prnl.** Introducirse en algo por completo. Abstraerse. ....

Telenovela: **f.** Novela filmada y grabada para ser emitida por capítulos en la televisión. ....

Tesis: **f.** Disertación escrita que presenta a la universidad el aspirante al título de doctor en
una facultad. ....

Trineo: **m.** Vehículo provisto de cuchillas o de esquíes en lugar de ruedas para deslizarse sobre el hielo
y la nieve. ....

Vehículo: **m.** Medio de transporte de personas o cosas. ....

Ventaja: **f.** Aspecto favorable de algo o alguien. ....

UNIDAD 3

En tu idioma

Actuar: **v. intr.** 1. Comportarse de una determinada manera. 2. Interpretar un papel en una obra
teatral o de cine. ....

Adicción: **f.** Dependencia física o psíquica de una sustancia o de ciertas actividades. ....

Ahínco: **m.** Empeño con que se hace algo. ....

Al revés: **loc. adv.** Al contrario o invirtiendo el orden. ....

Alejar: **v. tr.** Distanciar, poner lejos. ....

Animar: **v. tr.** 1. Incitar a alguien a una acción. 2. Dar a alguien ánimo, energía moral o confianza. ....

Anonimato: **m.** Condición de la persona que oculta su nombre o personalidad. ....

Apariencia: **f.** Aspecto exterior de una persona o cosa. ....

Apodo: **m.** Nombre que suele darse a una persona, en sustitución del propio. ....

Arrasar: **v. tr.** Destruir, arruinar. ....

Arrepentirse *(de)*: **v. prnl.** Pesarle a uno haber hecho o haber dejado de hacer alguna cosa. ....

Asesinato: **m.** Crimen premeditado. ....

Aumentar: **v. tr.** Acrecentar, hacer crecer el tamaño, el número o la materia de algo. ....

Balada: **f.** Canción romántica de ritmo suave. ....

Banda: **f.** Grupo musical. ....

Banda sonora: **f.** Música que acompaña a una película cinematográfica. ....

Bautizar: **v. tr.** Poner nombre a una persona o una cosa. ....

Bienestar: **m.** Estado que indica no padecimiento, con salud, con energía. ....

Callejero/a: **adj.** De la calle. ....

Codicia: **f.** Deseo o apetito ansioso y excesivo de bienes o riquezas. ....

Coincidir: **v. intr.** Ocurrir dos o más cosas a un mismo tiempo. ....

Componer: **v. tr.** Crear una obra literaria, musical o científica. ....

Concierto: **m.** Función pública en la que se cantan o se tocan composiciones musicales. ....

Creativo/a: **adj.** Que tiene aptitud para imaginar y crear cosas nuevas. ....

Credibilidad: **f.** Característica de lo que es creíble o aceptable. ....

Demagogia: **f.** Uso político de halagos, ideologías radicales o falsas promesas para conseguir
el favor del pueblo. ....

Deprimirse: **v. prnl.** Padecer desaliento y pesimismo. ....

Descargar: **v. tr.** 1. Quitar la carga. 2. (coloq.) Bajar contenido de Internet. ....

Descartar: **v. tr.** Desechar, rechazar, no contar con algo o alguien. ....

Detonante: **m.** Lo que desencadena una situación, un proceso o un acontecimiento. ....

Diferir: v. intr. Discrepar con alguien o algo. . . . .

Diva/o adj. 1. Artista de éxito, fama y categoría, generalmente cantante de ópera. 2. (coloq.) Soberbio, engreído, arrogante.

Dolencia: f. Indisposición, enfermedad o alteración de la salud. . . . .

Efímero/a: adj. Que dura poco en el tiempo. . . . .

Engañar: v. tr. 1. Dar a la mentira apariencia de verdad. 2. Ser infiel a la pareja. . . . .

Elevar: v. tr. Levantar una cosa. . . . .

Emerger: v. intr. Brotar o surgir algo. . . . .

Empeño: m. Deseo intenso de hacer o conseguir una cosa. . . . .

Encajar: v. tr. Meter una cosa dentro de otra ajustadamente. . . . .

Escaso/a: adj. Poco, insuficiente. . . . .

Escenario: m. Lugar en el que ocurre o se desarrolla un suceso o una obra artística. . . . .

Esfuerzo: m. Acción enérgica del cuerpo o del espíritu para conseguir algo. . . . .

Estar al corriente: **expr.** Estar enterado de una situación. . . . .

Estar de capa caída: **expr.** Estar con el ánimo bajo, en decadencia. . . . .

Evocar: v. tr. Recordar una cosa a otra por su semejanza. . . . .

Financiar: v. tr. Aportar el dinero necesario para una empresa o actividad. . . . .

Grabar: v. tr. Registrar imágenes, sonidos o datos. . . . .

Hacer justicia (a): **expr.** Reconocer los méritos a una persona o cosa. . . . .

Identidad: f. Conjunto de rasgos o informaciones que individualizan o distinguen algo. . . . .

Imitar: v. tr. Hacer una cosa copiando fielmente otra. . . . .

Imponer: v. intr. Infundir temor o respeto. . . . .

Incalculable: adj. Que no se puede calcular o evaluar el precio. . . . .

Integrar: v. tr. Completar un todo con las partes que le faltan. . . . .

Interactuar: v. intr. Ejercer una interacción o relación recíproca. . . . .

Inundar: v. tr. Cubrir de agua un lugar. . . . .

Investigar: v. tr. Estudiar a fondo una determinada materia. . . . .

Jugar un papel: **expr.** Desempeñar una función. . . . .

Llevar a cabo: **expr.** Hacer algo. . . . .

Melenudo: adj. (coloq.) Hombre con pelo largo y sin arreglar. . . . .

Mérito: m. Cualidades de una persona que la hacen digna de aprecio o alabanza. . . . .

Otorgar: v. tr. Conceder algo. . . . .

Panorama: m. Vista que se contempla desde un lugar. . . . .

Patria: f. Tierra natal a la que se pertenece por vínculos afectivos, históricos o jurídicos. . . . .

Perseverancia: f. Constancia, firmeza o tesón en la realización de algo. . . . .

Predilecto/a: adj. Preferido, favorito. . . . .

Reclutar: v. tr. Reunir gente para un propósito determinado. . . . .

Sacrificio: m. Abnegación, renuncia o privación que se hace en favor de algo o de alguien. . . . .

Ser partidario (de): **expr.** Defender o apoyar una idea. . . . .

Ser un/a listillo/a: **expr.** Persona que presume de saber mucho o de ser muy entendida en alguna materia. . . . .

Solista: adj. Persona que ejecuta un solo de una pieza vocal o instrumental. . . . .

Tambor: m. Instrumento musical de percusión en forma de caja redonda cilíndrica y que se toca con dos palillos. . . . .

Terapia: f. Tratamiento para combatir una enfermedad. . . . .

Tesón: m. m. Firmeza, constancia. . . . .

Vacuna: f. Sustancia orgánica o virus convenientemente preparado que, aplicado al organismo, hace que este reaccione contra él preservándolo de sucesivos contagios. . . . .

Valer la pena: **expr.** Dar por bien empleado el trabajo que cuesta algo. . . . .

Vandalismo: m. Destrucción y devastación que no se atiene a ninguna consideración ni respeto. . . . .

Vertiginoso/a: adj. Que se hace con mucha rapidez o intensidad. . . . .

Vincular: v. tr. Unir o relacionar una persona o cosa con otra. . . . .

Adelgazar: v. intr. Bajar de peso. ....

Ansiedad: f. Estado de angustia y temor que acompaña muchas enfermedades y que no permite la tranquilidad de quien la padece. ....

Antibiótico: m. Tipo de medicamento para tratar las enfermedades causadas por infecciones bacterianas. ....

Avalar: v. tr. Garantizar un documento de crédito o a una persona por medio de un aval o firma que asegura el pago en caso de no hacerlo la persona que está obligada a ello. ....

Balneario: m. Edificio con baños medicinales que normalmente también suele ser hotel. ....

Calmante: m. Medicamento que disminuye o hace desaparecer un dolor. ....

Candil: m. Tipo de lámpara antigua que usaba aceite para alimentar la llama. ....

Cautela: f. Precaución, reserva con que se hace algo. ....

Chequeo médico: **m.** Reconocimiento médico completo. ....

Cirugía: f. Especialidad médica cuyo fin es curar las enfermedades mediante operaciones quirúrgicas. ....

Crónico/a: adj. Que es de larga duración o habitual. ....

Cuerda: f. Objeto delgado, muy alargado y flexible, hecho de hilos o fibras torcidos o entrelazados, que se usa generalmente para atar o sujetar cosas. ....

Curación: f. Recuperación de la salud. ....

Curarse: v. prnl. Sanar, recobrar la salud. ....

Delicado/a: adj. Débil, enfermizo. ....

Dependencia: f. Situación de la persona o cosa que depende de otras. ....

Desconectar: v. intr. Dejar de tener contacto o relación, separarse. ....

Diagnóstico: m. Identificación de la naturaleza de una enfermedad mediante la observación de sus signos y síntomas característicos. ....

Dieta: f. 1. Alimentación habitual de una persona. 2. Régimen alimenticio para perder peso. ....

Disfrutar: v. intr. Deleitarse, gozar, sentir satisfacción. ....

Disminuir: v. tr. Hacer menor la extensión, la cantidad o la intensidad de alguna cosa. ....

Disponer de: **v. intr.** Tener a disposición, poseer. ....

Entrenamiento: m. Adiestramiento y preparación física y técnica que se realiza para perfeccionar el ejercicio de una actividad. ....

Entrenar: v. tr/intr. Preparar o adiestrar física y técnicamente para mejorar el dominio de una actividad. .....

Equilibrio: m. Estabilidad, situación de una cosa que, pese a no tener una base sólida, se mantiene sin caerse. ....

Estabilizar: v. tr. Fijar o equilibrar algo. ....

Estar ligado a: **expr.** Estar unido o vinculado a algo o alguien. ....

Estrés: m. Alteración física o psíquica de un individuo por exigir a su cuerpo un rendimiento superior al normal. ....

Expectativas: f. pl. Esperanza o posibilidad de conseguir una cosa. ....

Físico: m. 1. Relacionado con la constitución y la naturaleza del cuerpo. 2. Aspecto exterior de una persona. .....

Fisioterapia: f. Tratamiento terapéutico de incapacidades o alteraciones físicas por medio de métodos de energía natural, sin emplear medicamentos o remedios químicos. ....

Gestionar: v. tr. Hacer los trámites o diligencias necesarios para resolver un asunto. ....

Gimnasio: m. Lugar con todo lo necesario para realizar ejercicios gimnásticos o deportivos. ....

Hábito: m. Costumbre o práctica adquirida por frecuencia de repetición de un acto. ....

Homeopatía: f. Sistema curativo que trata de sanar las enfermedades aplicando, en dosis mínimas, las mismas sustancias que producirían síntomas iguales o parecidos a los que se trata de combatir. ....

Infusión: f. Bebida que se obtiene de diversos frutos o hierbas aromáticas, introduciéndolos en agua hirviendo. ....

Insonorizado/a: adj. Que está aislado acústicamente. ....

Instructor/a: Persona que enseña e instruye. ....

Medicamento: m. Sustancia que se administra con fines curativos o preventivos de una enfermedad. . . . .

Medicina: f. 1. Ciencia que estudia el cuerpo humano, sus enfermedades y su curación. 2. Medicamento.

Medicina alternativa: f. Aquella práctica medicinal que queda fuera o que no es reconocida por la medicina occidental tradicional. . . . .

Médico de cabecera/de familia: m. Médico que se encarga de curar o prevenir las enfermedades de tipo general y, en caso necesario, remite al enfermo al especialista correspondiente. . . . .

Músculo: m. Cada uno de los órganos fibrosos que al contraerse produce los movimientos de los humanos y animales. . . . .

Paciente: m. y f. Enfermo que sigue un tratamiento prescrito por el médico. . . . .

Ponerse en forma: expr. Realizar actividad física para mejorar la salud y el aspecto físico. . . . .

Postura: f. 1. Situación o modo en que está puesta una persona 2. Actitud, inclinación o pacto que mantiene una persona. . . . .

Prevenir: v. tr. Prever, conocer de antemano un posible daño o perjuicio y tomar las medidas necesarias. . . . .

Procurar: v. tr. Esforzarse en tratar de conseguir algo. . . . .

Prudente: adj. Que actúa con reflexión y precaución para evitar posibles daños. . . . .

Reducir: v. tr. Disminuir, acortar, resumir. . . . .

Reflexología: f. Disciplina que promueve el tratamiento de diversas afecciones a través de masajes en las manos o en los pies. . . . .

Rehabilitación: f. Conjunto de técnicas cuyo fin es recuperar la actividad o función perdida o disminuida después de un traumatismo o una enfermedad.

Requisito: m. Condición necesaria para algo. . . . .

Saludable: adj. Que sirve para conservar o restituir la salud. . . . .

Sanidad: f. Conjunto de servicios, personal e instalaciones del Estado para preservar la salud pública. . . . .

Seguridad Social: f. Sistema de salud público amparado por el Estado para el bienestar de la población. . . . .

Síntoma: m. Alteración del organismo que pone de manifiesto la existencia de una enfermedad. . . . .

Tensión/Presión arterial: f. Presión que ejerce la sangre sobre la pared de las arterias. . . . .

Tonificar: v. tr. Dar vigor o tensión a los músculos. . . . .

Tradicional: adj. Conservador, que se atiene a la tradición. . . . .

Tratamiento: m. Sistema o método para curar enfermedades. . . . .

UNIDAD 5

En tu idioma

Abusivo/a: adj. Que encierra un abuso o excede de lo normal. . . . .

Adolescencia: f. Edad que sucede a la niñez y que transcurre desde la pubertad hasta el pleno desarrollo. . . . .

Aflojar: v. tr. Disminuir la presión o la tirantez de algo. . . . .

Agobiar(se): v. tr. y prnl. Causar o sentir gran molestia o fatiga. Imponer a alguien actividad o esfuerzo excesivos, preocupar gravemente, causar o sentir gran sufrimiento.

Añorar: v. tr. Recordar con pena la ausencia, privación o pérdida de una persona o cosa muy querida. . . . .

Arruga: f. Pliegue que se hace en la piel, generalmente a consecuencia de la edad. . . . .

Asustar(se): v. tr. y prnl. Causar o sentir miedo o desasosiego. . . . .

Autenticidad: f. Calidad y carácter de verdadero o autorizado. . . . .

Barrio: m. Cada una de las zonas en que se divide una población grande. . . . .

Cana: f. Pelo total o parcialmente blanco. . . . .

Chuchería: f. Golosina, dulce para los niños. . . . .

Consolidar: v. tr. Dar firmeza y solidez a una cosa. . . . .

Costumbre: f. Hábito o práctica adquirida por frecuencia de repetición de un acto. . . . .

Desprenderse *(de):* v. prnl. Apartarse de una cosa, separarse, renunciar a ello. . . . .

Disciplina: f. Actitud de las personas que acatan unas normas. . . . .

Distribuir: v. tr. Repartir algo entre varios según un criterio. . . . .

Edad del pavo: f. expr. (coloq.) Edad que señala el paso a la adolescencia. . . . .

Emanciparse: v. prnl. Liberarse de un poder, una autoridad, una tutela o cualquier otro tipo de subordinación o dependencia. . . . .

Empatía: f. Sentimiento de participación afectiva de una persona en la realidad que afecta a otra. . . . .

Escolar: adj. Del estudiante, de la escuela o relativo a ellos. . . . .

Estímulo: m. Cualquier elemento externo a un cuerpo o a un órgano que estimula, activa o mejora su actividad o su respuesta o reacción. . . . .

Estar de paso: **expr.** Estar en un sitio provisionalmente. . . . .

Evolucionar: v. intr. 1. Experimentar algo o alguien un cambio de forma, de ideas, de actitud. 2. Avanzar, crecer, desarrollarse. . . . .

Exagerar: v. tr. Dar proporciones excesivas a lo que se dice o hace, encarecer, aumentar mucho una cosa sin someterse a la realidad ni a la verdad. . . . .

Excentricidad: f. Rareza o extravagancia de carácter. . . . .

Éxito: m. Resultado feliz de un negocio, actuación, etc. . . . .

Explorar: v. tr. Reconocer minuciosamente un lugar, una persona o una cosa para descubrir algo. . . . .

Extenuado/a: adj. Agotado, debilitado. . . . .

Forastero/a: adj. Que es o viene de fuera del lugar. Extranjero. . . . .

Fracaso: m. Falta de éxito o resultado adverso. . . . .

Generación: f. Conjunto de personas que viven en la misma época. . . . .

Impactar: v. tr. Impresionar, causar desconcierto por un acontecimiento o noticia. . . . .

Impensable: adj. De imposible o muy difícil realización. . . . .

Incertidumbre: f. Falta de seguridad, de confianza o de certeza sobre algo, especialmente cuando crea inquietud. . . . .

Incorporar: v. tr. Agregar, unir dos o más cosas para que formen un todo entre sí. . . . .

Infancia: f. Periodo de la vida de una persona desde que nace hasta la pubertad. . . . .

Inmediatez: f. Proximidad espacial o temporal. . . . .

Inmigrante: m. Persona que llega a un país distinto del propio para establecerse en él. . . . .

Juventud: f. Etapa de la vida que empieza en la pubertad y se extiende a los comienzos de la edad adulta. . . . .

Madurez: f. Edad de la persona que ha alcanzado su plenitud vital y aún no ha llegado a la vejez. . . . .

Mudanza: f. Cambio de casa o habitación, generalmente con muebles y pertenencias. . . . .

Nostalgia: f. Tristeza que se siente al recordar momentos felices del pasado. . . . .

Ovación: f. Aplauso entusiasta que se ofrece colectivamente. . . . .

Pañal: m. Trozo de tela o de un material absorbente que se pone a los bebés para absorber la orina. . . . .

Pareja de hecho: **f. expr.** Pareja sentimental que vive junta sin estar casada. . . . .

Perfil: m. Conjunto de rasgos peculiares que caracterizan a una persona o cosa. . . . .

Peripecia: f. En el argumento de una obra literaria, suceso o circunstancia repentina que cambia el estado de las cosas. . . . .

Popularizar: v. tr. Hacer popular, que sea conocido por el pueblo. . . . .

Pubertad: f. Época de la vida en que comienzan a manifestarse los caracteres de la madurez sexual. . . . .

Rebelde: adj. Que se rebela contra algo o alguien. Difícil de dirigir o doblegar. . . . .

Redes sociales: f. pl. Aplicaciones donde los internautas intercambian información personal y contenidos multimedia de modo que crean una comunidad de amigos virtual e interactiva: Facebook, Twitter, Instagram… . . . .

Refugiado/a: adj. Persona que por causa de una guerra, catástrofe o persecución, busca refugio fuera de su país. . . . .

Renovado/a: adj. Hacer que algo recupere la fuerza o la energía. Restaurar, remozar, modernizar. . . . .

Renunciar *(a)***: v. tr.** Dejar voluntariamente algo que se posee o a lo que se tiene derecho. . . . .

Rutina: f. Costumbre, hábito adquirido de hacer las cosas sin pensarlas. . . . .

Saturar: v. tr. Hartar, saciar. . . . .

Tardío/a: adj. Que sucede después del tiempo oportuno en que se necesitaba o esperaba. . . . .

Tebeo: m. Revista infantil de historietas cuyo asunto se desarrolla en series de dibujos. Cómic. . . . .

Triunfo: m. Hecho de vencer en una competición o una lucha. . . . .

Usuario/a: adj. Que habitualmente utiliza algo. . . . .

Vejez: f. Último periodo de la vida, edad senil. . . . .

Abstracto/a: adj. Que no pretende representar cosas concretas, sino que atiende exclusivamente a elementos de forma, color, proporción, etc.

Acaparar: v. tr. Disfrutar o apropiarse de todo o de la mayor parte de una cosa.

Actor/Actriz: m. y f. Persona que representa un papel en el teatro, cine, televisión o radio.

Actualizar: v. tr. Poner al día algo que se ha quedado atrasado. Renovar, modernizar.

Artista: m. y f. Persona que se dedica a algún arte o realiza obras de arte.

Bodegón m. Pintura que representa una composición de comestibles, utensilios usuales y seres inanimados.

Carecer de: v. intr. No poseer algo, tener falta de algo.

Carencia: f. Falta o privación de algo necesario.

Catálogo: m. Lista ordenada o clasificada de personas u objetos.

Colección: f. Conjunto de cosas, generalmente de una misma clase y dispuestas de forma ordenada.

Cuadro: m. Lienzo, lámina, papel, etc., de una pintura, un grabado o dibujo.

Edificio: m. Construcción hecha con materiales resistentes para albergar a personas, animales, cosas o actividades.

Embellecer: v. tr. Hacer o poner bella a una persona o cosa.

Estuche: m. Funda o envoltura para proteger y guardar ordenadamente un objeto o varios.

Exhibir: v. tr. Mostrar en público.

Exponer: v. tr. Presentar algo para que sea visto.

Exposición: f. Presentación o exhibición de una cosa en público para que sea vista.

Expresarse: v. prnl. Manifestar algo o hacerse entender por medio de la palabra.

Fachada: f. Parte exterior de un edificio.

Festival: m. Concurso o exhibición de manifestaciones artísticas o deportivas.

Galería de arte: f. Espacio destinado, principalmente, a la exhibición y venta de obras de arte.

Imprescindible: adj. Que es absolutamente necesario.

Inaugurar: v. tr. Dar principio a una actividad con un acto solemne.

Infligir: v. tr. Imponer castigos, causar daños.

Innegable: adj. Que no se puede negar.

Intrusismo: m. Ejercicio de actividades profesionales por persona no autorizada legalmente para ello.

Lienzo: m. Tela preparada para pintar sobre ella.

Marco: m. Cerco, armadura que rodea algo, normalmente una pintura o una fotografía.

Momia: f. Cadáver desecado por medios naturales o artificiales, que se ha conservado sin corromperse.

Obra de arte: f. Objeto o trabajo de gran valor artístico.

Pieza: f. 1. Obra dramática o composición suelta de música vocal o instrumental. 2. Cada unidad de ciertas cosas que pertenecen a una misma especie.

Pinacoteca: f. Galería o museo de pinturas.

Pincel: m. Instrumento para pintar que consiste en un conjunto de pelos sujetos a un mango.

Pintura: f. Tabla, lámina o lienzo en que está pintado algo.

Plasmar: v. tr. Reflejar o representar una idea o un sentimiento en un medio físico.

Portada: f. Primera página de los libros impresos, en la que figura el título, el nombre del autor y el lugar y año de la impresión.

Posar: v. intr. Permanecer inmóvil en determinada postura para una fotografía o para servir de modelo a un artista.

Premio: m. Recompensa o galardón que se da por algún mérito o servicio.

Relegar: v. tr. Apartar, posponer.

Retrato: m. Pintura, dibujo, fotografía, etc., que representa alguna persona o cosa.

Secuela: f. Consecuencia, generalmente negativa, de una cosa.

Ser un cascarrabias: expr. Persona que se enfada con facilidad o por poco motivo.

Talento: m. Conjunto de facultades o capacidades tanto artísticas como intelectuales.

Tatuaje: m. Dibujo grabado en la piel de una persona introduciendo sustancias colorantes bajo la epidermis.

Travesura: f. Acción con la que se causa algún daño o perjuicio de poca importancia y que realiza alguien, generalmente un niño, por diversión o juego.

Vocación: f. Inclinación a una profesión o carrera.

UNIDAD 7

En tu idioma

Aguileña: adj. Dicho de una nariz, que es alargada y curvada hacia abajo.

Ahumado/a: adj. De color oscuro.

Alborotado/a: adj. Agitado, revuelto.

Ancho/a: adj. Amplio, extenso.

Andrajoso/a: adj. Persona que viste con ropa que está vieja o sucia.

Anular: m. Dedo de la mano situado entre el meñique y el dedo corazón.

Arraigado/a: adj. Que está establecido, firme. Tiene allí sus raíces.

Arrugado/a: adj. Que tiene arrugas, pliegues que se hacen en la piel o en la ropa.

Aseado/a: adj. Que está limpio u ordenado.

Bronceado/a: adj. Color moreno en la piel.

Buhardilla: f. Parte más alta de una casa, cerca del tejado, que tiene el techo inclinado; se utiliza como vivienda.

Cabaña: f. Casa rústica de campo hecha con ramas o madera.

Carente: adj. Que tiene falta de algo.

Casero/a: m y f. Dueño de una casa de alquiler.

Ceja: f. Parte de la cara que sobresale por encima de cada uno de los ojos, curvada con pelo.

Coyuntural: adj. Que se hace en alguna ocasión, pero no de forma habitual ni por costumbre.

Chabola: f. Vivienda pobre que suele estar en los suburbios, hecha con materiales de muy baja calidad.

Chata: adj. Dicho de una nariz, pequeña y un poco aplastada.

Chillón/a: adj. Que tiene unos colores muy vivos o llamativos.

Chiringuito: m. Quiosco o puesto de bebida y comidas al aire libre, especialmente en la playa.

Choza: f. Cabaña cubierta de ramas o paja, utilizada normalmente por gente del campo.

Chupado/a: adj. Muy flaco o delgado.

De cuadros: **adj.** Tipo de estampado o dibujos en una prenda de vestir que forma figuras con cuatro ángulos rectos.

De soplillo: **adj.** Referido a las orejas cuya parte posterior está muy separada de la cabeza.

Decantarse *(por)*: **v. prnl.** Inclinarse por una tendencia o una posibilidad.

Desaliñado/a: adj. Que no cuida la forma de vestir ni el aseo personal.

Descosido/a: adj. Parte suelta o rota de una prenda de vestir.

Disfraz: m. Vestido que oculta la apariencia de una persona y que se usa en carnavales y otras fiestas.

Encrespado/a: adj. Cabello que es rizado y áspero.

Enfadar(se): v. tr. y prnl. Causar o sentir enfado, disgusto o ira.

Enorgullecer: v. tr. Llenar de orgullo, de satisfacción personal.

Esbelto/a: adj. Alto, bien formado y elegante.

Escuálido/a: adj. Flaco, muy delgado.

Espeso/a: adj. Grueso o tupido.

Establo: m. Lugar cubierto en el que se encierra el ganado para su descanso y alimentación.

Estrafalario/a: adj. Que llama la atención por su extraña apariencia o extravagante forma de pensar.

Estrecho/a: adj. Que es delgado o poco ancho.

Fianza: f. Generalmente dinero que se deja como garantía. Por ejemplo, en un alquiler.

Fino/a: adj. Delgado, sutil.

Flaco/a: **adj.** Muy delgado. ....

Frente: **f.** Parte superior de la cara por encima de las cejas. ....

Gaditano/a: **adj.** De Cádiz, provincia española que se encuentra en Andalucía. ....

Gastado/a: **adj.** Algo estropeado por el uso. ....

Gracioso/a: **adj.** Chistoso, agudo. ....

Harapiento/a: **adj.** Vestido con ropa muy vieja y, a menudo, rota. ....

Heredar: **v. tr.** Recibir los bienes, el dinero de una persona cuando esta muere, según un testamento.

Hipoteca: **f.** Cantidad de dinero que hay que pagar al banco para saldar una deuda. ....

Huesudo/a: **adj.** Que tiene mucho hueso o es tan delgado que se notan los huesos. ....

Impenetrable: **adj.** Que no se puede entrar, algo hermético o cerrado. ....

Inmobiliaria: **f.** Empresa o sociedad que se dedica a construir, alquilar y/o vender viviendas. ...

Inquilino/a: **m y f.** Persona que ha tomado una casa o parte de ella en alquiler para habitarla. ...

Jactarse de: **v. prnl.** Presumir de algo. ....

Lacio/a: **adj.** 1. Sin ondas ni rizos (pelo). 2. Flojo, sin fuerza. ....

Macizo/a: **adj.** Compacto, sólido. ....

Mejilla: **f.** Prominencia del rostro debajo de los ojos. ....

Modisto/a: **m y f.** Persona que se dedica al diseño o confección de prendas de vestir. ....

Montura: **f.** Soporte en el que se colocan los cristales de las gafas. ....

Palafito: **f.** Casa construida sobre una superficie acuática, sobre un armazón de estacas. ....

Pasta: **f.** (coloq.) Dinero. ....

Pérfido/a: **adj.** Desleal a alguien que confía en él y muy malo. ....

Pitillo: **adj.** Tipo de pantalón muy delgado o estrecho. ....

Portero automático: **m.** Aparato electrónico para gestionar las llamadas a la puerta o portal de la casa.

Pregón: **m.** Discurso que se da al principio de una fiesta o acto como inauguración. ....

Proclive *(a)*: **adj.** Que tiene tendencia o inclinación hacia una cosa. ....

Puntiagudo/a: **adj.** Que termina en punta afilada. ....

Rascacielos: **m.** Edificio de gran altura y muchos pisos. ....

Refinado/a: **adj.** Que es muy delicado, de cuidada elaboración. ....

Remendado/a: **adj.** Que está arreglado con trozos de tela. ....

Resplandor: **m.** Brillo muy intenso o luz muy clara que desprende un cuerpo luminoso. ....

Retoque: **m.** Trabajo realizado para perfeccionar algo o corregirlo. ....

Salpicado/a: **adj.** Que está rociado, esparcido sobre algo. ....

Sedoso/a: **adj.** Muy suave, parecido a la seda. ....

Ser clavado a: **expr.** Parecerse mucho a alguien. ....

Ser como dos gotas de agua: **expr.** Ser idéntico. ....

Verbena: **f.** Fiesta popular con música y baile que se celebra al aire libre y por la noche. ....

UNIDAD 8

En tu idioma

Agridulce: **adj.** 1. Que tiene mezcla de agrio o ácido y de dulce. 2. Referido a una situación, entre agradable y desagradable. ....

Ambientar: **v.tr.** Reproducir el marco histórico o social en que se desarrolla la acción de una obra de ficción. ....

Argumento: **m.** Asunto del que trata una obra literaria, cinematográfica, etc. ....

Batir récords: **expr.** Conseguir un nivel o resultado que supera cualquier otro anterior. ....

Cínico/a: **adj.** Persona que miente o comete actos vergonzosos con descaro. ....

Convencer *(de)*: **v. tr.** Conseguir mediante razones que una persona actúe o piense de un modo que no era el deseado al principio. Persuadir. ....

Corrupto/a: **adj.** Persona que se deja corromper con dinero o regalos, que hace favores ilegales a cambio de algo. ....

Cotilleo: m. Comentario o noticia no verificada que circula entre la gente.

Crítica: f. Juicio sobre una obra literaria o artística.

Compulsivo/a: adj. Que responde a un impulso o deseo intenso de hacer algo.

Currar: v. intr. (coloq.) Trabajar.

Desanimar(se): v. prnl. Quitar o no tener ilusión de hacer algo.

Desenlace: m. Final o conclusión de un suceso, relato, obra dramática, etc.

Detalle: m. Circunstancia mínima que aclara o completa un relato.

Disculpa: f. Petición de perdón por haber cometido una falta o error.

Elenco: m. Conjunto de personas que intervienen en un espectáculo, especialmente en el teatro.

Emocionar: v. tr. Conmover o alterar el ánimo, causar emoción.

Estar como un flan: **expr.** Estar muy nervioso/a.

Etiqueta: f. Calificación con que se identifica a alguien según su dedicación, profesión, ideología, etc.

Éxito de taquilla: expr. Buena aceptación de una obra por parte del público que proporciona una gran recaudación por la gran cantidad de gente que ha acudido a verla.

Fijarse *(en):* **v. prnl.** Prestar atención a algo.

Frívolo/a: adj. Persona que es poco seria o profunda en lo que dice o hace.

Grabación: f. Registro de imágenes o sonidos en un dispositivo para reproducirlo más tarde.

Guion: m. Texto con diálogos para la realización de una película o programa de radio o televisión.

Impuntual: adj. Que llega a un lugar más tarde de la hora debida o hace las cosas fuera de plazo.

Indispensable: adj. Que es tan necesario que no se puede prescindir o renunciar a él.

Inquietud: f. Curiosidad o interés intelectual.

Inscribir: v.tr. Grabar sobre piedra, metal u otro material semejante, palabras o frases, especialmente en memoria de alguien o algo.

Interpretación: f. Acción de interpretar, representar un actor un papel en una obra dramática, en una serie o en una película.

Letra: f. Texto escrito que junto con la música compone una canción.

Ligado *(a):* **adj.** Unido.

Mentira: f. Afirmación que una persona hace consciente de que no es verdad.

Mentira piadosa: **f.** Mentira que se dice con intención de no causar dolor.

Mentirijilla: f. Mentira de poca importancia.

Milagro: m. Suceso extraordinario o maravilloso que se atribuye a intervención divina.

Notable: adj. Digno de atención, destacable.

Ocio: m. Tiempo libre, sin actividad laboral, que se dedica al descanso u otras actividades.

Persuasión: f. Habilidad para convencer a una persona mediante argumentos para que piense de una determinada manera o haga cierta cosa.

Pisar fuerte: **expr.** Tener popularidad.

Ponerse al día: **expr.** Informarse, enterarse de lo último acontecido.

Precario/a: adj. Que es poco estable, poco seguro o poco duradero.

Preponderante: adj. Que tiene mayor importancia.

Presupuesto: m. Cálculo anticipado de los ingresos y gastos de un negocio o actividad pública.

Quebrar: v.tr. Romper algo duro o rígido en varios trozos.

Racha: f. Periodo breve de fortuna o desgracia.

Representación: f. Ejecución en público de una obra de teatro o de una actuación.

Rodar: v.tr. Grabar con una cámara imágenes en movimiento o escenas.

Sobrecoger: v. tr. Causar una impresión fuerte en el ánimo, generalmente de sorpresa o de miedo.

Subtítulo: m. Letrero que aparece en la parte inferior de la proyección cinematográfica y que corresponde a la traducción del texto de la versión original.

Trola: f. (coloq.) Mentira, engaño.

Vestuario: m. Conjunto de trajes necesarios para una representación escénica.

Veterano/a: adj. Que tiene experiencia en cualquier profesión o ejercicio.

En tu idioma

Ajetreado/a: adj. Persona que lleva mucha actividad.

Anciano/a: m y f. Persona que tiene muchos años.

Antorcha: f. Utensilio alargado para alumbrar que se enciende por un extremo.

Aprobación: f. Consentimiento, aceptación.

Banquete: m. Comida que se organiza para celebrar algo y a la que acuden muchos invitados.

Boda: f. Casamiento y fiesta con que se celebra.

Brevedad: f. Corta extensión o duración de tiempo.

Cariño: m. Amor o afecto que se siente hacia una persona, animal o cosa.

Cobarde: adj. Falto de valor, miedoso.

Compendio: m. Resumen breve, conciso y sustancial de una materia amplia.

Consciente: adj. Que siente, piensa y obra con conocimiento de sus actos y de su repercusión.

Coraje: m. Valor, decisión y apasionamiento con que se acomete una acción.

Cotidiano/a: adj. Que ocurre con frecuencia, habitual.

Crucial: adj. Decisivo, fundamental.

Dar pie a: **expr.** Ofrecer ocasión o motivo para algo.

De paso: **expr.** Sin permanencia fija, provisionalmente.

Derecho: m. Condición de poder tener o exigir lo que se considera éticamente correcto.

Desamparado/a: adj. Que no tiene la ayuda ni la protección que necesita.

Desengaño: m. Pérdida de las esperanzas o ilusiones que se tenían en algo.

Detenido/a: adj. Privado provisionalmente de libertad por una autoridad competente.

Día de Reyes: **m.** Fiesta que se celebra en España el día 6 de enero, en conmemoración de la adoración de los Reyes Magos de Oriente y que consiste en hacer regalos, principalmente a los niños.

Entendimiento: m. Facultad humana de comprender, comparar, juzgar las cosas.

Estupendo/a: adj. Que destaca por sus cualidades extraordinarias.

Fecha de caducidad: **f.** Día límite para un consumo adecuado de un producto desde el punto de vista sanitario.

Ferrocarril: m. Tren.

Frustrar: v. tr. Quitar o privar a uno de lo que esperaba.

Germinar: v. intr. Brotar y comenzar a crecer las plantas.

Indeciso/a: adj. Que tiene dificultad para decidirse, para tomar una decisión.

Interés: m. 1. Provecho, utilidad, ganancia. 2. Inclinación del ánimo hacia un objeto, una persona, una narración, etc.

Libertad: f. Facultad que tiene el ser humano de obrar o no obrar según su inteligencia y antojo.

Luna de miel: **f.** Periodo posterior a la boda, con referencia al viaje o periodo de vacaciones que los recién casados suelen realizar después de la ceremonia.

Madurar: v. intr. Alcanzar la madurez o desarrollo completo.

Moldear: v. tr. Dar forma a algo.

Monasterio: m. Lugar donde vive una comunidad de religiosos de una orden.

Monje: m. Religioso que pertenece a una orden monacal cuyos integrantes viven en comunidad en monasterios.

Movilización: f. Puesta en actividad o movimiento.

Navegación: f. Viaje que se hace con cualquier embarcación, y tiempo que dura.

Navidad: f. Día en que se celebra el nacimiento de Jesucristo y el periodo posterior a este día.

Obrero/a: adj. De los trabajadores o relativo a ellos.

Obvio/a: adj. Evidente, muy claro o que no tiene dificultad.

Pareja: f. Conjunto de dos personas, animales o cosas que tienen entre sí una semejanza, especialmente el formado por hombre y mujer.

Parvulario: m. Lugar donde se cuida y educa a los niños pequeños.

Pedagogo/a: m y f. Persona especializada en pedagogía, es decir, la ciencia que se ocupa de la educación y la enseñanza. . . . .

Perdurar: v. intr. Durar mucho, subsistir, mantenerse en el mismo estado. . . . .

Perspectiva: f. Punto de vista, forma de considerar algo. . . . .

Precisión: f. Exactitud, puntualidad. . . . .

Promocionarse: v. prnl. Elevar o mejorar las condiciones de vida, de productividad o de trabajo. . . . .

Prudencia: f. Cualidad que consiste en actuar con reflexión y precaución para evitar posibles daños. . . . .

Rebelión: f. Sublevación o resistencia ante alguien o algo. . . . .

Rebobinar: v. tr. Volver atrás. Enrollar hacia atrás un hilo, cinta o película fotográfica. . . . .

Recurrir: v. intr. Acudir a alguien o emplear medios extremos para conseguir algo necesario. . . . .

Recursos: m. Bienes, medios o riqueza. . . . .

Refrán: m. Dicho popular agudo y sentencioso que suele contener un consejo o una moraleja. . . . .

Sacrificarse *(por):* v. prnl. Privarse voluntariamente de algo en beneficio de algo o alguien. . . . .

Salir a relucir: expr. Revelar algo inesperadamente. . . . .

Sensatez: f. Prudencia, buen juicio, sentido común. . . . .

Seriedad: f. Sobriedad, sin alegría. . . . .

Sindical: adj. Del sindicato: asociación de trabajadores creada con el fin de defender los intereses económicos y laborales de sus miembros. . . . .

Sustancioso/a: adj. De gran valor, profundidad o importancia. . . . .

Tener en cuenta: expr. Tener presente, considerar. . . . .

Trasplante: m. Intervención que consiste en implantar en un ser vivo enfermo un órgano sano, generalmente procedente de otro individuo. . . . .

Vulnerabilidad: f. Cualidad de lo que puede ser dañado física o moralmente. . . . .

UNIDAD 10

En tu idioma

Abrazo: m. Muestra o gesto de afecto que consiste en estrechar entre los brazos a una persona. . . . .

Agobiante: adj. Que agobia o causa gran molestia o fatiga. . . . .

Ala: f. Parte del cuerpo de algunos animales, de la que se sirven para volar. . . . .

Alacena: f. Hueco hecho en la pared, con puertas, a modo de armario. . . . .

Alucinante: adj. Que deslumbra o impresiona mucho. . . . .

Apasionado/a: adj. Que siente pasión o una fuerte inclinación por algo o por alguien. . . . .

Aperitivo: m. Tapa o pincho que sirve para abrir el apetito. . . . .

Archipiélago: m. Conjunto numeroso de islas agrupadas en una superficie de mar.

Aroma: m. Perfume, olor muy agradable. . . . .

Arrepentimiento: m. Pesar que se siente por haber hecho alguna cosa. . . . .

Atropellar: v. tr. Pasar precipitadamente un vehículo por encima de alguna persona o animal o chocar contra ellos.

Autopista: f. Carretera con varios carriles para cada dirección separados por una mediana que permite la circulación a gran velocidad. . . . .

Aversión: f. Asco, repugnancia. . . . .

Canela: f. Corteza de las ramas del canelo, de color rojo amarillento, de olor muy aromático y sabor agradable. . . . .

Caravana: f. Vehículo semirremolque habitable, acondicionado para cocinar y dormir en él. . . . .

Carta: f. Lista que contiene los platos y bebidas disponibles en un restaurante. . . . .

Cartera: f. Objeto rectangular hecho de piel u otro material, que se lleva en el bolsillo y sirve para contener documentos, tarjetas, billetes de banco, etc. . . . .

Cima: f. Parte más alta de un terreno elevado. . . . .

Comensal: m y f. Cada una de las personas que comen en una misma mesa. . . . .

Cordillera: f. Serie de montañas enlazadas entre sí. . . . .

Chungo/a: **adj.** (coloq.) De mal aspecto o de mala calidad. . . . .

Dama: **f.** Mujer distinguida o noble. . . . .

Degustación: **f.** Prueba o cata de alimentos o bebidas. . . . .

Desbocarse: **v. prnl.** Perder el control. . . . .

Desigualdad: **f.** Desproporción económica, política y social en que se encuentran unos individuos frente a otros. . . . .

Discretamente: **adv.** Sin notarse. . . . .

Dormilón/ona: **m y f.** Que duerme mucho o se duerme con facilidad. . . . .

Embrión: **m.** Organismo en desarrollo, desde su comienzo en el huevo hasta que se han diferenciado todos sus órganos. . . . .

Entusiasta: **m y f.** Persona que siente entusiasmo o exaltación del ánimo por algo o por alguien, o que se entusiasma con facilidad. . . . .

Extrañeza: **f.** Admiración, asombro, sorpresa. . . . .

Fogón: **m.** Antiguamente, sitio en las cocinas donde se hacía el fuego para guisar. . . . .

Guanaco: **m.** Mamífero de la familia de los camellos, propio de los Andes, muy parecido a la llama. . . . .

Hartazgo: **m.** Sensación de cansancio o aburrimiento que se produce al realizar una persona la misma actividad de manera repetitiva o excesiva. . . . .

Hierba: **f.** Planta cuyo tallo es blando, de color verde y que muere después de florecer. . . . .

Horno de leña: **m.** Construcción de piedra o ladrillo para caldear, en general abovedada, por donde se introduce la comida para asar. . . . .

Hospicio: **m.** Asilo en que se da alojamiento y educación a niños pobres, abandonados o huérfanos. . . . .

Iluminar: **v. tr.** Alumbrar, adornar, dar color. . . . .

Intromisión: **f.** Acción y resultado de entrometerse: participar en un asunto ajeno, dando opiniones, consejos o indicaciones, o actuando como intermediario, sin que le corresponda o sin tener derecho a ello por no habérselo pedido nadie. . . . .

Islote: **m.** Isla pequeña y deshabitada. . . . .

Lago: **m.** Gran masa de agua, normalmente dulce, acumulada en depresiones del terreno. . . . .

Las tantas: **expr.** Cualquier hora muy avanzada del día o de la noche. . . . .

Llama: **f.** Mamífero de aproximadamente 1,20 m de altura, procedente de la región andina de América del Sur, apreciado por su lana. . . . .

Madrugar: **v. intr.** Levantarse muy temprano. . . . .

Manguera: **f.** Tubo largo y flexible, generalmente de goma, que sirve para conducir por su interior un líquido de un lugar a otro. . . . .

Mármol: **m.** Roca metamórfica caliza, cristalina, de textura granulosa. . . . .

Membrillo: **m.** Dulce casero que se elabora con la pulpa de un fruto comestible, muy aromático, de piel amarillenta y pulpa áspera y granulosa que contiene varias pepitas. . . . .

Mendicidad: **f.** Situación social de la persona que no posee otros ingresos para vivir que los que le proporcionan las limosnas. . . . .

Mochila: **f.** Bolsa de lona o de otro material que sirve para llevar provisiones o equipos en excursiones, viajes, etc. . . . .

Montañero/a: **m y f.** Persona que practica el deporte que consiste en la ascensión a las montañas. . . . . . .

Moribundo/a: **m y f.** Persona que se está muriendo o a punto de morir. . . . .

Ñandú: **m.** Ave americana muy veloz que habita en las grandes llanuras, parecida al avestruz. . . . .

Paladar: **m.** 1. Parte interior y superior de la boca de un animal invertebrado. 2. Capacidad para valorar el sabor de los alimentos mediante el sentido del gusto. . . . .

Paso de cebra: **m.** En una vía pública, espacio marcado con rayas anchas por donde cruzan los peatones. . . . . .

Pegarse las sábanas: **expr.** Despertarse demasiado tarde. . . . .

Poner de los nervios: **expr.** Poner a alguien muy nervioso, irritado o exasperado. . . . .

Puesta de sol: **f.** Ocaso, instante que corresponde a la desaparición del borde superior del Sol en un horizonte. . . . .

Receta: **f.** Nota que incluye el modo de cómo hacer algo, una comida, por ejemplo. . . . .

Recreación: f. Ofrecer una imagen lo más fiel posible de algún ambiente, acontecimiento, personaje, etc., del pasado, especialmente en una obra artística.

Regentar: v. tr. Dirigir un negocio.

Renovar: v. tr. Restablecer o reanudar una cosa que se había interrumpido.

Retrasar: v. tr. Hacer que una cosa ocurra después del tiempo previsto o dejar su realización para más tarde.

Rodaja: f. Trozo circular y delgado que se corta de un alimento sólido que tiene forma redonda o cilíndrica.

Sacar de quicio: **expr.** Violentar, exasperar, hacer perder el juicio o los nervios a alguien.

Sacudir: v. tr. Mover algo violentamente de un lado a otro.

Sorbo: m. Beber una cantidad pequeña de un líquido.

Taller: m. Lugar en que se realiza un trabajo manual. Escuela o seminario.

Termas: f. pl. Baños públicos de los antiguos romanos.

Testamento: m. Declaración que de su última voluntad hace una persona, disponiendo de bienes y de asuntos para después de su muerte.

Testigo: f y m. Persona que presencia o adquiere conocimiento directo de una cosa.

Tienda de campaña: **f.** Alojamiento para el campo, que consiste en un armazón de palos hincados en tierra y cubierto con telas.

Tostar: v. tr. Poner un alimento al fuego, para que vaya tomando color, sin quemarse.

Trapo: m. Paño utilizado en las tareas domésticas.

Vergüenza: f. Sentimiento ocasionado por alguna falta cometida, o por alguna acción deshonrosa y humillante.

Verja: f. Enrejado que sirve de puerta, ventana o cerca.

Vicio: m. Hábito de hacer mal algo o de hacer una cosa perjudicial, o que se considera reprobable desde el punto de vista moral.

Visado: m. Señal que la autoridad competente pone en un pasaporte o en otro documento para certificar que lo ha revisado y autorizado.

UNIDAD 11

En tu idioma

Aceleración: f. Aumento de la velocidad o rapidez.

Alumbrado: m. Conjunto o sistema de luces que iluminan un lugar.

Aparato: m. Instrumento o mecanismo que tiene una función determinada.

Aplicado/a: adj. Persona que pone esfuerzo, interés y constancia en la realización de un trabajo o en el desarrollo de una actividad, en especial en el estudio.

Artilugio: m. Mecanismo o máquina, especialmente de manejo complicado.

Asistente: f. y m. Persona que está presente en un lugar o acto.

Asumir: v. tr. Tomar para sí algo no material, especialmente una obligación o una responsabilidad.

Auge: m. Momento en que algo llega a su máximo grado de perfección, intensidad o grandeza.

Bélico/a: adj. De la guerra o relacionado con la lucha armada.

Calma: f. Paz, tranquilidad.

Central nuclear: **f.** Instalación para la obtención de energía eléctrica utilizando energía nuclear: la que proviene de la fisión nuclear de determinados átomos.

Ciudadanía: f. Conjunto formado por los ciudadanos o habitantes de una nación o de un pueblo.

Combustible: m. Cuerpo o sustancia que puede arder para producir energía.

Desactivar: v. tr. Anular cualquier potencia o actividad.

Desconectar: v. tr. Interrumpir una conexión eléctrica.

Destacar: v. intr. Sobresalir, ser más notable, resaltar.

Diplomático/a: adj. Hábil, sagaz para el trato con las personas.

Disposición: f. Soltura en preparar y despachar algo que alguien tiene a su cargo, aptitud.

Dispositivo: m. Pieza o conjunto de piezas o elementos preparados para realizar una función determinada y que generalmente forman parte de un conjunto más complejo.

Don de gentes: **m.** Ser muy sociable en el trato y tener facilidad para atraer y persuadir a los demás.

Eficiente: adj. Que realiza o cumple un trabajo o función a la perfección.

Emprendedor/a: adj. Que emprende con resolución acciones dificultosas.

En primera instancia: **expr.** Primeramente, en primer lugar, por primera vez.

Equipaje: m. Conjunto de maletas y cosas que se llevan en los viajes.

Facial: adj. De la cara o relativo a ella.

Fallo: m. Error, equivocación.

Fluido/a: adj. Corriente, fácil, suelto.

Gandul/a: adj. Vago, holgazán.

Globalización: f. Difusión mundial de modos, valores o tendencias que fomenta la uniformidad de gustos y costumbres.

Gubernamental: adj. Del gobierno de un Estado o relacionado con él.

Holgazán/ana: adj. Persona que tiene poca disposición para hacer algo que requiere esfuerzo, especialmente trabajar.

Hora punta: **f.** Aquella en que se produce mayor aglomeración en los transportes urbanos, por coincidir con la entrada o salida del trabajo.

Huésped: m y f. Persona que se aloja en un hotel o en casa de otra persona, bien como invitado o bien pagando por ello.

Humanoide: adj. Con rasgos propios del ser humano.

Humilde: adj. Persona que no hace ostentación de sus virtudes.

Incendio forestal: **m.** Fuego grande que quema los bosques.

Infatigable: adj. Que no se cansa o que resiste bien la fatiga, incansable.

Infinidad: f. Gran número, muchedumbre.

Introvertido/a: adj. Que exterioriza poco sus sentimientos.

Lujoso/a: adj. Que es de lujo: cosa o conjunto de cosas prescindibles que suponen gran gasto de dinero o de tiempo.

Manejo: m. Empleo de una cosa con un fin determinado.

Nocivo/a: adj. Que hace daño o es perjudicial.

Portal: m. Entrada principal de un edificio.

Pragmático/a: adj. Persona que piensa o actúa dando mucha importancia a las consideraciones prácticas.

Prevalecer: v. intr. Sobresalir, tener superioridad o ventaja.

Privacidad: f. Derecho y propiedad de la propia intimidad y vida privada.

Racionalizar: v. tr. Organizar la producción o el trabajo de manera que aumenten los rendimientos.

Radiactivo/a: adj. De la radiactividad, que emite radiaciones.

Relajarse: v. prnl. Conseguir un estado de reposo físico y mental.

Remolón/ona: adj. Que evita trabajar o realizar algo.

Reticencia: f. Desconfianza o cautela que inspiran ciertas personas, actos o dichos.

Reto: m. Cosa difícil que alguien se propone como objetivo.

Saturar: v. tr. Llenar u ocupar una cosa hasta el límite de su capacidad.

Sólido/a: adj. Firme, macizo, denso y fuerte.

Soltura: f. Habilidad y desenvoltura.

Tóxico/a: adj. Que es venenoso o que puede causar trastornos por las lesiones debidas a un efecto químico.

Trámite: m. Paso que debe realizarse de forma sucesiva para solucionar un asunto que requiere un proceso.

Tripular: v. tr. Conducir, especialmente, un barco, avión o vehículo espacial.

Vigilar: v. tr. 1. Acción de observar a una persona o cosa. 2. **v. intr.** Cuidar o preocuparse por el bienestar de alguien o la buena marcha de algo.

En tu idioma

A la defensiva: **expr.** En alerta, recelando y defendiéndose aunque no haya ataque. . . . .

Acumulación: **f.** Agrupación o amontonamiento de algo en cantidad. . . . .

Aficionado/a: **adj.** Que tiene una afición, una actividad o cosa hacia la que se siente inclinación. . . . .

Alardear *(de):* **v. intr.** Hacer ostentación de alguna cosa o presumir públicamente de algo. . . . .

Ambicioso/a: **adj.** Que tiene deseo ardiente de conseguir poder, riquezas, dignidades o fama. . . . .

Arrogante: **adj.** Altanero, soberbio. . . . .

Ataúd: **m.** Caja, normalmente de madera, donde se deposita un cadáver para enterrarlo. . . . .

Bronca: **f.** (coloq.) Riña o disputa ruidosa, o reprensión dura. . . . .

Burlarse de: **v. prnl.** Ridiculizar acciones o personas. . . . .

Cabezazo: **m.** Golpe dado con la cabeza o recibido en ella.

Colega: **m y f.** 1. Persona que tiene la misma profesión o actividad que otra. 2. Amigo (coloq.). . . . .

Celoso/a: **adj.** 1. Persona que tiene envidia por el éxito que otro disfruta. 2. Sentimiento que experimenta una persona cuando sospecha que la persona amada siente amor o cariño por otra. . . . .

Cobarde: **adj.** Falto de valor, pusilánime, miedoso. . . . .

Chulo/a: **adj.** Que actúa o habla desafiante o con insolencia y cierta gracia. . . . .

Codiciado/a: **adj.** Ansiado, que apetece mucho. . . . .

Coleccionismo: **m.** Afición a coleccionar o agrupar objetos y técnica para ordenarlos. . . . .

Como los chorros del oro: **expr.** Muy limpio, reluciente. . . . .

Compartimento: **m.** Departamento de un vagón de tren. . . . .

Compulsivo/a: **adj.** Que responde a un impulso o deseo intenso de hacer algo. . . . .

Concisión: **f.** Brevedad, precisión en la forma de expresarse, ya sea por escrito u oralmente. . . . .

Condensación: **f.** Reducción del tamaño o del volumen de algo, resumen. . . . .

Creído/a: **adj.** (coloq.) Persona vanidosa, orgullosa. . . . .

Cripta: **f.** Lugar subterráneo utilizado para enterrar a los muertos. . . . .

Deambular: **v. intr.** Acción de andar o caminar sin dirección determinada. . . . .

Defecto: **m.** Imperfección o falta que tiene alguien o algo en alguna parte, o de una cualidad o característica. . . . .

Despido: **m.** Expulsión o destitución de una persona de su empleo. . . . .

Destilar: **v. tr.** Mostrar de manera sutil, dejar ver. . . . .

Egoísta: **adj.** Persona que tiene excesivo aprecio por sí misma sin preocuparse del de los demás. . . . .

En vela: **expr.** Sin dormir o con falta de sueño. . . . .

Envidia: **f.** Sentimiento de tristeza o enfado que experimenta la persona que no tiene algo que otra posee. . . . .

Escrúpulo: **m.** Duda, temor o recelo sobre si una cosa es o no cierta, moral, justa, etc. . . . .

Hacer acopio de: **expr.** Reunir en cantidad alguna cosa. . . . .

Especulación: **f.** Suposición o teoría, más o menos fundamentada, que se hace sobre una cosa. . . . .

Esqueleto: **m.** 1. Bosquejo, plan de una obra. 2. Conjunto de huesos de un cuerpo. . . . .

Estridente: **adj.** 1. Sonido que es agudo, desapacible y chirriante. 2. Que es llamativo, presenta un contraste violento o produce una impresión fuerte. . . . .

Fanatismo: **m.** Defensa apasionada de creencias, opiniones, ideologías, etc. . . . .

Fósforo: **m.** Palito fino de cera, madera, cartón, etc., con una cabeza de fósforo que se enciende al frotarla con una superficie adecuada. Cerilla. . . . .

Grotesco/a: **adj.** Que produce risa o burla por buscar lo ridículo, extravagante o absurdo. . . . .

Hipócrita: **adj.** Que finge una cualidad, sentimiento, virtud u opinión que no tiene. . . . .

Hurto: **m.** Robo sin violencia. . . . .

Insulto: **m.** Ofensa, especialmente con palabras hirientes, injuria. . . . .

Intercambiar: **v. tr.** Cambiar mutuamente, recíprocamente. . . . .

Irrespetuoso/a: **adj.** Que no muestra respeto o consideración, grosero. . . . .

Jornada laboral: **f.** Duración del trabajo diario de los obreros y empleados. . . . .

Lagartija: f. Reptil pequeño, de color verde, marrón o rojizo, cuerpo alargado, con cuatro patas y una cola muy larga que puede regenerar cuando la pierde; es huidizo, se alimenta de insectos y vive entre los escombros y en los huecos de las paredes. . . . .

Mandón/ona: adj. Que manda abusando de su autoridad e incluso sin tenerla. . . . .

Maniático/a: adj. Persona que tiene una costumbre extraña, o una preocupación exagerada e injustificada por algo. . . . .

Máscara: f. Pieza de cartón o tela para taparse la cara y no ser conocido, o para protegerse de algo. . . . .

Menospreciar *(a)***: v. tr.** Tener a una cosa o a una persona en menos de lo que es o de lo que merece. . . . .

Moratón: m. Mancha morada, amarillenta o negruzca que sale en la piel a causa de un golpe. . . . .

Orientación: f. Información que se da a alguien que ignora algo, o consejo sobre la forma más acertada de llevarlo a cabo. . . . .

Oscuro/a: adj. Confuso, falto de claridad, poco comprensible. . . . .

Penitente: adj. Persona que en las procesiones va vestida con una túnica en señal de penitencia: dolor y arrepentimiento que se tiene de una mala acción. . . . .

Pesimismo: m. Tendencia a ver las cosas en su aspecto más desfavorable y negativo. . . . .

Potencialidad: f. Capacidad para ejecutar algo o producir un efecto. . . . .

Prepotente: adj. Que abusa de su poder. . . . .

Prestigio: m. Renombre, buen crédito e influencia. . . . .

Procesión: f. Acto de carácter religioso en que un conjunto de personas siguen un recorrido trazado. . . . .

Quejarse *(de)***: v. prnl.** Expresar o presentar disconformidad, disgusto o enfado. . . . .

Raro/a: adj. Extraño, de comportamiento e ideas extravagantes. . . . .

Recogida: f. Acción de recoger: juntar personas o cosas dispersas. . . . .

Reproche: m. Censura, crítica, reprimenda. . . . .

Portazo: m. Golpe fuerte que da una puerta al cerrarse. . . . .

Susceptible: adj. Persona que se ofende fácilmente. . . . .

Territorio: m. Esfera de acción, terreno en que se pueden mostrar las características de alguna cosa. . . . .

Tesoro: m. Cantidad reunida de dinero, valores u objetos preciosos que se guarda en algún lugar. . . . .

Trepa: m y f. (coloq.) Persona con pocos escrúpulos que se vale de cualquier medio para prosperar. . . . .

Tropezar *(con)***: v. intr.** Detenerse o ser impedida una cosa por encontrar un obstáculo. . . . .

Verosímil: adj. Con apariencia de verdadero, creíble. . . . .

UNIDAD 1: VIDAS ANÓNIMAS

1. **Entrevistador: Esta mañana ya os avanzábamos que íbamos a hablar con los voluntarios de PROYDE, una ONG que desarrolla su labor fundamentalmente en África. Buenos días y bienvenidos.**

Todos: Buenos días.

E.: Ellos son Miguel, José Manuel, Marta y, por teléfono, también hemos podido contactar con Luis Martínez, que está en Santiago de Compostela. Luis, buenos días.

Luis: Hola, buenos días a todos.

E.: Bueno, vosotros lleváis ya varios años en África gracias a PROYDE, ejerciendo labores de voluntariado. Me interesaría que me hablarais un poco de esta ONG. ¿José Manuel?

José Manuel: PROYDE es una organización no gubernamental que está vinculada al colegio religioso de La Salle y fue creada en el año 88. Las siglas de PROYDE significan Promoción y Desarrollo. PROYDE no se dedica a labores asistenciales como Cáritas o la Cruz Roja en caso de catástrofes naturales, sino que PROYDE se dedica al desarrollo de proyectos educativos, como la creación de escuelas, por ejemplo.

E.: José Manuel, tú has estado ya en varios proyectos.

J.M.: Sí, la verdad es que tuve la suerte de que en el año 89 me invitaran a participar en un proyecto en Guinea Ecuatorial. Aquello me fascinó. Volví a repetir en Eritrea en el año 95. Después, estuve en dos proyectos diferentes en la India, y ahora es la segunda vez que voy a Ruanda. Ojalá pueda seguir viviendo estas experiencias en el futuro por todo lo que me aportan y todo lo que aprendo de ellas.

E.: Este año, como decías, has estado en Ruanda con Marta. Marta, cuéntame tu experiencia también.

Marta: Bueno, mi experiencia ha sido maravillosa. Al igual que José Manuel, me sentí atraída por la labor del voluntariado en el tercer mundo y ha sido un paso importantísimo en mi vida. No creo que haya nada más valioso que ayudar al que lo necesita. Se lo recomiendo a todo el mundo. Siempre se puede ser voluntario, no solo en otro país, sino en tu misma ciudad.

E.: Veo que no os arrepentís en absoluto… Miguel, ¿cómo se prepara uno para ir de voluntario a África?

Miguel: Bueno, es imprescindible tener, en primer lugar, muchas ganas y mucha ilusión. Además, es necesario contactar con el encargado del colegio para comentarle las inquietudes que tienes. Hacer también un curso de formación *online* para conocer la realidad a la que te vas a enfrentar y, una vez que tienes el destino asignado, conocer a tus compañeros de viaje. Es importante que el cooperante vaya con una mentalidad fuerte para poder enfrentarse a las situaciones que puedan surgir allí.

E.: Quiero que me habléis un poco por separado de los proyectos que habéis realizado. José Manuel…

J.M.: Nuestro proyecto se ha desarrollado en la escuela La Salle de Kirenge. Kirenge es un pueblecito que está en las colinas de Ruanda donde no hay carreteras asfaltadas y donde nadie tiene coche o moto. Allí, el director del colegio nos pidió que fuéramos a dar un curso de lengua inglesa a los profesores de la escuela. Además, al mismo tiempo, ayudamos a instalar la primera sala de ordenadores de la zona. La idea es que la gente pueda tener una educación de calidad y una vida cada vez más digna.

E.: Esta pregunta es para Miguel y para Luis. ¿Nos podríais contar vuestro proyecto en Burkina Faso? Luis, el veterano eres tú.

L.: Bueno, yo ya había estado antes en el norte de Burkina. Burkina es un país de los más pobres del mundo. PROYDE está allí y nosotros fuimos para acompañar a la gente y, sobre todo, para que ellos sepan que no están solos. No vamos a rescatar a nadie.

E.: Luis, ¿y cómo pudisteis ayudar sin saber el idioma?

L.: Bueno… Cuando las personas necesitan ayuda, la comunicación no es un problema. La comunicación va mucho más allá de hablar. Puedes comunicarte a través de las acciones y los sentimientos, es una manera de estar y una manera de ser. Y hemos sabido hacerlo, ¿verdad, Miguel?

M.: Sí, es cierto. Siempre tienes miedo al principio por si serás capaz de cumplir las expectativas. En nuestro caso, teníamos que reconstruir la cocina de un internado. No sabíamos lo que era un ladrillo, pero al final estuvimos allí y pudimos hacerlo con la ayuda de las personas que vivían en aquel lugar. Estas personas te enseñan mucho más a ti que tú a ellas. Quizás vuelva a África para poder devolvérselo.

E.: Entonces, en los dos proyectos habéis ido por cubrir una necesidad. ¿Tenéis pensado algo para el año que viene? ¿Luis?

L.: Bueno, yo sí que querría volver a Burkina porque hay mucho por hacer. Pero un voluntario de PROYDE es una persona que está en disposición de ir allá donde haya una necesidad. No vamos de vacaciones. No elegimos dónde ir. El voluntario no puede tener exigencias.

E.: Pues me ha encantado hablar con vosotros. Muchas gracias por vuestro tiempo y vuestras ganas. Os deseo mucha suerte en todo lo que emprendáis.

J.M.: Muchas gracias a ti, ha sido un placer.

Adaptado de http://www.valledebuelnafm.com/index.php/features/features/audios/item/7226-entrevista-a-los-voluntarios-de-proyde

2. ● **¿Cuándo empezaste en el mundo de la danza?**

↪ Empecé cuando era muy chiquita. Tendría unos 5 o 6 años cuando me apunté a una escuela de ballet clásico que había cerca de mi casa. No tenía ni idea de música o baile, pero pasé por delante de la escuela y fue como un flechazo. Es cierto que tenía un tío abuelo bailarín bastante importante que puede que me haya influenciado en mi pasión por la danza: se llamaba Joan Magrinyà, bailarín, maestro de baile, coreógrafo y director muy vinculado al Gran Teatro del Liceo de Barcelona. Cuando tenía 15 años, me apunté a la Escuela de Danza María de Ávila y ya tenía claro que quería dedicarme a esto a nivel profesional.

● **¿Qué sueles enseñar en tus clases?**

↪ En las clases de iniciación suelo enseñar los movimientos corporales básicos, así como mucha respiración y preparación física. Es muy importante trabajar en el suelo la tonificación muscular inicial. También en danza es necesario trabajar mucho la memoria muscular a través de la repetición. Lo primordial es que el movimiento no sea robótico. En la danza, aunque parezca que hagamos los mismos movimientos o utilicemos la misma técnica, cada uno tiene que sacar y descubrir su propio estilo personal. En la danza hay que estar preparado para todo. Creo que es muy importante ser un camaleón en esta profesión.

● **¿Por qué elegiste la Escuela del Teatro de las Esquinas para tus clases?**

↪ Todos los profesores están en activo y son profesionales excelentes. Además, se genera una interesante interacción entre grupos multidisciplinares. En la escuela se tocan las tres artes dentro del mismo centro: danza, música y teatro. Es interesante que, al margen del circuito de las instituciones públicas, exista este tipo de escuelas gracias a la generosidad de la gente. Allí se han formado varios artistas que, posteriormente, han creado representaciones musicales y obras de teatro que han sido producidas por otras instituciones. Esta combinación de disciplinas solo puede ser positiva.

● **El profesional del mundo de la danza, ¿nace o se hace?**

↪ Las dos cosas, sobre todo para la gente que sale ahora, que lo tiene muy difícil. Si no es algo que te apasiona, que digas que dejas todo por esto, no lo vas a hacer. Es que el día a día es tan difícil y tan duro que, si no crees que esto es imprescindible, no aguantas. Si no tienes esa actitud, siempre habrá alguien a tu lado que esté dispuesto a hacerlo. En este mundo eres muy competitivo hasta contigo mismo y si en un momento dado tú no estás dispuesto a hacerlo, el de al lado sí lo está.

● **¿Qué aporta la danza?**

↪ Primero, empiezas a bailar porque te gusta o tienes la necesidad de hacerlo, de expresarte así, de conocer la técnica y de aprender. Pero luego, te das cuenta de que eso se hace para algo, se hace para mostrarlo. Lo escénico lo tienes muy incorporado desde niño, le pierdes el miedo desde pequeño, pero no llegas a conocer el motivo de por qué haces esto hasta más adelante. Hacemos lo que hacemos para el público, no hay ninguna duda. A los demás les aportas poesía, magia... Utilizas el movimiento y les haces ver que las cosas se pueden sentir y decir de otra manera. Las sensaciones son un lenguaje y no siempre nos comunicamos con palabras. La gente que viene a vernos, sin saberlo, se va a casa pensando; la danza les ayuda a cultivar la sensibilidad.

● **¿Con qué problemas se encuentra la danza hoy en día?**

↪ Actuar en un teatro fantástico y que no haya más de 20 personas es tremendo. Recuerdo que no hace mucho vino al Teatro Principal Carolyn Carlson, un icono de la danza contemporánea europea y mundial, y éramos 17 personas. Algo gordo falla. Y los estudiantes de esta disciplina, ¿dónde están? Es como que no saben, como que tienen todas las ventanas de fuera hacia adentro. Pueden verlo todo en Internet y no ven nada. Tienen todas las ventanas a su alcance y eso les relaja, es inconsciente. No se dan cuenta de que eres tú el que tienes que moverte. Ahora parece que, como todo lo tienes a mano, en cualquier momento puedes hacerlo, pero nunca lo haces. Lo educacional tiene que estimular de otra manera.

Adaptado de http://www.teatrodelasesquinas.com/entrevista-a-ingrid-magrinya-bailarina-y-profesora-de-danza-contemporanea -en-la-escuela-de-teatro-de-las-esquinas y http://www.artincom.com/entrevista-ingrid-magrinya

---

UNIDAD 2: VIAJAR PARA APRENDER

3. ● **Buenos días, en el programa de hoy nuestra compañera Mar nos hablará sobre un tema de actualidad: la demanda de pisos de alquiler por parte de estudiantes extranjeros. ¿No es así?**

↪ Efectivamente, Gloria. Según las encuestas, se estima que unos 100 000 estudiantes extranjeros necesitaron alquilar una vivienda para su estancia de estudios en España. Algunos buscan habitaciones desde su país de origen a través de agencias. Otros encuentran alquileres cuando llegan a España, pero con precios que superan lo previsto.

Charles, por ejemplo, prefiere pagar un poco más por una habitación que tenga determinadas garantías. Este estudiante inglés busca un piso con un contrato que sea de solo tres meses, ya que en muchas ocasiones te exigen un año. Además, quiere un alquiler que incluya servicios como la limpieza o el acceso a Internet.

A Miriam Gori, de Florencia, también le interesa encontrar alojamiento a través de una agencia. A veces las universidades tienen un acuerdo con algunas agencias inmobiliarias, por lo que el alquiler es mucho más barato. Para Miriam lo más importante es que el piso esté próximo a su universidad.

Sin embargo, no todos los estudiantes extranjeros llegan a España con un *techo bajo el brazo*. Muchos prefieren buscar alojamiento una vez han llegado al país de destino. Este es el caso de Julian Dör, alemán, que prefiere vivir en una casa donde, además de no tener que coger el transporte público, haya alguien conocido. Por eso, busca un piso que pueda compartir con amigos de otras nacionalidades que estén en su misma situación.

● **Muchas gracias, Mar, este ha sido nuestro tema de actualidad de hoy, volveremos el martes con otras noticias de interés.**

Adaptado de http://economia.elpais.com/economia/2014/06/18/vivienda/1403098653_944653.html

4. **Conversación 1**

Va a escuchar una conversación entre los miembros de una pareja.

- ¡Pero, Nicolás, hombre! ¿Qué te ha pasado? ¿Cómo vienes así?
- Ya ves, que me ha pillado un aguacero saliendo del trabajo y me he puesto como una sopa.
- Ya puedes cambiarte de ropa pronto o cogerás un buen resfriado. Eso te pasa por no haberte llevado un paraguas, siempre vas como loco y no tienes en cuenta este tipo de cosas.

Conversación 2

Va a escuchar una conversación entre dos amigos que se encuentran por la calle.

- Ayer me enteré de lo de Santi y Lucía, ¡menuda noticia!
- Bueno, yo ya lo veía venir... y eso que se habían comprado una casa hace poco. Desde luego, va a ser raro verlos a cada uno por su lado. Ya verás como, a partir de ahora, Lucía nos llama más a menudo.

Conversación 3

Va a escuchar una conversación entre dos compañeros de trabajo hablando de las vacaciones.

- Dime, Sara, ¿qué te ha contado Tomás?
- Pues me ha contado que está de becario en una empresa y que está muy contento. Ahora tiene vacaciones y me ha preguntado si nos hacemos alguna escapada a la playa unos días aprovechando que el apartamento de sus padres está libre.
- ¡Qué rabia! A mí ya no me quedan días.

Conversación 4

Va a escuchar una conversación entre un padre y su hija.

- ¡Estoy harta! Después de estar de baja un mes me dicen que no me van a pagar nada. Yo contaba con ese dinero para poder cambiar de móvil, llevo sin poder conectarme más de dos meses.
- No te preocupes, hija. Yo te adelanto el dinero si quieres.

Conversación 5

Va a escuchar una conversación entre dos amigos.

- ¡No pongas esa cara! No es para tanto, es solo un esguince. Verás como, en nada, estás andando otra vez.
- No sé yo... Como no me recupere, no podré ir al concierto y ya tengo la entrada comprada.

Conversación 6

Va a escuchar una conversación entre los miembros de una pareja que hablan de un problema doméstico.

- ¿Cuándo piensas arreglar el grifo? Ahora tienes tiempo.
- Tienes razón, Pili, pero ya me conoces, soy un manazas, creo que sería mejor contratar a un fontanero, aunque nos cueste un ojo de la cara.

UNIDAD 3: CON RITMO

5.
- Yo, desde el principio, he utilizado las series de televisión o los programas de radio para aprender otras lenguas. Tengo mucho interés por aprender expresiones idiomáticas, así que, cuando escucho una, la escribo en mi cuaderno especial. Es un cuaderno que llevo conmigo todos los días y a todas horas. Cuando estoy esperando el autobús o en la cola del supermercado, saco la lista y voy memorizando las frases nuevas. Todo el mundo me mira raro, pero, a mi modo de ver, es la mejor forma de aprender.

- Yo veo que aprendo mucho mejor el vocabulario a través de imágenes. Cuando llego a casa, intento seleccionar una imagen para esa palabra nueva que he aprendido con la que tenga relación, después la dibujo en mi cuaderno y, si puedo, hago conexiones con otras palabras que sean de la misma familia. Hay gente que utiliza como yo los "mapas mentales". Se dice que "una imagen vale más que mil palabras" y que "de la vista nace el amor", pues, según los estudios, la implicación de más sentidos en el aprendizaje ayuda a integrar el conocimiento de una forma más eficaz.

- Mi madre me decía que, desde pequeño, tocaba todo lo que veía, así que parece ser que tengo muy desarrollado el sentido del tacto. Si consigo tocar y tener delante un objeto nuevo, nunca lo olvido. Sin embargo, yo no creo que esta técnica sea muy eficaz para aprender idiomas. También aprendo mejor cuando puedo utilizar el contenido para hacer algo creativo: una representación, una escultura, un dibujo, lo que sea.

- Cuando estaba en el instituto me di cuenta de que necesitaba oír la lección. Así que mi madre o mi hermano me leían el tema de vez en cuando. Por eso, cuando estudio un idioma, escribo las palabras varias veces y luego las repito en voz alta. Cuando no tengo a nadie con quien hablar, suelo hablar conmigo misma. Parezco un poco loca, pero yo diría que me ayuda a no olvidar el nuevo vocabulario.

6. ● ¡Vaya faena con lo de la boda!

○ ¡Ya ves! Tanto tiempo organizándola y se nos han caído todos los planes a última hora. Acabo de venir del restaurante y me han dicho que me podrán devolver el 50% de la reserva.

● Algo es algo, mujer. No desesperes. ¿Y qué vas a hacer al final con el viaje? Me dijo Pedro que os ibais a ir a las islas Maldivas.

○ ¡Qué va! Nos decidimos tarde, la oferta se acabó y no pudimos elegir ese destino. Mira, al final, gracias a eso no reservamos ningún viaje y por ese lado no hemos perdido dinero. Porque las bodas son un despilfarro, y las bodas que no se celebran, mucho más.

● ¡Yo que me había comprado un traje! Lo pienso guardar para la nueva fecha. Eso siempre que no siga adelgazando, estoy haciendo una dieta, he perdido varios kilos ya, pero aún me quedan algunos más.

○ Admiro tu fuerza de voluntad… Yo he hecho dieta muchas veces, pero soy incapaz de seguirla.

● Tú no necesitas perder peso, ¡si estás como un fideo!

○ Ahora sí, con los nervios de la boda y estos problemas de última hora, no pruebo bocado, apenas tengo apetito y casi no puedo dormir. Creo que me cogeré unos días en el trabajo para poder descansar como es debido.

● Claro que sí, es lo mejor que puedes hacer, una vez que resuelvas todo, vete al pueblo unos días a desconectar y a descansar.

○ Desde luego, Nacho. Eso haré. Por cierto, ¿qué tal tú? ¿Ya estás totalmente recuperado de la caída?

● Ya casi no me duele nada y, mira, no me ha quedado ninguna cicatriz. Estoy deseando volver a salir a correr.

UNIDAD 4: CUÍDATE

7. **1.** Creo que lo principal es que ames este deporte más que a nada mientras lo practiques. Es recomendable que te tomes en serio todas y cada una de las competiciones; una competición no se inicia con el silbato del juez de salidas, sino cinco minutos antes: imagínatela en tu interior, empezando por la salida, el recorrido, el estilo que tengas que utilizar, la llegada y, finalmente, el marcador con el tiempo que deseas hacer. Muchos fracasos se producen por situarte en la piscina sin estar debidamente concentrado en la prueba.

2. Pienso que es fundamental que elijas el material adecuado y te dejes asesorar. Es aconsejable saber qué vestimenta se usa para cada época del año. Tienes que estar preparado, ya que no es lo mismo subir por una carretera de montaña en invierno que en verano. Para estar diez horas encima de las dos ruedas, es necesario ir bien equipado.

3. Si yo fuera tú, no iría con la idea de que vas a perder, da igual que seas el cinturón que seas, y la calidad de los otros competidores. Tienes que ir con mentalidad de ganador, pero también ten en cuenta que puedes perder. Concéntrate en tu adversario, en sus cosas buenas y en sus cosas malas; sobre todo aprovecha las malas, ya sabes, si coloca mal los pies en el tatami, por ejemplo. Si ganas el combate, valora cómo lo has hecho, los aciertos y los fallos. Si has perdido, no tiene importancia, debes observar más combates y aprender para próximas ocasiones.

4. Yo sugiero que en este deporte no des información a tus rivales. Cuando pierdes los nervios porque las cosas no salen como quieres, y lo muestras con gritos y golpes en la cancha con la raqueta, te estás acercando a tu derrota, pues le estás ofreciendo información a tu rival para que este actúe en consecuencia. Solo le estás dando más y mejores herramientas para que gane el partido. El desafío es mantenerse tranquilo y concentrarse para mejorar el juego.

8. Mi nombre es Lucas Caruso y soy entrenador de *crossfit*. Se trata de un programa inédito de acondicionamiento físico general, amplio e inclusivo, que tiene como objetivo el desarrollo de todas las capacidades físicas. La funcionalidad, la variedad y la intensidad son sus pilares. *Crossfit* reconoce diez capacidades físicas: fuerza, potencia, velocidad, coordinación, precisión, resistencia muscular, resistencia cardiorrespiratoria, flexibilidad, equilibrio y agilidad.

La gente piensa que es una nueva moda para perder peso, pero yo me opongo a esa idea. Las modas son precisamente eso: crecen, tienen un pico, luego caen y algunas, inclusive, desaparecen. Nosotros planteamos un cambio de paradigma, una manera diferente de vivir basada en un círculo virtuoso de supersalud que incluye entrenamiento, nutrición y factores sociales. Nuestros resultados son mensurables, es decir, que nuestros alumnos pueden medir con datos reales su evolución: en dos meses obtienen resultados que, en un gimnasio convencional, tardarían dos años en lograr o tal vez nunca alcanzarían.

En Argentina ya hay una treintena de centros afiliados al *crossfit*. Este entrenamiento lo pueden seguir tanto hombres como mujeres, ambos lo practican por igual. Cada clase dura sesenta minutos, y está compuesta por una entrada en calor, explicación de las técnicas, el entrenamiento del día y una vuelta a la calma. La frecuencia de práctica dependerá de la edad, el estado físico de la persona, si practica otros deportes o no, y limitaciones de otro tipo. La recomendación es siempre arrancar con dos veces por semana hasta que los alumnos descubran de qué trata el entrenamiento y empiecen a tomar un ritmo.

Al contrario de lo que todo el mundo piensa, la propuesta del *crossfit* no apunta a consumir calorías. Nosotros medimos rendimientos o *performance* atlética. ¿Cuántas repeticiones de un ejercicio se hicieron en un tiempo determinado? Ese es el tipo de preguntas que nos hacemos y que nuestros alumnos se responden todos los días.

En el caso de las mujeres tampoco buscamos masculinizar su cuerpo. Primero y principal, nosotros entendemos el cuerpo de una modelo como un cuerpo que no es saludable. Con el correr del entrenamiento, las mujeres empiezan a desarrollar cuerpos atléticos, pero no grandotes. Es imposible que suceda algo así, porque nuestros protocolos no están basados en la hipertrofia que busca volumen. Nosotros buscamos cuerpos funcionales y fuertes, y esto se logra con trabajos de fuerza, pero eso no conlleva volumen necesariamente. Es ilógico y no tiene fundamento de ningún tipo la afirmación de que con dos meses de *crossfit* las mujeres se ponen grandotas.

Trabajamos el cuerpo como si fuese una unidad sistémica. No lo vemos compuesto por diferentes partes que hay que trabajar, sino como un todo. Nuestros alumnos corren, saltan, trepan, empujan, lanzan y tiran. Nuestra especialización es la no especialización, estar preparados para lo desconocido y para aquello que conocemos, pero que no podemos predecir cómo ni cuándo ocurrirá.

UNIDAD 5: TODO CAMBIA

9. Pedro

No me he olvidado del primer día que comencé en el hospital. Fue bastante duro porque no me imaginaba que me encontraría tanto sufrimiento. Todo depende de la sección en la que te encuentres. Para mí fue muy duro ver a niños tan pequeños enfermos. Intentas hacer todo lo posible por ayudarles… Pero, ¡uf!, es complicado. Así que pedí cambiarme a un centro de salud porque no podía sobreponerme a algunas situaciones.

Marta

Recuerdo cuando comencé a dar clases. ¡Cómo disfrutaba! ¡Era genial! Todos los chicos escuchaban con atención en clase, hacíamos obras de teatro juntos… ¿Qué más, qué más? Recuerdo también tener mucho tiempo para preparar la asignatura de lengua. ¡Uf, me inventaba tantísimos juegos…! Ahora trabajo dando clases de inglés en bachillerato y ciclos formativos en un instituto. ¿Que si noto diferencia? Bueno, los alumnos más mayores te aportan también otro tipo de experiencias y compartes con ellos otras cosas, quizás más personales.

Marisol

Recuerdo como si fuera ayer mis comienzos. Empecé a trabajar de locutora en la emisora de mi pueblo. No era un trabajo muy bien pagado, pero, bueno…, estaba bien. Uno de esos días que iba al trabajo, me llamaron de Cadena Cien para contratarme. ¡No me lo podía creer! ¡Pensé que era una broma! Habían escuchado una de mis entrevistas y les había encantado. Ha sido la mayor sorpresa que he recibido en mi vida. ¿Lo mejor? Conocer gente nueva, gente que tiene mucho que contar y poder ser el medio por el que llegar al público… Es increíble.

Alfonso

¿Mi primer día de trabajo? Fue en una empresa de automóviles. Yo estaba en el departamento de calidad y tenía que probar las piezas nuevas de los coches. Estaba todo el día metido en el laboratorio. ¿Y lo peor? Pues no me gustó nada ver cómo gente nueva accedía a puestos superiores teniendo menos experiencia que yo. Me ofrecieron la posibilidad de hacer muchas horas seguidas a cambio de días libres. ¿Te puedes creer que luego no me dejaron pedirme esos días? Ahora trabajo en una empresa más humilde, pero en la que me encuentro mucho mejor. ¡Menos mal que me fui de allí!

10. Persona 1

Las redes sociales son una maravilla para tener información actualizada sobre los temas que te interesan. Gracias a ellas, me entero de todo lo que pasa en mi ciudad. Lo que no me convence es la cantidad de vídeos tontos y publicidad que te tienes que tragar antes de encontrar algo interesante.

Persona 2

A los adolescentes les encantan las redes sociales, ya que se sienten integrados compartiendo inquietudes y aficiones. Pero, como padre, me preocupa el acceso que tienen a contenidos inadecuados para su edad. No creo que se den cuenta de la pérdida de intimidad que supone publicar todo en Internet.

Persona 3

La gente puede manipular la información fácilmente en las redes. Todos somos más guapos, más ingeniosos y mejores fotógrafos a los ojos de los demás. Solo se quiere impresionar a la gente que te sigue. Si eres inmune a tanta tontería, por lo demás es una forma fantástica de estar conectada con los amigos que tengo repartidos por el mundo.

Persona 4

¡Mucho cuidado con las redes sociales! Pese a que es un medio espléndido para hacer conexiones en el mundo profesional, la información que publicas se puede volver en tu contra. Seguro que hay más información de ti de la que desearías y, si se saca de contexto, en el futuro puede costarte el puesto de trabajo. ¿Quién no tiene alguna foto inapropiada después de una juerga con sus amigos?

Persona 5

Es fabuloso cómo funcionan las redes para generar y difundir movimientos masivos de solidaridad ante una buena causa. Eso sí, cuando publicamos algo, no somos plenamente conscientes de a la cantidad de gente a la que llega. Prefiero quedarme con lo bueno que tienen.

Persona 6

Los psicólogos ya han descrito patologías asociadas a las redes sociales. El abuso de estas puede causar verdadera adicción; no te quieres perder nada, tienes que contestar a todo, necesitas publicar algo constantemente… Conozco a gente que lleva tres baterías en el bolso para ir cambiándolas durante el día y, así, estar siempre conectada.

11. ◗ Para mí, el arte urbano es una pasada. Creo, por ejemplo, que el grafiti es un arte que está vivo y que los diseños están en un constante cambio. Estoy desconectado de otro arte más formal, porque estoy muy interesado en todo lo que tiene que ver con la denuncia social.

☞ Debo reconocer que no estoy muy puesta en este tipo de arte. La verdad es que no me fijo mucho a no ser que sea muy llamativo, como es el caso de los murales en 3D. Es una gozada ver la creatividad de algunas personas. Sin embargo, creo que es importante no solo el diseño, sino que también tenga sentido en el entorno en el que aparece. Me parece violento encontrar un mural para adultos cerca de un parque infantil, por ejemplo.

◗ Me parece que este tipo de arte callejero es un muermo. Ni lo entiendo ni me parece estético. Además, creo que las calles están para otra cosa. Se puede hacer denuncia social en lugares que estén preparados para ello. Un día estuve a punto de ir a la policía porque me encontré una de las paredes de mi barrio llena de pintadas. Creo que hay que ser más civilizado.

12. ◗ **Todo comenzó en su pueblo, Aratxabaleta.**

☞ Mi familia no tenía tradición en el alpinismo. Empecé como muchos jóvenes en el País Vasco, donde el entorno se presta. Cada pueblo tiene su club de montaña. En el colegio también se hacían varias salidas cada curso. La práctica la inicié con mi hermano Félix; con él aprendí a disfrutar de la montaña, con él todo era a medias.

◗ **¿Qué recuerdos guarda de su primera vez en el Himalaya?**

☞ Éramos unos críos. Yo tenía 21 años y teníamos poca experiencia, en montaña y en viajar. Éramos muy de pueblo y jóvenes. Sí que le echábamos muchas ganas, pero mucha inconsciencia también. Y tuvimos suerte de que las cosas nos salieran bien, adquiriendo experiencia de forma muy rápida. Todo pasó muy deprisa. Luego llegó el Makalu, que fue muy importante, con Felipe Uriarte, un veterano. Sufrimos las primeras congelaciones, a mi hermano le amputaron alguna falange, y aprendimos muchísimo en aquella expedición.

◗ **¿Ha evolucionado mucho el alpinismo en estos 20 años?**

☞ Para mí, la mayor evolución ha sido la incorporación de las nuevas tecnologías, el acceso a Internet. Ni el goretex, ni los piolets, ni los sacos de dormir, ni las mochilas han proporcionado una ventaja tan clara como la que ofrece Internet y el acceso a los partes meteorológicos. Eso está permitiendo optimizar muchísimo los intentos a cumbre, porque los partes son cada vez más precisos y fiables. En cuanto a las prendas y el equipamiento, está claro que se está evolucionando y ha habido mejoras, pero en los últimos 20 años, desde que se inventó la bota de plástico, que ese sí fue un cambio que revolucionó el alpinismo, los cambios han sido muy pequeñitos.

◗ **Acabas de volver del Paiju Peak, donde no has podido llegar a la cima. ¿Cómo ha sido esta experiencia?**

☞ En Paiju Peak hubo un componente muy importante, y es que apenas teníamos información de la montaña. Y eso tiene sus pros y sus contras. A favor tiene que, cuando vas a un lugar desconocido, la emoción de la novedad y la incertidumbre de la aventura es tremenda. Y en contra está la propia falta de información. No es fácil salir de casa con un equipo ligero y una idea basada en una foto y acertar en el acceso, en el planteamiento y con el tiempo. No es fácil.

◗ **En estos momentos, el alpinismo comercial está muy en boga, masificando algunas de las montañas más conocidas. ¿Qué opinión te merece esta situación?**

☞ Es una evolución normal. Las expediciones comerciales tienen cosas buenas y malas. Por una parte, permite la profesionalización de la montaña y que mucha gente, que de otra forma no tendría la oportunidad, pueda cumplir este sueño de subir montañas tan complejas. La parte mala es que el montañero se olvida de todos los principios éticos que debe tener todo deporte y se hacen las cosas, en ocasiones, de una manera bastante "patética", anteponiendo la cumbre a todo lo demás. Se han visto experiencias lamentables, como en 2006, cuando Hillary declaró que la actitud de algunos montañeros era triste, porque no pensaban más que en pisar la cumbre, olvidándose de ayudar a gente que se estaba muriendo en la misma ruta.

◗ **No todo es alpinismo. Tienes en marcha varios proyectos de ayuda en Pakistán.**

☞ Tras el accidente de mi hermano, me llamaron de una escuela de montaña para ponerle su nombre. Esto provocó que nos aventuráramos a darle forma a un proyecto nuestro para ayudar a esta gente. Trato de devolverles una pequeña parte de lo que nos han dado a lo largo de los años. Desde hace ya 10 años, llevamos a cabo diferentes proyectos, como instalaciones de agua potable, proyectos de educación o agricultura, para que consigan mayores ingresos. También tenemos proyectos de salud u obras civiles como puentes o sistemas de regadío. Además, tras las inundaciones del año pasado, estamos ayudando a reconstruir 20 viviendas que quedaron destrozadas.

Texto adaptado de http://desnivel.com/alpinismo/alberto-inurrategi-alpinismo-con-estilo y http://blogs.elcorreo.com/basabide/ 2014/01/07/alberto-inurrategi-el-everest-todavia-me-tienta/

13. El Gobierno quiere promover la instalación de antenas de móvil. Para acabar con las reticencias que tienen las corporaciones locales con respecto a este tema, prepara un plan de incentivos económicos para los ayuntamientos que más colaboren en ampliar la cobertura del móvil dentro de sus municipios. De esta forma, los ayuntamientos que, en proporción a su población, den más licencias a las compañías de móvil para colocar nuevas antenas, tendrán derecho a mayores subvenciones estatales para programas de desarrollo de las tecnologías de la información. El ayuntamiento de Burgos ha sido uno de los primeros en aceptar la propuesta y ha anunciado la instalación de unas nuevas antenas de telefonía móvil en el barrio de Gamonal. Estas facilitarán el despliegue de redes fijas y móviles, y mejorarán los servicios a los ciudadanos a precios más bajos. La instalación se llevará a cabo la última semana de agosto. La nueva Ley General de Telecomunicaciones da vía libre a las empresas para colocar antenas donde les sea más conveniente, sin necesidad de ningún tipo de permiso urbanístico o medioambiental; los ayuntamientos solo tendrán que hacer una declaración "responsable" ante el Ministerio de Industria.

Texto adaptado de http://www.lavanguardia.com/local/barcelones-nord/20140522/ 54408166883/rechazo-vecinal-telefonicas-expropiar-azoteas-antenas.html

14. ● Oye, Óscar, ¿qué te parece la nueva casa que se ha comprado Daniel? ¿Ya la has visto?

○ Sí, estuve la semana pasada. No está mal. Creo que es muy espaciosa, pero me parece que le falta algo. No sé, la encuentro poco acogedora. Pero bueno, es similar en ese sentido a la casa que tenía antes en la playa del Sardinero. La decoración parece como si fuera de estilo ibicenco, todo muy blanco y con algún toque en madera.

● Pues a mí me encanta el blanco. Me parece que da a la casa una claridad que, en una ciudad como Santander, viene muy bien. ¿Y sigue estando tan cerca de la playa? Para los días de verano está genial, pero para mí es mejor vivir en el centro.

○ No, esa es la razón por la que se cambió de piso. En invierno todo está un poco a desmano y tienes que coger el autobús si quieres hacer alguna compra. Ahora está viviendo en pleno centro. No sé si te suena la calle Burgos.

● ¿No me digas? Me parece un chollo que haya podido encontrar algo por allí. Creo que no hay sitio más céntrico en todo Santander. ¡Cómo se nota donde hay posibles!, ja, ja, ja... Estoy deseando verla. A ver cuándo nos invita.

15. ● Este año no voy a ir a un hotel, me apetece alquilar una caravana e ir donde quiera y dormir donde me dé la gana.

○ Es una buena opción, hace dos años hice algo así con una furgoneta que tenía mi padre. Eso sí, alquila una buena caravana... Yo lo pasé fatal porque la furgoneta no estaba bien equipada y, después de unos días, estás harto de tantas incomodidades.

● ¡No me digas!

○ Por lo demás, fenomenal; la libertad que tienes es increíble. España no tiene mucha tradición de viajar así, pero, en cuanto sales al resto de Europa, verás que hay muchas facilidades y mucha gente viajando como tú.

● Pues no me digas más, lo acabo de decidir. Pienso hablar con Montse ya mismo para planear una ruta. Me gustaría volver a algún país nórdico y disfrutar de la naturaleza que hay allí.

○ Pues a mí, en estas vacaciones, me apetece visitar el parque natural de Ordesa, nunca he ido y todo el mundo habla maravillas.

● Veo que a los dos nos gusta huir del calor de Sevilla.

○ ¡Es verdad! En mi oficina el año pasado se estropeó el aire acondicionado nueve días y pasamos un calor horrible.

● Bueno, pero, desde que trabajas en casa, estas cosas ya no te pasan. Yo, como hace tiempo que estoy en paro, no tengo ese tipo de problemas.

16. ● Bueno, chicos, era la primera vez que venía al Festival y la verdad es que me ha encantado. Además, San Sebastián es una pasada. Menos mal que os he hecho caso. A punto he estado de no venir. Eso sí, nos hemos gastado una pasta. Pensé que las sesiones iban a estar a un precio más asequible. Casi es como ir al cine el fin de semana. Y claro, si quieres ver varias películas... se te va el presupuesto.

○ Mujer, tampoco es para tanto. Aunque debo reconocer que, como disfruto tanto del cine, no me cuesta gastar el dinero. Por cierto, ¿qué os pareció la ganadora de la Concha de Oro? Era *Sparrows*, ¿verdad? Una película islandesa bastante dura. Te traslada a unos escenarios hermosos pero a la vez tan solitarios, con tan pocas horas de luz... Uf, qué tristeza, ¿no?

● Yo no digo que esa película no esté bien, pero a mí ver las películas en versión original no me va nada, y además por la hora que era, me entró un sueño... De todas las que hemos visto, yo me quedo con *Truman*. Para mí la mejor con diferencia, y además en español. Ricardo Darín está excepcional, como siempre, y el tratar un tema tan delicado como una enfermedad con tanta naturalidad y afecto me cautivó.

● Estoy de acuerdo con Vicente... ¿Y qué me decís de la última de Amenábar? Es increíble cómo consigue tenerte en vilo durante toda la película. Tiene una gran maestría a la hora de jugar con el miedo psicológico, aunque parece que esta vez las críticas no han sido muy buenas...

17. Nunca he visto un drama sobre el tema de la muerte que transmita tanto vitalismo como *Mi vida sin mí*. Supongo que es por ello por lo que ha sido un éxito de taquilla. Para su historia, la directora se basó en una novela breve, que luego se convirtió en guion cinematográfico, donde se trataba el tema de la muerte inminente de una mujer muy joven, y la decisión de esta de vivir el tiempo que le queda de vida con intensidad. Pero lo que hace de *Mi vida sin mí* una obra maestra es la mirada de la protagonista, que se construye a través de la acertada banda sonora, y de un delicado tratamiento de la imagen (abundancia de primeros planos y poéticos encuadres). *Mi vida sin mí* es portadora de una mirada despierta acompañada por las melodías intimistas de su compositor Alfonso de Vilallonga, y que nos recuerda cómo deberíamos enfrentarnos al mundo cada día: sabiendo que nada permanece ni es uniforme. Merece la pena también disfrutar de ella en su versión original, debido a la expresividad de sus personajes.

Adaptado de http://www.elespectadorimaginario.com/pages/septiembre-2010/criticas/mi-vida-sin-mi.php

18. La productora canaria Sur Film convoca un *casting* para participar como figurantes en la quinta entrega de la saga *Bourne*, que se rodará en septiembre en Santa Cruz de Tenerife. El *casting* tendrá lugar en el *hall* del auditorio Adán Martín, los días 28 y 29, desde las diez de la mañana hasta las seis de la tarde.

Necesitan para la película alrededor de ochocientas personas de todos los perfiles, de entre 16 y 75 años. La organización recomienda la preinscripción *online*, ya que, al ser citado, el aspirante ahorra tiempo en el *casting* presencial. Sur Film busca, además, una figuración especial: motoristas griegos con carné A o A2 que residan en Canarias, informáticos experimentados, boxeadores y deportistas de combate, que deberán enviar cuanto antes un correo con sus datos y una fotografía a info@castingcanarias.com para que se les convoque aparte tras el *casting* general.

El director de *casting* señaló que la preinscripción *online* es una medida más para agilizar el proceso. Se convocará a los aspirantes con un intervalo de una hora para evitar colas. Durante esta hora se atenderá alrededor de 150 personas. Si hacen la preinscripción, "los candidatos serán los primeros beneficiarios, porque llegarán al *casting* y solo tendrán que corroborar su identidad y entregar una fotografía", advierte.

Es muy importante, además, que lleven al auditorio el DNI o NIE en vigor, hayan hecho o no la preinscripción *online*. En los formularios también se pide el número de afiliación a la Seguridad Social, que puede dejarse en blanco el día de la prueba, pero que es imprescindible para ser contratado.

Este *casting* conlleva un seguimiento mediático nacional, ya que hablamos de una superproducción hollywoodiense en Santa Cruz con un protagonista de lujo: Matt Damon. La película requiere personas de todos los perfiles, sobre todo gente de rasgos mediterráneos, pero también personas de color y centroeuropeos. Los que se presenten al *casting* tendrán que estar disponibles todo septiembre y los primeros días de octubre, fecha prevista para el rodaje. Gran parte de la acción transcurre por la noche, así que la figuración tiene que estar disponible en horario nocturno. Los menores de edad tendrán que haber cumplido 16 años el día del *casting* y necesitarán una autorización de sus padres o tutores si finalmente son elegidos.

Además, los que quieran pueden llevar su coche o moto al rodaje para que aparezcan aparcados como parte de la decoración del set. Recibirán por ello un plus económico. Santa Cruz se convertirá en la capital griega, Atenas, y acogerá muchas escenas de acción, varias de ellas con figuración. Debido a la dinámica de un rodaje cinematográfico, los que finalmente sean elegidos como figurantes no sabrán cuántos días estarán grabando. Algunas escenas tardan días en rodarse y otras, semanas, dependerá también de cuestiones como, por ejemplo, la climatología.

El alcalde de la capital, José Manuel Bermúdez, aseguró, al informar del rodaje norteamericano en la ciudad, que había pedido a la productora que en la figuración se priorice a los tinerfeños desempleados. El director de *casting* respondió que, en cualquier producción, se intenta favorecer a la zona donde se rueda, para compensar las perturbaciones del rodaje y añadió que, por logística, se intenta siempre evitar los desplazamientos, por lo que se elige el máximo de gente del lugar que cumpla el perfil requerido, lo que suele ser en torno al 90% del total de la figuración.

Adaptado de http://www.laopinion.es/tenerife/2015/07/18/sur-film-busca-800-figurantes/618573.html

UNIDAD 9: COLECCIÓN DE RECUERDOS

19. 🔊 Hola, Javier, ¿qué tal el día? Tienes una cara horrible. ¿Ha pasado algo?

🔊 Pues sí, la verdad es que llevo una semana espantosa. Se trata de Lucía que me ha dicho que necesita un tiempo. Así, de la noche a la mañana. Parece ser que le cuesta mucho mantener una relación a distancia. Me extrañó que no hubiera venido a verme a Bilbao el fin de semana pasado, pero no le di importancia. Dice que es difícil para ella no tenerme cerca. Además, hace quince días no pude ir a Madrid a verla porque teníamos un congreso, y se enfadó conmigo... ¡Como si yo hubiera ido por gusto! Si hubiera sabido que lo estaba pasando tan mal, me habría planteado cambiar de trabajo. No sé qué puedo hacer...

🔊 ¡Jo!, ya lo siento. ¿Y le has hablado de esa posibilidad? A lo mejor, si encuentras algo en Madrid... Aunque sea un trabajo peor remunerado, por lo menos podréis vivir en pareja y dar un paso más en vuestra relación.

🔊 Ya, tienes razón. Pero con la crisis es difícil encontrar un trabajo, y no te digo ya el poder elegir el lugar. Casi es misión imposible. Cuando comencé hace unos años, me ofrecieron un puesto a las afueras de Madrid. ¡Ojalá lo hubiera aceptado! Pero en ese momento no conocía a Lucía. De todas formas, se lo comentaré para ver si cambia de opinión. ¡No quiero perderla! El otro día, cuando me llamó, me hubiera gustado decírselo, pero me quedé de piedra cuando me pidió tiempo, y no pude reaccionar.

20. **Conversación 1**

Va a escuchar una conversación entre dos amigos.

🔊 ¿Qué ha pasado? Me han dicho que te has enfadado con tu marido.

🔊 Es que no doy crédito... ¿Cómo se le ocurre no aceptar algo así? Hay gente que pagaría mucho dinero por ir a un concierto como ese y ¡él dijo que no! Y ni siquiera pensó en que a mí me hubiera gustado ir. Si hubieran sido para ver jugar a Nadal al tenis, habría aceptado de cabeza. ¡A saber cuándo tendré otra oportunidad de ver a Placido Domingo y encima gratis!

Conversación 2

Va a escuchar un aviso radiofónico.

Les avisamos de que este fin de semana habrá cortes en algunas líneas de metro. La línea 1 permanecerá cerrada a causa de unas obras en la estación de Goya desde las 10 hasta las 12 de la mañana. La estación de Sol de la línea 3 estará cerrada el sábado por la tarde debido a la manifestación convocada. Si quieren acudir a Sol, les recomendamos que usen el autobús. Les recordamos que, como todos los fines de semana durante el periodo navideño, las calles del centro estarán cortadas para los vehículos privados.

Conversación 3

Va a escuchar una conversación entre dos compañeros de trabajo.

🔵 Se supone que estaba todo organizado a la perfección. Yo misma me preocupé especialmente de reservar el vuelo hace semanas. Nunca hubiera imaginado que ese virus informático pudiese interferir en todo lo que estaba haciendo. La cabeza me va a explotar de la tensión.

⚪ Vamos, Laura, los clientes lo entenderán. Ahora tómate este analgésico para despejarte, porque si no estás bien, no podrás arreglar nada. Te necesitan al cien por cien en la oficina.

Conversación 4

Va a escuchar una conversación entre dos amigos.

🔵 ¡Qué disgusto tengo!

⚪ Lo siento, Víctor, pero ya te dije que con ese postre no ganarías el concurso de repostería; en estas cosas es mejor ir sobre seguro que hacer algo para impresionar. Sobre todo, si es la primera vez que hacías esa receta. Tus postres son deliciosos, ya lo sabes, siempre impresionas al jurado y ganas en todas las competiciones. No te vengas abajo y sigue como siempre, no te quedes con este mal sabor de boca.

Conversación 5

Va a escuchar una conversación entre dos amigos.

🔵 Es un deporte que exige mucho sacrificio, tienes que tener las piernas y brazos fuertes, ser constante y tener mucha resistencia. Una mala climatología puede ser un problema importante, así que es mejor que tomes las precauciones posibles antes de comenzar. Además, se te puede hacer muy duro el tema del oxígeno, pero cuando llegues a la cima, disfrutarás de unas vistas estupendas.

⚪ Gracias por tu consejo... Uf, creo que es demasiado para mí, prefiero salir a correr.

Conversación 6

Va a escuchar una conversación entre dos amigas.

🔵 ¡Me pensaré mucho si volver a este restaurante!

⚪ ¡Qué lástima! Es muy económico y las vistas son preciosas, pero para llegar hasta allí es un suplicio, diez kilómetros interminables de curvas por una carretera en un estado lamentable. ¿De qué sirve comer fenomenal si luego lo vas a vomitar?

21. La Asociación Mundial de Educadores ha puesto en marcha la convocatoria de un concurso sobre medioambiente dirigido a estudiantes de bachillerato. Bajo el lema *Cuidamos el medioambiente, por un desarrollo sostenible*, se pretende que los jóvenes adquieran una actitud positiva hacia el desarrollo sostenible y concienciarles con respecto a la conservación del planeta. La inscripción en el concurso correrá a cargo de los profesores tutores de los estudiantes a través de la página web www.waece. org y tienen de plazo hasta el próximo 9 de febrero.

Los distintos grupos deberán elaborar un trabajo gráfico: un mural, un *collage*, un relato ilustrado, un vídeo o una serie de fotografías comentadas, que respondan al eslogan *Cuidamos el medioambiente, por un desarrollo sostenible*.

A través de esta iniciativa, la asociación de educadores pretende fomentar la adquisición de competencias tales como el pensamiento crítico, la elaboración de hipótesis de cara al futuro y la adopción colectiva de decisiones. En este sentido, la asociación de educadores ha manifestado la necesidad de llevar a cabo "cambios de gran calado en los métodos pedagógicos" para mejorar la educación de los alumnos en el ámbito del desarrollo sostenible.

El grupo ganador del concurso se dará a conocer el 22 de mayo y la entrega del premio, dotado con 1000 euros, se celebrará el 5 de junio, coincidiendo con la conmemoración del Día Mundial del Medioambiente.

Adaptado de http://www.europapress.es/epsocial/ong-y-asociaciones/noticia
-educadores-infantiles-lanzan-concurso-motivar-ninos-infantil-primaria-cuidar-medio-ambiente-20150120130102.htm

UNIDAD 10: DESPERTANDO LOS SENTIDOS

22. 🔵 **Buenos días y bienvenidos a "Las mañanas en la Onda". Hoy os lanzamos una pregunta: ¿os habéis visto alguna vez en una situación donde podríais haber dicho "tierra, trágame"? Pues hoy queremos hablar de esas experiencias "inolvidables". Y tenemos ya varias llamadas de personas que quieren compartirlas con nosotros. Hola, Juan, buenos días.**

⚪ Buenos días, Inés.

🔵 **Cuéntanos qué experiencia inolvidable has tenido.**

⚪ Pues fue en septiembre del año pasado, en el examen de recuperación de Lengua... El aula de exámenes estaba totalmente llena de gente y empezó a sonar un móvil. Nadie lo apagaba, y yo estaba totalmente indignado, así que comencé a hacer comentarios del tipo "Apagadlo de una vez". De repente, uno de los profesores se situó a mi lado y me dijo: "Tu mochila...". Me sorprendió que se dirigiese a mí, pero aún más cuando vi que era mi móvil el que sonaba. Nunca he sentido más vergüenza en mi vida... Bueno, al menos, aprobé el examen.

🔵 **Ya nos lo podemos imaginar. Algo así le debió de pasar a nuestra siguiente oyente. ¿Qué te pasó a ti, María?**

● Hola Inés, pues sí. Cuando era pequeña, al salir del colegio, vi a una amiga con una señora. La saludé y le dije: "Qué suerte, a ti te viene a recoger tu abuela". Ella me miró y me contestó "Soy su madre". En ese momento pensé: "tierra, trágame". A la señora le molestó muchísimo que yo dijera aquello.

● **Ay, María, es que con el tema de la edad no se juega, ja, ja, ja... La verdad es que, siendo pequeña, aquella mujer podía haber hecho una excepción. En fin... creo que Pedro quiere compartir con nosotros una situación algo distinta. Hola, Pedro, cuéntanos.**

● Hola, Inés, pues lo que me ocurrió a mí fue resultado de un choque cultural. Estaba en Túnez y me habían invitado a comer. Estaba encantado con la hospitalidad de los tunecinos cuando, de repente, uno de los comensales soltó un eructo. Me quedé horrorizado por lo que había pasado. Sin embargo, cuál fue mi asombro cuando el anfitrión le respondió del mismo modo. Por lo visto, en los países de origen árabe, el eructo después de comer significa plena saciedad por parte del comensal. A mí me dio un asco terrible. Lo que son las cosas...

23. **Persona 1**

La primera vez que tuve que dar una noticia en directo me puse como un flan. Por un momento me quedé en blanco: las luces, todo el equipo técnico a mi alrededor... Aunque lo había visto mil veces, fue realmente abrumador estar en esa situación. Las palabras empezaron a salir de mi boca de forma automática, lo había estado ensayando todo el día anterior. Los compañeros me dieron todo su apoyo y me aseguraron que había salido bien. No sé... A día de hoy soy incapaz de recordar lo que dije.

Persona 2

Había hecho prácticas en varias empresas y nunca había tenido problemas con los compañeros. Cuando me contrató mi primera empresa, me asignaron a un departamento y fue un verdadero reto conectar con el equipo. Ellos llevaban años trabajando juntos y, al ser novata, me sentía un poco desplazada al principio. Después de unos meses, fui conociéndolos mejor y ahora nos llevamos muy bien, son como una familia para mí.

Persona 3

Ser profesor es una profesión más complicada de lo que la gente piensa. Recuerdo mi primera clase... Allí estaba yo rodeado de niños mirándome con los ojos como platos y esperando a que hablase. Aunque mis padres también son profesores y me dieron muchos consejos antes de comenzar, creo que no estaba preparado. Pienso que antes de empezar a ejercer de profesor se necesitarían algunas clases prácticas. No creo que con lo que nos enseñan en la universidad sea suficiente.

Persona 4

No recuerdo mi primera experiencia trabajando, porque empecé bien jovencito ayudando a mi padre en el taller de carpintería que tenía. Solo sé que estuve varios años sin cobrar nada. Cuando gané mi primer salario, solo unos pocos pesos, los usé para comprarme un disco de Elvis Presley, que era lo que más me gustaba en esa época.

Persona 5

La primera vez que recibí dinero por un trabajo fue cuando me fui a Londres. Todavía no había empezado la carrera y no hablaba muy bien inglés, así que estuve trabajando en un hotel limpiando las habitaciones. Aunque el trabajo era muy aburrido y no cobraba mucho, la sensación de ganarte la vida y poder pagar tus gastos sin tener que pedir dinero a tus padres fue lo mejor.

Persona 6

Yo estaba deseando que me despidieran de mi primer trabajo. Soy cámara y aunque era un trabajo perfecto para mí, me tocó estar en un programa de sucesos. Tenía que ir con la cámara sobre los hombros todo el día y grabar accidentes y asesinatos. Todo eran noticias de ese tipo. Creo que no estaba preparado para ver esas escenas tan duras y hoy en día tampoco lo estoy.

UNIDAD 11: VIVIENDO DEPRISA

24. ● Oye, Miguel, ¿te has hecho ya con el último modelo de Iphone? Me han dicho que es una pasada, sobre todo por su nueva función de Siri. Hay una mejora clave y es que, en lugar de tener que coger el teléfono, ahora Siri puede activarse llamándola desde unos metros de distancia. "Oye, Siri", le gritamos, y la asistente robótica cobra vida. ¿Es verdad?

○ Sí, sí, es verdad, pero tampoco se trata de algo tan revolucionario. El control de voz por manos libres está presente en los teléfonos inteligentes desde que Motorola lo introdujo en 2013. A mí lo que me tiene loco es su capacidad para controlar dispositivos con el sistema de automatización del hogar. Eso de poderle decir, por ejemplo, que baje la intensidad de la luz, me fascina.

● ¿Y qué me dices de la aplicación Hound que está desarrollando SoundHound? Dicen que en lugar de tener que visitar varias páginas web para, por ejemplo, reservar un hotel, podrás decir "Búscame un hotel de tres o cuatro estrellas, en Nueva York, para el viernes que viene por menos de 300 dólares", y te lo buscará. A mí me parece ¡alucinante!

○ ¿Sabes qué me han traído a mí de Estados Unidos? Un aparato con la apariencia de un altavoz pero que, en realidad, es un pequeño robot. Se llama Echo y es de Amazon. Te diriges a él con la palabra clave "Alexa" y puedes hacerle preguntas y darle órdenes sencillas. Yo lo tengo en la cocina, el lugar donde más a menudo necesito el manos libres. En mis primeros días con Echo, no sabía para qué usarlo; sin embargo, ahora lo consulto varias veces al día para saber el tiempo, poner alarmas, hacer cálculos culinarios rápidos y escuchar música o audiolibros. Echo se ha convertido en uno de los aparatos más útiles que tengo.

Adaptado de http://tecnologia.elpais.com/tecnologia/2015/09/29/actualidad/1443546537_660394.html

25. **Sereno**

El de sereno fue uno de los oficios más emblemáticos de los barrios de España y Latinoamérica a mediados del siglo pasado. Era una persona humilde que se encargaba de encender las farolas y vigilar las calles durante la noche. Para ello, había que tener muy buena disposición y ser sacrificado. Los gandules debían abstenerse de este tipo de trabajo, aunque es verdad que tampoco hacía falta ser perfeccionista o creativo.

Afilador

El afilador es el que deambulaba por ciudades o pueblos con su bicicleta o motocicleta para afilar instrumentos con filo, como cuchillos o tijeras. Se trata de un oficio en el que viene muy bien tener soltura y ser eficiente. De poco sirve ser ambicioso en un trabajo así, pues se gana muy poco dinero, ni ser muy elocuente, porque lo importante es el trabajo manual que se realiza, aunque tener don de gentes es importante para ganarse a las personas y tener más trabajo.

Pregonero

El pregonero llegaba con su corneta a las distintas poblaciones, y haciéndola sonar reunía a todos los habitantes para comunicarles noticias importantes; por eso, ser elocuente era necesario. Tenía que ser infatigable, porque debía estar de acá para allá todo el día, y exigía ser creativo para poder atraer la atención de la gente.

Barbero

Los barberos son personas muy trabajadoras que te arreglan la barba además del pelo. Muchos no saben que, antiguamente, cuando no había dentistas, también se encargaban de las dentaduras de los clientes. Este oficio es de por sí propio de gente activa y experimentada. Los remolones poco tienen que hacer en este trabajo.

26. 🗨 **En primer lugar, hábleme de usted. ¿Por qué decidió escribir sobre las relaciones amorosas?**

▻ Yo trabajo en dos áreas, una es la de las relaciones y otra la de los problemas de crecimiento personal. Empecé a escribir sobre el tema del amor porque empezaron a llegar a mi consulta muchos pacientes con problemas afectivos. Trato conflictos de pareja, pero también problemas que tienen que ver con el amor, personas enganchadas a relaciones afectivas dañinas. Entonces surgió la idea de cuestionar los conceptos tradicionales que todos tenemos de este sentimiento.

🗨 **Usted define un estilo de amor como "amor obsesivo". Díganos qué es.**

▻ La obsesión implica que el amor se vuelve insaciable en la relación. Uno de los miembros de la pareja nunca está satisfecho con su relación, no puede hacer nada sin su pareja, y demuestra una gran dependencia desde el principio. Un amor de estas características es empalagoso y no tiene límites, con lo cual genera aversión con el tiempo. Es una de las sensaciones que sentirá la persona que sufre una relación así: al final se verá obligada a dar lo que no quiere o no puede ofrecer, a estresarse por lo que exige esa relación amorosa, y puede llegar a sentirse acosada.

🗨 **Es cierto que hay relaciones insoportables, pero siempre pensamos que la otra persona va a cambiar y la relación en algún momento será como nosotros queremos. ¿Por qué mantenemos esa esperanza?**

▻ Primero, porque nos han enseñado que la esperanza es lo último que hay que perder, aunque, en ciertas ocasiones, es lo primero que hay que perder. Muchas personas siguen con su relación porque piensan que el otro va a cambiar. La otra razón es que algunas personas han desarrollado dependencia emocional porque su pareja les está dando algo que compensa un déficit personal. Y el tercer factor es el miedo a la soledad, personas que prefieren mantener esa relación a quedarse solas.

🗨 **¿Y qué opina sobre la duración del amor?**

▻ Pese al cúmulo de parejas que optan por tirar la toalla actualmente, yo soy optimista. Separarse da la opción de unas segundas nupcias, como es mi caso, no repetir fallos y vivir feliz en pareja. El amor puede durar hasta que uno se muere pero, claro, hay que buscar un amor tranquilo y sereno, y las personas que lo consiguen no tienden a separarse. Yo creo que las personas que han triunfado en el amor son aquellas que mejor lo han gestionado.

🗨 **¿La crisis económica actual nos servirá para que nos demos cuenta de la energía que estamos perdiendo con cosas superfluas?**

▻ Las crisis ayudan a eso, sin lugar a duda. Las crisis muestran lo superfluo, lo inútil y las necesidades que te habías creado y de las cuales puedes prescindir. Aprender a prescindir de algo o de alguien es muy importante; cuando lo haces, estás con un pie en la liberación. La crisis puede ser un gran terapeuta sin anestesia para los desapegos. Una crisis implica un cambio de valores y hace que las personas aprendan a desprenderse de muchas cosas por las malas.

🗨 **Y para terminar, ¿un consejo para no embarcarnos en relaciones peligrosas?**

▻ Yo en mi libro no doy consejos, yo lo que hago es crear espacios de reflexión, pensar el amor, no guiarse solo por el corazón, sino pensar. Si podemos identificar los diferentes estilos afectivos y nuestras vulnerabilidades, ya tenemos un gran comienzo, porque podemos empezar a racionalizar el amor. A nosotros no nos preparan para el amor, porque pensamos que es un sentimiento poderoso, pero eso es un error. Hay que pensar antes, durante y después. Conociendo los diferentes estilos afectivos, puedes identificar con quien estás y anticiparte.

Adaptado de http://www.lavanguardia.com/vida/
20130418/54371283808/walter-riso-apego-mayor-motivo-sufrimiento-hombre.html#ixzz3mTmYkz5y

27. Tras el fin de las vacaciones de verano, son muchos los que regresan a sus puestos de trabajo, los más pequeños estrenan libros y uniformes que significan la vuelta al cole, mientras que sus hermanos mayores lo hacen un poco más tarde. Además de por todo esto, septiembre se caracteriza por las inscripciones de cientos de alumnos en los distintos centros escolares de las islas, sobre todo de aquellos que, por motivos académicos, no lo han podido hacer en julio. El instituto César Manrique, en pleno corazón del barrio de Ofra en Santa Cruz, solo permite tres días de matriculación en septiembre a todos aquellos que quieran optar a estar en sus aulas. Los interesados deben estar antes de la apertura del centro, sobre las nueve de la mañana, para poder obtener uno de los números que aseguran que alguien atenderá su solicitud, eso si es que uno no acude entre las 12 y las 12:30, el tiempo de descanso para los trabajadores. Si usted llega tarde, deberá volver al día siguiente. Les recordamos también que este año no se podrá presentar la solicitud a través de Internet.

28. ● Hola, Toño, ¡qué cansado te veo! ¿Te ha pasado algo?

○ Uf, si yo te contara… ¡Menudo fin de semana he pasado…!

● Cuenta, cuenta…

○ Pues nada, resulta que el sábado me tocaba trabajar, así que, por la mañana, antes de que mi familia se despertara, desayuné y salí de casa silenciosamente para no molestarles. A eso de las diez, llamé a mi madre para ver qué tal había dormido. Siempre que llego a la oficina le doy un toque porque vive sola y ya está mayor. Hablé también con María, mi mujer, después de que mi madre me colgara el teléfono. Me dijo que se marchaba con las niñas al parque y que necesitaba que yo hiciera varios recados nada más salir del trabajo. A eso de las 2, me dirigía al supermercado cuando me sonó el móvil. Como estaba conduciendo, no lo quise coger por miedo a que me pusieran una multa, así que no lo descolgué hasta que encontré un aparcamiento libre. Era María. Estaba histérica. Me dijo que antes de salir de casa, a eso de las 11:00, había estado preparando la comida, con la mala pata de que, después de vestir a las niñas, se le había olvidado apagar el fuego. Cuando estaban en el parque, la llamó una vecina diciendo que habían tenido que ir los bomberos porque había fuego en la cocina. Así que la fui a buscar y, tan pronto como llegamos al apartamento, comprobamos que no había pasado nada grave. Luego, llamamos al seguro del hogar. ¡Menos mal que nos cubre todos los desperfectos!

● ¡Vaya susto! No me extraña que tengas esa cara. Lo siento…

29. **Conversación 1**

Va a escuchar una conversación entre dos amigos.

● Me encantan todos los vestidos de esta tienda. Me los compraría todos, pero ahora mismo no puedo escoger uno, me los voy a probar otra vez…

○ ¿Otra vez? Para la próxima búscate a otro que te acompañe, siempre haces igual.

Conversación 2

Va a escuchar una conversación entre dos amigas.

● ¿De qué dices que está hecha esta mezcla?

○ Son diferentes hierbas silvestres machacadas con unas gotas de esencia de azahar, te va a dejar el cutis perfecto, ya verás.

Conversación 3

Va a escuchar una conversación entre un empleado y su jefa.

● Perdone, señora Mateo, ¿le importaría que me fuera a hacer unos recados mientras está usted en la reunión? La estaré esperando a la misma hora como habíamos acordado.

○ ¡Cómo no!

Conversación 4

Va a escuchar una conversación entre los miembros de una pareja.

● Con la llegada del bebé, creo que necesitaremos un coche más grande, ¿qué te parece?

○ Uf, ¡qué locura! No sé cómo lo vamos a hacer, tendremos que apretarnos el cinturón.

Conversación 5

Va a escuchar una conversación entre dos compañeros de trabajo.

● No pienso reírle las gracias a Sofía, ayer ni me saludó y hoy se ha hecho la simpática toda la mañana. Creo que voy a pedir un cambio de puesto de trabajo porque es difícil trabajar con una persona así.

○ Ya llevas tres cambios en lo que va de mes… A ver si la rara vas a ser tú…

Conversación 6

Va a escuchar una conversación entre dos amigos.

● Pruébalo, lo he comprado en la calle más cara de León, en una tienda exclusiva.

○ ¡Qué rico!

SOLUCIONARIO

UNIDAD 1: VIDAS ANÓNIMAS

1. 1. A; **2.** B; **3.** D; **4.** C; **5.** A; **6.** B; **7.** C.

2. 1. *Esperar que* + subjuntivo, expresa deseo; **2.** *Cuando* + subjuntivo, expresa acción futura; **3.** *Es necesario que* + subjuntivo, expresa necesidad; **4.** *Para que* + subjuntivo, expresa finalidad; **5.** *No creer que* + subjuntivo, expresa opinión en forma negativa; **6.** *Pedir que* + subjuntivo, expresa petición; **7.** *Posiblemente* + subjuntivo, expresa hipótesis, probabilidad, también puede construirse con indicativo; **8.** *Aconsejar que* + subjuntivo, expresa recomendación, consejo.

3. 1. trabajar; **2.** consigamos; **3.** mandemos; **4.** tengan; **5.** puede; **6.** seas; **7.** vayas; **8.** visites; **9.** descargues; **10.** eres; **11.** sepa; **12.** te sientas; **13.** superarás; **14.** formes; **15.** hayamos resuelto.

5. 1. haya hecho; **2.** entreguemos, puedan; **3.** quiere, es; **4.** haya tomado; **5.** sea; **6.** vaya, apreciará, te diviertas; **7.** diga, gusta/ha gustado; **8.** salgas, hay/habrá.

6. 1. correcta; **2.** mande; **3.** correcta: tenemos/tengamos; **4.** hay; **5.** correcta: recupere/recuperará; **6.** haya hecho; **7.** tiene.

7. 1. g, Querrá; **2.** d, habrá cambiado; **3.** f, Actuaría; **4.** e, Se habrán confundido; **5.** h, asistirían; **6.** a, tendrá; **7.** b, bloquearía; **8.** c, Habrá pensado.

8. 1. b; **2.** a; **3.** c; **4.** a; **5.** c.

9. **Enfado:** me fastidia/revienta/saca de quicio; me da rabia; odio; no soporto; **Gustos:** me encanta/chifla/mola/flipa/vuelve loco(a)/entusiasma; **Sorpresa:** me alucina/sorprende/deja de piedra/choca; **Tristeza/dolor:** me entristece; me da pena/lástima; me duele; lamento; **Indiferencia:** me importa un pito/un pimiento; me da igual; no me importa; **Miedo:** me aterroriza/asusta; me da miedo/pavor; **Asco:** me da grima/asco; me asquea.

10. 1. B; **2.** C; **3.** B; **4.** D; **5.** A; **6.** C; **7.** D; **8.** B; **9.** A; **10.** B.

11. 1. c; **2.** b; **3.** a; **4.** b; **5.** c; **6.** b.

UNIDAD 2: VIAJAR PARA APRENDER

1. 1. vibre; **2.** haya; **3.** dejan; **4.** sea; **5.** pierda; **6.** piense; **7.** conoce; **8.** es; **9.** se avergüence; **10.** aceptan; **11.** se esfuerzan; **12.** pueda; **13.** sea.

3. 1. alquiló, Explicativa; **2.** compre, Especificativa; **3.** saben, Especificativa; **4.** haya, Especificativa; **5.** dedique, Especificativa; **6.** viene, Explicativa; **7.** sea, Especificativa; **8.** esté, Especificativa; **9.** conociste, Especificativa; **10.** consuele, Especificativa.

4. 1. cuyos; **2.** El que/Quien; **3.** El que/Quien; **4.** las que/las cuales; **5.** lo que; **6.** las que; **7.** quien; **8.** cuyo.

5. 1. Me cuesta entender la forma como Pedro hace las cosas; **2.** Quiero ir de intercambio a un lugar donde tenga todo a mano; **3.** ¡Qué fue de aquellos tiempos cuando nada nos detenía!; **4.** Sé que aprendo mejor español en una clase donde hay pocos alumnos; **5.** Las cosas que decimos y la forma como actuamos revela mucho de nosotros; **6.** ¿Recuerdas esas semanas cuando tú y yo fuimos inseparables?

6. 1. La empresa para la que trabaja Miguel es de turismo; **2.** El armario en el que la profesora dejó los exámenes no tenía cerradura; **3.** La chica con la que salía Carlos era poco responsable; **4.** El pueblo más próximo hasta donde/el que llegamos estaba en fiestas; **5.** El edificio desde donde/desde el que se ve la casa de María está al lado de la rotonda; **6.** El chico del que me fie me traicionó a la primera de cambio; **7.** El acusado contra el que testificó en el juicio era inocente; **8.** La biblioteca en la que/donde estudio tiene vistas al mar.

7. 1. Falso: 100 000, estancia de estudios; **2.** Verdadero; **3.** Falso: un periodo corto y servicios como limpieza o conexión a Internet; **4.** Verdadero; **5.** Verdadero; **6.** Falso: viva gente de otras nacionalidades.

8. 1. Stephanie, que es alemana, busca un programa tándem que sea de alemán y español con personas de 30 años; **2.** Marco, que tiene 19 años y que ha nacido en Italia, necesita una habitación que esté en el centro y que cueste un máximo de 400 euros; **3.** Dimitri busca un trabajo que sea de media jornada, que tenga un horario flexible para que pueda estudiar y que sea preferiblemente de hostelería; **4.** Elodie, que es una estudiante que tiene 25 años, busca clases de conversación en inglés y español con un máximo de cinco personas que sean adultas.

9. 1. l; **2.** g; **3.** j; **4.** b; **5.** ñ; **6.** c; **7.** n; **8.** d; **9.** m; **10.** e; **11.** h; **12.** f; **13.** i; **14.** k; **15.** a.

10. 1. D; **2.** G; **3.** E; **4.** A; **5.** H; **6.** C.

11. 1. b; **2.** c; **3.** a; **4.** a; **5.** b; **6.** c.

UNIDAD 3: CON RITMO

1. 1. A manera de introducción podemos decir que; **2.** Habría que hablar de varios aspectos; **3.** Por un lado; **4.** Por otra parte; **5.** Otro hecho importante es que; **6.** Desde nuestro punto de vista; **7.** Según; **8.** En conclusión; **9.** Además.

2. **Posible respuesta. 1.** la anoto en mi cuaderno y la memorizo; **2.** imágenes, sentidos, aprendizaje; **3.** puedo tocarlas, algo creativo; **4.** hablar conmigo misma.

4. 1. llamé, necesitaba, estaba; **2.** hacía, ordenaba, había mandado; **3.** has hecho, estuve/he estado, pasamos/hemos pasado; **4.** llegó, había salido, pudo; **5.** era, vivía, se ha trasladado; **6.** encontré, parecía, vi, dijo, había estado; **7.** había sentido.

5. 1. b; **2.** d; **3.** c; **4.** a; **5.** f; **6.** e.

7. 1. Había; **2.** era; **3.** se enamoró/se había enamorado; **4.** tenía; **5.** estaba; **6.** hacía; **7.** observaba; **8.** había visto; **9.** salió; **10.** dio; **11.** se transformó.

8. 1. PRODUCTORA; **2.** BALADA; **3.** OYENTES; **4.** LÍRICA; **5.** MUSICOTERAPIA; **6.** MACROCONCIERTO; **7.** RITMO; **8.** LETRA; **9.** SOLISTA; **10.** COMPONER.

El nombre del cantante es Dani Martín.

9. 1. El amigo de Mercedes // es un hombre muy agradable; **2.** Tienes que decirme // dónde has comprado esa ropa tan bonita; **3.** ¡No sabíamos que vivías tan cerca!; **4.** La música de violines // me pone siempre muy triste; **5.** Habría que distinguir varios puntos // dentro de tu razonamiento.

10. 1. c; **2.** b; **3.** a; **4.** b; **5.** c; **6.** b.

11. 1. a; **2.** b; **3.** a; **4.** c; **5.** b; **6.** a; **7.** c; **8.** b; **9.** b; **10.** a; **11.** a; **12.** c; **13.** b; **14.** a.

12. 1. Nacho; **2.** Ninguno de los dos; **3.** Ninguno de los dos; **4.** Bárbara; **5.** Nacho; **6.** Ninguno de los dos.

UNIDAD 4: CUÍDATE

1. 1. natación, a; **2.** ciclismo, c; **3.** judo, b; **4.** tenis, a.

2. **Estructuras que se usan para dar consejos:** *es recomendable/aconsejable que* + subjuntivo; *te sugiero/aconsejo que* + subjuntivo; *deber* + infinitivo; *tienes que* + infinitivo; *lo fundamental es que* + subjuntivo; *si yo fuera tú* + condicional; imperativo.

3. 1. acompañaras/acompañases (cortesía); **2.** fuera/fuese (pasado); **3.** trajeran/trajesen (futuro); **4.** viajáramos/viajásemos (futuro); **5.** estuvierais/estuvieseis (futuro); **6.** salieran/saliesen (pasado); **7.** hablara/hablase (pasado); **8.** dijese/dijera (pasado); **9.** hiciera/hiciese (futuro); **10.** quedaras/quedases (cortesía).

4. **Posible respuesta.** 1. Papá, ¿puedes pasarme la sal?; ¿Te importaría pasarme la sal, papá? Es que está un poco soso; **2.** Ayúdame con los libros, por favor; Le agradecería que me ayudase/ayudara con los libros; **3.** Dile que quiero quedar con él/ella; Me gustaría que le dijeras/dijeses que quiero quedar con él/ella; **4.** Cállate un momento, por favor; Te pediría que te callaras/callases un momento, es que estoy intentando escuchar las noticias; **5.** ¿Podría bajar los impuestos?; Sería conveniente que nos bajase/bajara los impuestos.

5. 1. dedicara/dedicase **2.** se case; **3.** ordene; **4.** pospusieran/pospusiesen; **5.** hayas venido; **6.** superáramos/superásemos; **7.** visite; **8.** dijeras/dijeses; **9.** bebamos; **10.** haya llegado.

6. 1. ha funcionado; **2.** sean; **3.** pasemos; **4.** cambiaran/cambiasen; **5.** tuviera/tuviese; **6.** es; **7.** contara/contase; **8.** han existido; **9.** esperara/esperase; **10.** se cuida.

8. 1. c; **2.** a; **3.** b; **4.** a; **5.** c; **6.** c.

9. 1. a; **2.** b; **3.** b; **4.** a; **5.** c; **6.** b.

UNIDAD 5: TODO CAMBIA

1. **Obligación:** teníamos que apuntar, debíamos memorizar, tenían que llevar, había que leer y contar, hay que pasarlos; **Posibilidad/Hipótesis/Capacidad:** podíamos localizar, se pueda encontrar, puede obtener, podemos hacer, debe de ser, podemos decir; **Acción futura:** vamos a usar, ponerse a pensar, comenzar a idear, crear, analizar; **Acción en desarrollo:** seguimos creyendo, estamos aprovechando; **Acción acabada:** dejar escrito, acaba de estar, dejar de calcular o memorizar; **Acción repetida:** volvíamos a entregar.

2. 1. En los hospitales hay que estar callado para no molestar a los pacientes que duermen; **2.** Marcos puede tener/debe de tener nuestra edad. Dice que acabó la carrera el mismo año que nosotros; **3.** Yo creo que este alumno debe/tiene que relacionarse más con sus compañeros de clase. Lo veo muy aislado; **4.** Tengo que/Debo entrenar más horas si quiero que me seleccionen para la competición; **5.** Puede estar/Debe de estar enfadada. Esta mañana no me ha hablado y está de muy mal humor.

4. 1. Voy a; **2.** acabo de; **3.** dejó de; **4.** volvió a; **5.** se echó a; **6.** empezó a; **7.** acaba de; **8.** está a punto de.

5. 1. Llevo vistas; **2.** anda diciendo; **3.** tenía hecha; **4.** sigue siendo; **5.** dejábamos puesta; **6.** acabó reconociendo; **7.** lleva ganados.

6. 1. b; **2.** a; **3.** b; **4.** a; **5.** c; **6.** a; **7.** c; **8.** c; **9.** c; **10.** a.

7. 1. D; **2.** B; **3.** A; **4.** C; **5.** A; **6.** B; **7.** A; **8.** D; **9.** B; **10.** C.

8. 1. c; **2.** a; **3.** c; **4.** b; **5.** a; **6.** b; **7.** c; **8.** a; **9.** a; **10.** b; **11.** b; **12.** c; **13.** b; **14.** c.

9. 1. E; **2.** J; **3.** H; **4.** A; **5.** I; **6.** B.

UNIDAD 6: IMAGIN*ARTE*

1. **Usos del verbo** *ser*: 2, 5, 6, 9, 11, 12; **Usos del verbo** *estar*: 1, 3, 4, 7, 8, 10.

2. está, uso 8; **2.** es, uso 9; **3.** está, uso 4; **4.** Es, uso 12; **5.** es, uso 11; **6.** está de, uso 10; **7.** Está para, uso 1; **8.** era, era, uso 6; **9.** Estoy por, uso 7; **10.** han estado, han estado, uso 3; **11.** es, uso 2; **12.** es, uso 5.

3. 1. está/es; **2.** está; **3.** está; **4.** está/es; **5.** es; **6.** está/es; **7.** está; **8.** es.

4. 1. era rico; **2.** está, verde; **3.** es grave; **4.** sea, despierto; **5.** estar atentos; **6.** estaban listos; **7.** son, maduras; **8.** estará abierta; **9.** está, católico; **10.** ha sido callada; **11.** es, orgulloso; **12.** estén interesados; **13.** está, pesado; **14.** Es molesto; **15.** están aburridos.

5. 1. d; **2.** c; **3.** e; **4.** g; **5.** f; **6.** b; **7.** a.

6. 1. Eva; **2.** Raúl; **3.** Inés; **4.** Inés; **5.** Raúl; **6.** Inés.

7. 1. estuve a punto de; **2.** no estoy muy puesta en; **3.** es un muermo; **4.** es una pasada.

8. 1. Las elecciones serán convocadas por el Gobierno en los próximos meses; **2.** Los atracadores han sido vistos por los vecinos cerca del polideportivo; **3.** El problema matemático más difícil del mundo fue resuelto por un chico de 15 años; **4.** La propuesta del Sr. Bolaños será tenida en cuenta por el consejo académico; **5.** El experimento ha sido probado por numerosos científicos de todo el mundo; **6.** Todos los pacientes en lista de espera serán atendidos por los hospitales públicos en menos de un mes.

9. **1.** fue; **2.** estaba; **3.** eran; **4.** habían sido; **5.** está; **6.** están; **7.** es.

11. **1.** Los asuntos de Estado se tratan en el parlamento; **2.** La obra de ese pintor se conoce en todo Perú; **3.** La sentencia finalmente se aprobó ; **4.** Se rectificarán las leyes educativas.

12. **1.** E; **2.** A; **3.** G; **4.** C; **5.** H; **6.** D.

13. **1.** c; **2.** a; **3.** b; **4.** a; **5.** b; **6.** c.

UNIDAD 7: ¡NI PUNTO DE COMPARACIÓN!

1. **1.** F; **2.** V; **3.** V; **4.** F; **5.** V.

2. **1. Se parece al piso:** verbo *parecerse*. Se usa como forma reflexiva para hablar de parecidos; **2. Le parece que aporta luminosidad:** *le + parece + que* + verbo. Se usa para dar opinión; **3. Le parece un piso acogedor:** *le + parece +* nombre singular. Se usa para dar opinión; **4. Parece que es:** *parecer*. Se usa para hablar de apariencias.

3. **1.** Carlos se parece mucho a su hermano Jesús, pero no son gemelos; **2.** ¿Qué te parece la novela que te recomendé?; Me parece muy divertida, pero podría tener un poco más de trama; **3.** A Javier le parece increíble que haya mucha gente con problemas para pagar la hipoteca; **4.** Andrea parece muy cansada y me parece que no debería trabajar tanto; **5.** Dicen que me parezco mucho a mi madre. Me parece que con el paso del tiempo aún más; **6.** Vivir en el campo no se parece en nada a vivir en la ciudad.

4. **1.** Los perros son más cariñosos que los gatos; **2.** Las películas en versión original son menos demandadas que las subtituladas; **3.** En Finlandia la gente habla tantos idiomas como en Portugal/En Finlandia la gente habla los mismos idiomas que en Portugal/En Finlandia se hablan tantos idiomas como en Portugal/En Finlandia se hablan los mismos idiomas que en Portugal; **4.** Un Mac últimamente cuesta más que un PC; **5.** La cocina tradicional es mejor que la nueva cocina; **6.** A nosotros nos gusta salir de fiesta tanto como a ti/A nosotros nos gusta salir de fiesta igual/lo mismo que a ti; **7.** Hace peor tiempo en Galicia que en Andalucía; **8.** El inquilino todos los meses ingresa más de 500 euros en la cuenta del propietario.

5. **1.** más, **2.** que; **3.** menos; **4.** que; **5.** mayor; **6.** tanto; **7.** menos; **8.** que; **9.** más; **10.** que; **11.** que; **12.** mayor; **13.** que.

7. **1.** Pablo es menor que Víctor. Alfonso es mayor que Pablo. Víctor es el mayor de todos; **2.** Marta tiene tanto dinero como Carlos. Yo tengo menos dinero que ellos; **3.** Raúl ha contestado a tantas llamadas como Andrea, pero Luis ha contestado más que nadie.

8. **Posible respuesta. 1.** Entre todas estas viviendas, la casa rural es la más amplia de todas; **2.** La clase que te ha tocado este año es muy participativa/La clase que te ha tocado este año es superparticipativa; **3.** El nuevo alcalde que tenemos en la ciudad es el más exigente que hemos tenido; **4.** Ay, hija, el otro día me probé en Zara unos pantalones la mar de monos; **5.** Si tuviésemos que despedir a uno de nuestros trabajadores, escogería a Pedro por ser el peor preparado de todos; **6.** Me encanta venir todos los años a la fiesta del pueblo porque es superdivertida/divertidísima; **7.** Este es el apartamento más cómodo de todos en los que he vivido; **8.** Estuve de luna de miel en la India y me pareció paupérrima.

9. **1.** como si, conociera o conociese; **2.** como puedan; **3.** como si, hubiera o hubiese probado; **4.** ni que hubieras o hubieses visto; **5.** como si, fueran o fuesen; **6.** como si, hubiera o hubiese estado; **7.** ni que, fuera o fuese; **8.** como, dice.

10. **1.** b; **2.** b; **3.** c; **4.** a; **5.** c; **6.** a.

11. **1.** Ninguno de los dos; **2.** Ninguno de los dos; **3.** Paula; **4.** Ninguno de los dos; **5.** Paula; **6.** Paco.

UNIDAD 8: DE PELÍCULA

1. **1.** Le ha gustado mucho San Sebastián; lo expresa diciendo "es una pasada"; **2.** Que es muy caro; lo expresa diciendo "nos hemos gastado una pasta"; **3.** No totalmente; lo expresa diciendo "Mujer, no es para tanto"; **4.** No, no le gusta; lo expresa diciendo "a mí, ver las películas en versión original no me va nada"; **5.** Le sorprende cómo es capaz de mantener la tensión; lo expresa diciendo "consigue tenerte en vilo durante toda la película".

2. **2.** Almudena se quejó diciendo que ir al festival había sido muy caro y que no sabía que las entradas tuvieran ese precio; **3.** Almudena les dijo que esa vez la película de Amenábar no había recibido buenas críticas; **4.** Luis contestó a Almudena y le dijo que disfrutaba/disfruta tanto del cine que no le costaba/cuesta gastar el dinero en ver una buena película (se puede usar el presente si es una acción que se sigue dando en la actualidad); **5.** Vicente dijo que el día anterior le había seducido *Truman* porque trataba un tema delicado con mucho afecto; **6.** Luis dijo que él había sentido pena cuando vieron los paisajes tan desoladores de *Sparrows*.

3. **1.** Alfred Hitchcock declaró que, para él, en ese/aquel momento el cine eran cuatrocientas butacas que tenía que llenar; **2.** François Truffaut contó a su público que de momento había preferido el reflejo de la vida a la vida misma; **3.** Orson Welles afirmó que era imposible hacer una buena película sin una cámara que fuera como un ojo en el corazón de un poeta; **4.** Jerry Lewis comentó en una entrevista que cuando dirigía, hacía de padre; cuando escribía, hacía de hombre; y más tarde, cuando actuaba, hacía el idiota; **5.** Fidel Pintos dijo que un actor era un señor que un día comía faisán y al día siguiente se comería las plumas; **6.** Harvey Keitel explicó en un rodaje que un actor siempre estaba desnudo en la pantalla, aunque estuviera vestido.

4. **1.** "Mañana en mi clase tendremos que hacer un examen final"; **2.** "Haz tus deberes antes de salir de casa, por favor"; **3.** "Papá, si apruebo este examen, habré acabado la carrera"; **4.** "No creo que Jesús tenga nada que ver con lo que ocurrió ayer en nuestro colegio"; **5.** "No quiero que gastes más dinero en videojuegos porque no creo que te sirvan para nada"; **6.** "De verdad, pasado mañana iremos al cine aunque no sea el día del espectador".

5. 1. b; **2.** h; **3.** g; **4.** f; **5.** a; **6.** d; **7.** c; **8.** e.

6. Clotilde le pidió a Mariana que se explicara y le preguntó que si estaba enterada de lo que sucedía allí. Mariana contestó a su tía que luchaba por estarlo y le confesó que le asustaba conseguirlo porque suponía que debía de ser horrible. Clotilde le instó a que hablara y le advirtió de que más tarde hablaría ella. Mariana le contó que allí se había asesinado a una mujer y Clotilde simplemente emitió un sonido como quien oye una cosilla de poco peso. Mariana le explicó que no le había sorprendido descubrirlo y Clotilde le contestó que a ella tampoco le sorprendía. Finalmente, Mariana confesó que siempre había sospechado algo siniestro en la vida de Fernando, pero que no le creía

capaz de ser protagonista del misterio que había leído en sus ojos.

7. drama, directora, protagonista, compositor, éxito de taquilla, obra maestra, versión original, guion, planos, encuadres, banda sonora.

8. 1. No sabemos cuándo vendrá Juan a buscarnos; **2.** Me pregunto cuáles serán nuestros paquetes […]; **4.** Dime con quién andas, y te diré quién eres; **5.** ¿Cuál te gusta más, el rojo o el amarillo?; **6.** ¡Hay que ver qué día más maravilloso hace hoy!; **7.** No sé dónde se ha metido María; **10.** ¿Se puede saber cuándo vas a venir a ayudarme?

9. 1. b; **2.** c; **3.** c; **4.** a; **5.** b; **6.** a; **7.** c; **8.** b; **9.** a; **10.** c; **11.** b; **12.** c; **13.** a; **14.** a.

10. 1. a; **2.** b; **3.** b; **4.** a; **5.** a; **6.** c.

UNIDAD 9: COLECCIÓN DE RECUERDOS

1. 1. estuvieras; **2.** tendría; **3.** estuvieras; **4.** fuera; **5.** serviría; **6.** estuvieras; **7.** Quisiera; **8.** estuvieras; **9.** besaría; **10.** quiera. La canción se titula: *Si estuvieras conmigo*.

2. Situación 3.

3. 1. F; **2.** V; **3.** F; **4.** V; **5.** V; **6.** V; **7.** F.

4. a. 5; b. 7; c. 3; d. 2; e. 4.

6. 1. habría acompañado; **2.** hubiera/hubiese estudiado; **3.** hubieras/hubieses dicho; **4.** hubiéramos/hubiésemos cogido; **5.** hubiera/hubiese declarado; **6.** habríamos hecho; **7.** habría arrasado.

7. 1. siempre y cuando/siempre que/a condición de que; **2.** a no ser que/a menos que/salvo que; **3.** salvo si/excepto si; **4.** siempre y cuando/a condición de que/siempre que; **5.** a menos que/a no ser que/salvo que; **6.** siempre y cuando/ siempre que/a condición de que; **7.** excepto si/salvo si.

8. 1. Te dejaré el coche, siempre y cuando/siempre que/con tal de que/a condición de que apruebes todo a final de curso; **2.** Tú no digas nada excepto si/salvo si te preguntan; **3.** Nunca trabajo por las tardes salvo que/a menos de que/excepto que/a no ser que sea estrictamente necesario; **4.** La madre de Carlos le dejó salir por la noche a

condición de que/siempre y cuando/siempre que/con tal de que llegase a casa a la una; **5.** Podemos regalar a Carmen el último libro de Arturo Pérez Reverte excepto que/a menos de que/salvo que/a no ser que ya lo tenga; **6.** Te esperaremos en casa siempre que/siempre y cuando/con tal de que/a condición de vengas pronto; **7.** No iré a la fiesta a menos que/salvo que/a no ser que encuentre el vestido perfecto; **8.** Podrás quedarte en el *camping* a condición de que/siempre que/siempre y cuando traigas tu propia tienda de campaña.

9. 1. De haberte escuchado más, no habría cometido tantos errores; **2.** De tener dinero, compraría un abrigo nuevo; **3.** De haber sabido que eras vegetariano no habría cocinado con carne; **4.** De tener su teléfono la avisaría con tiempo.

10. 1. b; **2.** h; **3.** g; **4.** a; **5.** f; **6.** e; **7.** d; **8.** c.

11. 1. traspiés (1); **2.** tiovivo (1); **3.** categóricamente (1); **4.** sinfín (1); **5.** fórum (2); **6.** fielmente (1); **7.** láser (3); **8.** épicolírico (1); **9.** alias (2); **10.** videojuego (1); **11.** económicosocial (1); **12.** Wagner (3).

12. 1. B; **2.** C; **3.** D; **4.** D; **5.** A; **6.** A; **7.** D; **8.** C; **9.** A; **10.** B.

13. 1. b; **2.** a; **3.** a; **4.** b; **5.** c; **6.** c.

UNIDAD 10: DESPERTANDO LOS SENTIDOS

1. 1. Juan; **2.** Pedro; **3.** María; **4.** Ninguno; **5.** Pedro; **6.** Ninguno; **7.** Juan.

2. 1. b; **2.** g; **3.** i; **4.** a; **5.** h; **6.** f; **7.** e; **8.** c; **9.** d.

3. 1. llevasen; **2.** piense; **3.** esté; **4.** tener; **5.** tarde; **6.** hayas decidido; **7.** habérselo contado; **8.** mirara.

4. 1. conocer; **2.** conociera/conociese; **3.** enseñarme; **4.** compartir; **5.** saques; **6.** sepan; **7.** estar; **8.** resistiera/resistiese; **9.** vean; **10.** durara/durase; **11.** estar; **12.** culturizarte; **13.** entrenar; **14.** puedas; **15.** admiren; **16.** aprender.

5. 1. chef; **2.** arte culinario; **3.** superiores; **4.** guarnición; **5.** cata; **6.** receta; **7.** agregar; **8.** cámaras de frío; **9.** papilas gustativas; **10.** bajar la guardia.

7. 1. Iba a entrenar todos los días **por** distraerse; **2.** Luis se entrevistó con su jefe **a fin de** que le cambiasen de sección; **3.** Voy al médico **a** que me den los resultados de la analítica; **4.** Lee la redacción en alto, **que** todos sepan que la has escrito tú; **5.** Clara siempre cree en la bondad de los demás. Por eso habló con el juez **con la esperanza de** que le quitasen la pena al condenado.

9. 1. h; **2.** f; **3.** g; **4.** d; **5.** b; **6.** c; **7.** e; **8.** a.

10. 1. Ag, A; **2.** †, NA; **3.** SE, A; **4.** :, NA; **5.** x/., NA; **6.** cm, A; **7.** @, NA; **8.** $, NA; **9.** m^2, A; **10.** kg, A; **11.** –, NA; **12.** π, NA.

11. 1. D; **2.** G; **3.** A; **4.** H; **5.** F; **6.** B.

12. 1. G; **2.** A; **3.** D; **4.** I; **5.** B; **6.** F.

UNIDAD 11: VIVIENDO DEPRISA

1. 1. F; **2.** V; **3.** V; **4.** V; **5.** F; **6.** V; **7.** F.

2. 1. **Sabiendo** todas las posibilidades que tiene, Miguel ha hecho de Echo una herramienta fundamental (causa); **2. Diciendo** "Siri", el teléfono se mueve (tiempo); **3.** A Miguel le parece una pasada controlar la casa **dando** órdenes al teléfono (modo); **4. Usando** SoundHound no tienes que buscar en varias páginas web (condición); **5.** Aun **siendo** algo nuevo, a Miguel la nueva función Siri no le parece tan innovadora (concesión).

3. 1. Me encontré con un amigo de la infancia cuando iba a la universidad; **2.** Aunque es más lento que yo en cálculos matemáticos, siempre saca mejores resultados; **3.** Si piensas que no puedes, nunca lo conseguirás; **4.** Este libro no cabe en el maletín porque pesa mucho; **5.** En Burgos siempre hay que abrigarse aunque sea verano; **6.** Cuando hacía las maletas, me encontré el cargador del móvil que tanto había estado buscando; **7.** Te puede dar tiempo a todo, si te organizas bien; **8.** Se encontraron con todas las tiendas cerradas porque eran las 2 de la tarde.

4. 1. b; **2.** b; **3.** c, **4.** a; **5.** c.

5. 1. suene/suena; **2.** tenga; **3.** creamos; **4.** corrige; **5.** trabaja; **6.** usar; **7.** dan; **8.** tomasen; **9.** vigilen; **10.** parezca.

6. 1. que; **2.** besos; **3.** también; **4.** estoy; **5.** ¿Qué quieres?; **6.** ¿Qué tal?; **7.** te quiero; **8.** por; **9.** perdón; **10.** chao (adiós); **11.** donde; **12.** por favor.

7. 1. estudiaba; **2.** haga; **3.** tocara/tocase; **4.** suspendía; **5.** insista; **6.** esté; **7.** dieran/diesen; **8.** sabe.

8. 2. e; **3.** h; **4.** c; **5.** a; **6.** g; **7.** d; **8.** f.

9. **Sereno:** sacrificado, humilde, con buena disposición; **Afilador:** con soltura, eficiente, con don de gentes; **Pregonero:** elocuente, infatigable y creativo; **Barbero:** trabajador, activo y experimentado.

10. 1. b; **2.** a; **3.** b; **4.** c; **5.** c; **6.** a; **7.** b; **8.** c; **9.** a; **10.** a; **11.** b; **12.** a; **13.** c; **14.** b.

11. 1. b; **2.** c; **3.** a; **4.** a; **5.** a; **6.** b.

UNIDAD 12: ASÍ SOMOS

1. 1. categóricamente; **2.** religiosamente; **3.** desconsoladamente; **4.** estrepitosamente; **5.** celosamente; **6.** olímpicamente; **7.** rotundamente; **8.** terminantemente.

2. 1. V; **2.** F; **3.** F; **4.** V; **5.** V.

3. 1. c; **2.** a; **3.** f; **4.** g; **5.** e; **6.** b; **7.** d.

4. a. 8; b. 10; c. 7; d. 5; e. 2; f. 6; g. 4; h. 1; i. 9; j. 3.

5. 1. vea; **2.** amanezca; **3.** acabé; **4.** termines; **5.** consiguió; **6.** presentara; **7.** crees; **8.** encontré; **9.** llegar; **10.** entrar.

6. 1. Después de que Marcos acabara/acabase/acabó derecho, su hermano le contrató en su bufete de abogados; **2.** Antes de presentarme a los exámenes, me pongo muy nervioso; **3.** Al terminar los exámenes, fuimos a celebrarlo todos al bar de un amigo; **4.** En cuanto acabes la carrera, iremos a un concesionario a mirar un coche; **5.** Puedes ir al cine con tus amigas mientras llegues pronto a casa; **6.** Pablo no llamó a su madre hasta que llegó a casa; **7.** Siempre que ve un partido se come un bocadillo; **8.** Nada más salir de casa, Alba se resbaló en la entrada y se hizo un esguince.

7. 1. entró; **2.** acompañaras/acompañases; **3.** llegó; **4.** esté; **5.** sabe, cuente; **6.** es; **7.** terminar; **8.** digas; **9.** sea; **10.** habría llamado; **11.** aparezca; **12.** tuviera/tuviese; **13.** había aprobado; **14.** dieran/diesen; **15.** ha venido.

8. 1. con; **2.** en; **3.** con/en; **4.** a; **5.** de; **6.** a; **7.** en; **8.** con; **9.** de; **10.** en; **11.** a; **12.** de.

9. **Posible respuesta.** 1. ¡Mira que es plasta! 2. Julián se hace el interesante; 3. Mariano es un carca; 4. Magda va de lista; 5. Rebeca es una tisquismiquis; 6. ¡Será tonto!

11. 1. b; **2.** c; **3.** a; **4.** b; **5.** a; **6.** c.

12. 1. a; **2.** b; **3.** a; **4.** c; **5.** b; **6.** b.

B2

ANEXO: IMÁGENES

- Actividades por destrezas

- Prueba de expresión
  e interacción orales